Elogios para a Segunda Edição de *Gestão de Produto na Prática*

"Só compre este livro, está bem? Do início ao fim, ele apresenta lições aprendidas a duras penas a partir de desafios reais que as pessoas relacionadas a produtos enfrentam hoje, remota ou pessoalmente. Se você cria produtos para viver, as respostas que vem procurando em sua carreira estão aqui, esperando."

— *Scott Berkun, autor dos livros* Making Things Happen
[sem publicação no Brasil]
e Mitos da Inovação

"A gestão de produto é uma das funções mais cobiçadas do século XXI. Também é uma das menos entendidas e muitíssimo variável em suas expectativas. Este livro, belamente ilustrado com exemplos reais, examina os requisitos, as expectativas e as realidades da função. Desafia o mito de que a gestão de produto está disponível para poucos e a modela em uma 'prática' acessível a todos. Recomendo o livro como uma consulta para todos os gerentes de produto, atuais e futuros, independentemente de onde estão na carreira."

— *Praneeta Paradkar, diretora, gerente de produto, Broadcom Software*

"É um guia indispensável para navegar a ambiguidade e acordos diários que definem a gestão de produto assim que você percebe que não há um jeito certo de fazer o trabalho. Nestas páginas, Matt passa da teoria a como realmente fazer o trabalho no mundo real, destacando cada insight com histórias de gerentes de produto praticantes."

— *Martin Eriksson, cofundador do Mind the Product*
e coautor do livro Product Leadership
[sem publicação no Brasil]

"Este livro engloba toda a complexidade e a ambiguidade do produto que as pessoas encontram todos os dias. Ele *não* tenta resumir a gestão de produto em algumas estruturas úteis. Ao contrário, é um guia prático, repleto de histórias reais sobre como outras pessoas relacionadas ao produto abordam seu trabalho. *Gestão de Produto na Prática* recria a experiência de aprender direto com os gerentes de produto seniores em setores e organizações, e apresenta esses aprendizados em resumos concisos e checklists fáceis de usar."

— *Petra Wille, autora do livro Strong Product People*
[sem publicação no Brasil]
e coach de liderança de produto

"O livro de Matt é necessário tanto para Gerentes de Produto (GPs) júnior como os mais experientes, para engenheiros que normalmente não têm muita compreensão do mundo da GP e para executivos interessados em explorar modos melhores de capacitar suas equipes de produto e gerar uma maior inovação. O livro compartilha histórias cativantes ancoradas na realidade de hoje e tem muitas dicas e checklists pragmáticas. Longe de ser um manual insípido e limitado, este livro foca a complexidade do mundo real da função, as verdadeiras condições e os limites com os quais os gerentes de produto trabalham hoje. Ele reflete lindamente a natureza humana, conectiva e confusa da função do gerente de produto. Um acréscimo necessário ao clube do livro de qualquer organização de produto!"

— *Shaaron A. Alvares, gerente sênior,*
Agile Delivery and Transformation, Salesforce

"Matt é uma das pessoas mais brilhantes relacionadas ao produto que conheço, e nossas conversas esclarecem a arte da gestão de produto. Este livro disponibiliza essas conversas para a ampla comunidade de produto, enriquecendo o leitor com a experiência de Matt e com uma de suas melhores habilidades: a capacidade de estender e abrir novos caminhos para pensar sobre os desafios diários."

— *Adam Thomas, diretor, Approaching One*

"Matt LeMay é uma força condutora ao desmitificar a gestão de produto. Este livro é um reflexo de sua abordagem pragmática para muitas complexidades e incertezas que permeiam a carreira de um gestor de produto. Matt entende que esse é um trabalho difícil que acentua a complexidade de se ter metas compartilhadas a atingir ao mesmo tempo em que se mantém a humanidade. Ele nos apresenta passos úteis para navegar nessas águas. Como Matt diz: 'Saia da zona de conforto.' Recomendo muito todos os textos de Matt e fico empolgado ao ver uma edição atualizada que fala da evolução de nosso ofício e disciplina."

— *Cliff Barrett, vice-presidente de produto, ChowNow*

Elogios para a Primeira Edição de
Gestão de Produto na Prática

"Pode parecer impossível aprender as nuanças do trabalho de produto diário sem que você mesmo o faça. Matt LeMay entrelaça estudos de caso de gerentes de produto experientes e estruturas para ajudar a ensinar e reforçar as principais dimensões do trabalho da gestão de produto."

— *Ellen Chisa*

"Este é um manual prático excelente sobre o dia a dia da gestão de produto. O que Matt faz aqui é dividir a gestão em responsabilidades e ações específicas que os novos GPs podem assumir para descrever, planejar, criar e monitorar um processo suave de desenvolvimento de produto. Deve ser um recurso primário de qualquer novo gerente de produto."

— *Blair Reeves, autor de Building Products for the Enterprise [sem publicação no Brasil]*

"O que torna este livro único é como ele vai além do jargão e se concentra nos desafios práticos da gestão de produto, com dicas superúteis. Eu sorria e concordava com a cabeça enquanto lia capítulo após capítulo; recomendo muito a todos os gerentes de produto."

— *Pradeep GanapathyRaj, vice-presidente de produto da Sinch, e antigo responsável pela gestão de produto da Yammer*

"*Gestão de Produto na Prática* é um manual corajoso e honesto de alguém que realmente fez o trabalho e entende os verdadeiros desafios que os gerentes de produto enfrentam todos os dias. O conselho prático de Matt LeMay deve ser uma leitura obrigatória para os GPs experientes e aspirantes."

— *Ken Norton*

"Se você quer ser um ótimo gerente de produto, precisa ir além das estruturas e das ferramentas. *Gestão de Produto na Prática* faz isso com uma visão honesta, humilde e inteligente das realidades da vida como gerente de produto. Repleto de histórias de sucesso, fracassos e equívocos comuns reais que todo gerente de produto enfrenta, Matt nos lembra que, acima de tudo, criar ótimos produtos é criar ótimas relações. Uma leitura obrigatória para gerentes de produto experientes e aspirantes ou para qualquer pessoa interessada em criar ótimos produtos."

— *Craig Villamor, arquiteto de projeto principal da Stash, e ex-vice-presidente de produto da Salesforce*

TRADUÇÃO DA SEGUNDA EDIÇÃO - **REVISADA E EXPANDIDA**

Gestão de Produto
na Prática

O'REILLY®

TRADUÇÃO DA SEGUNDA EDIÇÃO - **REVISADA E EXPANDIDA**

Gestão de Produto
na Prática

UM GUIA PRÁTICO E TÁTICO PARA SEU
PRIMEIRO DIA E TODOS OS SEGUINTES

MATT LEMAY
PREFÁCIO DE NATALIA WILLIAMS

ALTA BOOKS
GRUPO EDITORIAL
Rio de Janeiro, 2023

Gestão de Produto na Prática

Copyright © **2023** ALTA BOOKS

ALTA BOOKS é uma empresa do Grupo Editorial Alta Books (Starlin Alta Editora e Consultoria Ltda.)

Copyright © **2022** Matt LeMay LLC.

ISBN: 978-85-508-1986-0

Authorized Portuguese translation of the English edition of Product Management in Practice, 2nd Edition ISBN 9781098119737 © 2022 Matt LeMay LLC. This translation is published and sold by permission of O'Reilly Media, Inc., which owns or controls all rights to publish and sell the same. PORTUGUESE language edition published by Grupo Editorial Alta Books Ltda., Copyright © 2023 by STARLIN ALTA EDITORA E CONSULTORIA LTDA.

Impresso no Brasil — 1ª Edição, 2023 — Edição revisada conforme o Acordo Ortográfico da Língua Portuguesa de 2009.

Dados Internacionais de Catalogação na Publicação (CIP) de acordo com ISBD

L549g   LeMay, Matt

Gestão de Produto na Prática: Um Guia Prático e Tático para o Seu Primeiro Dia e Todos os Seguintes / Matt LeMay ; traduzido por Eveline Machado. - Rio de Janeiro : Alta Books, 2023.
288 p. ; 15,7cm x 23cm.

Tradução de: Product Management in Practice, 2nd Edition
Inclui índice.
ISBN: 978-85-508-1986-0

1. Administração. 2. Negócios. 3. Gestão de produto. I. Machado, Eveline. II. Título.

2023-1219   CDD 658.4012
                                      CDU 65.011.4

Elaborado por Vagner Rodolfo da Silva - CRB-8/9410

Índice para catálogo sistemático:
1. Administração : Negócios 658.4012
2. Administração : Negócios 65.011.4

Todos os direitos estão reservados e protegidos por Lei. Nenhuma parte deste livro, sem autorização prévia por escrito da editora, poderá ser reproduzida ou transmitida. A violação dos Direitos Autorais é crime estabelecido na Lei nº 9.610/98 e com punição de acordo com o artigo 184 do Código Penal.

O conteúdo desta obra fora formulado exclusivamente pelo(s) autor(es).

Marcas Registradas: Todos os termos mencionados e reconhecidos como Marca Registrada e/ou Comercial são de responsabilidade de seus proprietários. A editora informa não estar associada a nenhum produto e/ou fornecedor apresentado no livro.

Material de apoio e erratas: Se parte integrante da obra e/ou por real necessidade, no site da editora o leitor encontrará os materiais de apoio (download), errata e/ou quaisquer outros conteúdos aplicáveis à obra. Acesse o site www.altabooks.com.br e procure pelo título do livro desejado para ter acesso ao conteúdo..

Suporte Técnico: A obra é comercializada na forma em que está, sem direito a suporte técnico ou orientação pessoal/exclusiva ao leitor.

A editora não se responsabiliza pela manutenção, atualização e idioma dos sites, programas, materiais complementares ou similares referidos pelos autores nesta obra.

Produção Editorial: Grupo Editorial Alta Books
Diretor Editorial: Anderson Vieira
Vendas Governamentais: Cristiane Mutüs
Gerência Comercial: Claudio Lima
Gerência Marketing: Andréa Guatiello

Assistente Editorial: Brenda Rodrigues
Tradução: Eveline Machado
Copidesque: Renan Amorim
Revisão: Rafael Surgek; André Cavanha
Diagramação: Daniel Vargas
Revisão Técnica: Carlos Bacci
(Economista graduado pela USP com experiência em empresas industriais)

Rua Viúva Cláudio, 291 — Bairro Industrial do Jacaré
CEP: 20.970-031 — Rio de Janeiro (RJ)
Tels.: (21) 3278-8069 / 3278-8419
www.altabooks.com.br — altabooks@altabooks.com.br
Ouvidoria: ouvidoria@altabooks.com.br

Editora afiliada à:

Sumário

	Prefácio	xi
	Prefácio do Autor para a Segunda Edição	xv
	Prólogo	xvii
1	A Prática da Gestão de Produto	1
2	Habilidades COPE da Gestão de Produto	15
3	Mostrando Curiosidade	29
4	A Arte da Notória Comunicação Excessiva	43
5	Trabalhando com os Principais Envolvidos (ou Jogando Pôquer)	69
6	Falando com os Usuários (ou "O que É um Jogo de Pôquer?")	89
7	A Pior Coisa Sobre as "Melhores Práticas"	103
8	A Verdade Maravilhosa e Terrível sobre a Metodologia Ágil	121
9	A Droga da Documentação Infinita (e, Sim, Roadmaps [Roteiros] São Documentação)	137
10	Visão, Missão, Objetivos, Estratégia e Outras Palavras Bonitas	153
11	"Dados, Assumam o Controle!"	165

12	Prioridades: Onde Tudo se Junta	179
13	Experimente Isto em Casa: Dificuldades e Tribulações do Trabalho Remoto	197
14	Um Gerente Entre os Gerentes de Produto (O Capítulo Sobre Liderança de Produto)	217
15	Em Tempos Bons e Ruins	237
	O que For Preciso	247
Apêndice A	Lista de Leituras para Expandir sua Prática da Gestão de Produto	249
Apêndice B	Artigos, Vídeos, Newsletters e Postagens em Blogs Citados neste Livro	255
	Índice	259

Prefácio

Lembro-me de uma das primeiras vezes em que me perguntei se era boa o bastante para ser gerente de produto. Não consigo me lembrar onde coloquei minhas chaves cinco segundos atrás, mas essa experiência ficou indelevelmente gravada em minha mente. Era 2011 e eu tinha pegado um voo para o escritório de São Francisco da minha empresa. Estava sentada em uma sala de reunião no prédio Monadnock no cruzamento das ruas Market e Kearny, com paredes verde-limão, sofás cinzas e um quadro branco de parede a parede. Eu discutia sobre os méritos do meu caso comercial com dois outros gerentes de produto que realmente admirava pelo modo charmoso e sem esforço como apresentavam os casos deles. Eles podiam citar com facilidade qualquer estatística de nosso setor ou empresa, e conseguiam responder perguntas do tipo "Quantos afinadores de piano existem no mundo inteiro?", se perguntado no local. Queria ser como eles, mesmo se, com sotaque, me cumprimentassem com "E aí, mano?" e comparassem sua pele com a minha dizendo: "Sou quase tão bronzeado quanto você!" Eu os admirava porque achava que um bom gerente de produto era assim, alguém tão qualificado e confiante que podia ser perdoado por ser um idiota pelas pessoas com quem se faziam de idiotas.

Eu buscava uma aprovação implícita desses gerentes em um caso comercial que estava preparando. Mas eles me assustavam:

> — O valor presente líquido [VPL] parece muito baixo para ser aprovado por Greg; o que você acha?

> — Este item do CMV [custo das mercadorias vendidas] não é um número que uso; de onde você tirou isso?

> — Você fez uma projeção financeira completa para isso? Quantas versões?

> — Quais são seus épicos [corpo de trabalho dividido em tarefas]?

> — Você mencionou que trabalhou nisso com a equipe de suporte. Percebe que são um custo para nós? E que qualquer coisa com eles envolvidos aumentará sua despesa?

— *É uma capacidade voltada para o desenvolvimento do produto. Não acho que nos ajudará a dominar a concorrência. Não é uma corrida para o fundo do poço?*

As perguntas surgiam rápido demais para responder e, em certo ponto, os outros gerentes de produto me isolaram por completo da conversa. Eu pensava: "Droga, se você não consegue ter essas respostas rápido o bastante para os dois, como defenderá sua posição quando Greg começar a questionar?" Eu sentia o sangue fugir do meu rosto, via o olhar presunçoso dos meus pares e admitia a derrota. "Ah, estou atrasada para a próxima reunião", disse eu, e saí da conferência o mais rápido que pude.

Eu *podia* responder às perguntas feitas, mas fiquei muito mais empolgada em descobrir e resolver o que via como uma falha maior em nossa experiência. A equipe de suporte era uma importante fonte de validação porque era a primeira linha de defesa com nossos clientes e podia conectar o feedback deles e o problema. Eu queria falar sobre o motivo disso ser uma grande conquista para nossos clientes e, por sua vez, nosso negócio. Contudo, a definição vigente de um bom gerente de produto era alguém que podia socializar um modelo novo e claro com o BHAG [sigla em inglês significando meta grande, complicada e audaciosa] centrado da empresa. Meus pares e eu falávamos línguas diferentes.

A gestão de produto é um desafio porque pode ser diferente dependendo da empresa. Com certeza foi diferente durante minha carreira. Duas empresas atrás, um gerente de produto analítico era altamente valorizado; tínhamos metas que precisávamos atingir e a liderança favorecia os GPs que sabiam criar ideias "grandes e sólidas" com modelos financeiros que atingiam bem as metas de vendas superiores. Minha última empresa valorizava o desenvolvimento da relação e via a equipe como uma unidade conduzida pela tríade produto/design/engenharia. Ser capaz de desenvolver uma estratégia de crescimento liderada por produto será uma medida importante para minha próxima empresa.

Mas há verdades universais na gestão de produto que você sentirá em qualquer organização digital. Os gerentes de produto não criam o produto, mas são responsáveis por ele, desde o lançamento até os resultados. Esses gerentes trabalham com pesquisa e análise para desenvolver uma visão, e devem socializar essa visão com *todos*, ter a adesão dos executivos, adesão da equipe de produto e remover os obstáculos.

Esse papel requer audácia, paciência, humildade e resiliência. O trabalho é desafiador, mas compensa muito. É uma ótima sensação ver o lançamento do produto, sobretudo quando você pode validar sua ideia o mais rápido possível. Você tem que trabalhar na empresa com todos os níveis da organização. Precisa conversar com clientes e parceiros ao cocriar o produto com a equipe. A gestão de produto pode desenvolver sua confiança e facilitar a conexão com o que você faz e o sucesso de seu cliente e da empresa.

Mas como minha lembrança vívida de 11 anos atrás mostra, a gestão de produto também pode mostrar o pior das pessoas. Criar um produto não é uma missão heroica, e pode ser difícil para pessoas que buscam status e reconhecimento. Muitas começam a pensar que serão o "miniCEO" do produto ou que seu trabalho é dizer aos outros o que fazer. As outras pessoas, como os gerentes de produto que eu admirava, fazem buracos nas ideias das pessoas, em vez de trabalhar com elas para melhorá-las.

Gostaria de ter lido *Gestão de Produto na Prática* quando queria ser mais parecida com aqueles gerentes. Com humor e generosidade, Matt LeMay explica o que realmente é um bom gerente de produto (comunicação, colaboração, aprender com os usuários) e um mau gerente de produto (ficar na defensiva, arrogância, bajular os executivos). Mais do que tudo que li sobre gestão de produto, *Gestão de Produto na Prática* aborda a realidade confusa de nosso mundo, além de acrônimos cativantes e das estruturas supersimplificadas.

Durante meu mandato como diretora de produto na Mailchimp, tive o prazer de trabalhar diretamente com Matt para elevar a prática da gestão de produto na organização. Lendo a segunda edição de *Gestão de Produto na Prática*, vejo muitos ecos dos desafios que minha equipe teve quando trabalhávamos para nos adaptar rápido e ficar focados no cliente durante uma pandemia global sem precedentes. Para os gerentes de produto que lutam contra o burnout e a exaustão, como muitos de nós, acho que essa segunda edição dará o conforto e a orientação tão necessários.

Aprendi com meus vinte anos de experiência com produtos que conseguir romper com um modelo financeiro é uma ótima habilidade, mas, para ser honesta, uma habilidade que não importa se você não consegue ter a confiança de sua equipe ou resolver um problema para seus clientes. Precisamos acabar com a territorialidade e a atitude defensiva em nossa disciplina. *Gestão de Produto na Prática* nos mostra o melhor caminho a seguir.

Boa leitura!

— *Natalia Williams*
março de 2022

Prefácio do Autor para a Segunda Edição

A primeira edição deste livro foi escrita na primavera de 2017. Por sorte, pouco mudou desde então.

Brincadeiras à parte, sou muitíssimo grato pela oportunidade de revisar e expandir este livro. Lendo a primeira edição, fico impressionado de como meu próprio pensamento mudou por completo nos últimos quatro anos. Quando você ler este livro, espero que esteja passando por momentos de incerteza parecidos e de franzir as sobrancelhas; ter confiança o bastante em sua própria perspectiva e experiências para discordar de algo lido no livro é um bom sinal de que sua prática de gestão de produto está amadurecendo.

Para tanto, fiquei impressionado com a quantidade de pessoas que entrevistei para esta edição se tornar profunda e justificavelmente cética quanto a qualquer sugestão de que existe um único "modo certo" para fazer a gestão de produto. Se eu pudesse resumir essa rodada de entrevistas em uma única paráfrase, seria: "Gostaria de não ter me estressado tanto com o modo como 'a empresa na qual trabalho não está fazendo a gestão certa do produto' e tivesse focado apenas em fazer meu melhor."

Desconfio que grande parte disso tem relação com o fato de que muitos de nós agora trabalhamos em organizações suficientes para saber que ninguém tem tudo isso planejado. Também desconfio que, após os dois últimos anos, qualquer declaração do tipo "Se você fizer isso, tudo dará certo" parece muito mais vazia do que era anos antes. A ideia de que o mundo está mudando rápido e de modo imprevisível costumava ser um clichê útil e aceito, mas agora é uma experiência real sentida profundamente.

E, a partir dessa posição, acredito que temos a oportunidade de recuperar um pouco da alegria da gestão de produto. Pois há uma grande vantagem na ambiguidade sem solução dessa função e na complexidade irredutível deste mundo: sempre haverá coisas novas para aprender, novas histórias para compartilhar, novas situações para viver, novos erros para cometer, novas frustrações para superar e novos níveis de resiliência e adaptação para encontrar em nós mesmos e nos demais. Estamos prontos para o que der e vier.

— Matt LeMay
Portland, Oregon
março de 2022

Prólogo

Por que Escrevi Este Livro:
Meu Primeiro Dia como Gerente de Produto

Nunca me senti mais preparado para algo do que me sentia no primeiro dia como gerente de produto. Sempre um aluno ansioso, fiz questão de ler sobre os princípios básicos da experiência do usuário, aprimorando minhas habilidades de programação e aprendendo sobre as metodologias de desenvolvimento de software. Conhecia o Manifesto Ágil de cor e podia soltar termos como *produto mínimo viável* e *desenvolvimento iterativo* em uma conversa casual. Depois de me instalar na nova estação de trabalho, me aproximei de meu chefe (que não era gerente de produto, mas tinha trabalhado o suficiente com eles para conhecer o tipo) com a excessiva arrogância de um jovem que tinha lido inúmeros livros muito rapidamente.

— Estou muito empolgado para começar este trabalho — disse a ele. — Onde está a última versão do mapa do produto? Quais são nossas metas trimestrais e KPIs? E com quem devo falar se desejo entender melhor as necessidades de nossos usuários?

Ele me deu um olhar cansado e um profundo suspiro.

— Você é esperto — respondeu ele. — Descubra.

Embora fosse muito longe da resposta esperada, ela me ensinou algo muito importante sobre o mundo da gestão de produto: a orientação real seria muito, muito difícil de encontrar. De todos os livros que li e de todas as "melhores práticas" que estudei, a única coisa que ficou quando me sentei à mesa era "O que devo *fazer* o dia inteiro?" Se não havia um roadmap [roteiro], como eu deveria gerenciá-lo? Se não havia um processo de desenvolvimento de produto, como eu supervisionaria o processo?

Cedo na minha carreira, atribuí muito disso ao ritmo acelerado e às vagas definições de trabalho que acontecem ao trabalhar em uma startup. Mas quando comecei a fazer mais consultoria e treinamento em organizações de tamanhos e tipos variados, padrões parecidos começaram a surgir. Mesmo em empresas altamente baseadas em processos, grande parte do trabalho real da gestão de produto parecia acontecer nas margens e nas sombras. As ideias do produto eram ditas nas pausas para café, não nas reuniões de planejamento. Estruturas Ágeis altamente prescritivas em escala eram evitadas por uma politicagem inteligente. A comunicação confusa das pessoas reinava suprema sobre as estruturas e processos bem montados. E as mesmas perguntas que eu tinha feito a mim mesmo no primeiro dia como gerente de produto ainda eram feitas igualmente por gerentes de produto novos e experientes em organizações de grande e pequeno porte, em startups de tecnologia de ponta, e empresas de baixa movimentação.

A gestão de produto na teoria é muito diferente da gestão de produto na prática. Na teoria, ela cuida de criar produtos que as pessoas amam. Na prática, costuma significar lutar por melhorias incrementais de produtos que enfrentam muitos desafios fundamentais. Na teoria, a gestão de produto trata de triangular metas comerciais com as necessidades do cliente. Na prática, muitas vezes significa pressionar de forma implacável para ter qualquer clareza sobre quais são realmente as "metas" do negócio. Na teoria, a gestão é um jogo de xadrez jogado com maestria. Na prática, parece cem tabuleiros de dama simultâneos.

Nesse sentido, este livro não é um guia passo a passo para criar ótimos produtos nem uma lista de estruturas e conceitos técnicos com a garantia de trazer o Product Management Success™ [Sucesso da Gestão de Produto]. Este livro serve para ajudá-lo a superar os desafios para os quais nenhuma ferramenta, estrutura ou "melhor prática" consegue prepará-lo. Este livro aborda a prática diária da gestão de produto com toda sua ambiguidade, contradições e acordos reticentes. Simplificando, é o livro que precisei em meu primeiro dia como gerente de produto, e nos muitos, muitos dias seguintes.

Para Quem É Este Livro

A gestão de produto é uma função conectiva única, requerendo que seus praticantes conectem as necessidades do usuário a metas comerciais, visibilidade técnica com experiência do usuário, visão e execução. A natureza conectiva da gestão significa que a função será muito diferente dependendo das pessoas, das perspectivas e das funções que você conecta.

Para tanto, até definir o que é ou não "gestão de produto" pode ser muito desafiador. Para as finalidades deste livro, *gestão de produto* se refere ao elo inteiro de funções do produto e funções conectivas próximas ao produto, que podem ser "gerente de produto", "proprietário do produto", "gerente do programa", "gerente do projeto" ou até "analista comercial", dependendo de onde você trabalha e do que faz. Em algumas organizações, "gerente de produto" é o responsável por definir a visão estratégica do produto, já um "gerente de projeto" supervisiona as táticas diárias. Em outras organizações, pessoas com os cargos de "gerente de produto" ou "gerente de programa" devem preencher informalmente as lacunas estratégicas abertas pela empresa em geral. Trabalhei com uma organização em que uma equipe de "analistas de negócios" acabou se transformando magicamente em "gerentes de produto" por decreto executivo, sem uma clara noção de como ou por que suas responsabilidades diárias mudariam.

Títulos, como ferramentas de software e metodologias de desenvolvimento de produto, são um modo de fornecer uma estrutura e certeza a uma função que oferece um pouco de cada. Uma gestão de produto bem-sucedida é muito menos uma questão de títulos, ferramentas ou processos, e mais de *prática*. Uso essa palavra como uma pessoa pode se referir a uma prática de ioga ou meditação, ou seja, é algo construído com tempo e experiência, e que não pode ser aprendido apenas com exemplos e instruções.

Este livro é para quem deseja entender melhor a prática real da gestão de produto. Para as pessoas novas na gestão, espero que o livro apresente uma imagem clara e precisa do que se pode esperar das realidades do dia a dia no trabalho. Para quem tem mais experiência na prática da gestão de produto, espero que o livro dê uma orientação para superar os desafios e os obstáculos que continuam aparecendo de tempos em tempos, anos após ano. E para os outros, espero que ajude a entender por que os gerentes de produto em sua vida estão sempre tão estressados, mas são muito bons de ter por perto quando você tenta fazer um plano ou resolver o problema.

Como Este Livro Está Organizado

Cada capítulo está organizado em torno de um tema em particular, mas esses temas acabam se misturando uns nos outros. Alguns conceitos apresentados nos primeiros capítulos do livro são referenciados nos últimos capítulos e algumas ideias exploradas detalhadamente nos últimos capítulos são preparadas no começo. Na prática, a gestão de produto em geral lembra mais uma série de contos inter-relacionados do que um manual bem organizado.

Observe que este livro não detalha nenhuma ferramenta de roteiro, metodologias de desenvolvimento de software Ágil ou estruturas do ciclo de vida do produto em particular. Não faltam informações úteis por aí sobre escolher uma plataforma para rastrear erros, uma metodologia de desenvolvimento para equipes de produto em startups de médio porte ou uma estrutura para estimar as histórias do usuário. O objetivo deste livro não é abordar ferramentas específicas que você pode escolher em sua prática de gestão de produto; pelo contrário, é ajudá-lo a ter uma prática que possa incorporar efetivamente qualquer ferramenta encontrada ao longo do caminho.

Observe também que este livro não detalha muito o que torna uma organização inteira mais ou menos "boa em fazer a gestão de produto" (ou, se preferir, "orientada a produto"). A maioria dos gerentes de produto profissionais não tem muita influência sobre como as organizações consideram o desenvolvimento de produto mais amplamente. Mais do que provavelmente você imagina, até os líderes de produto em altos cargos executivos não têm tanta influência quanto gostariam sobre como as organizações consideram o desenvolvimento do produto mais amplamente. Como veremos em detalhes posteriormente neste livro, lamentar sobre como a organização "não faz o produto certo" é muito comum e uma enorme perda de tempo, além de ser estressante.

Para simplificar, descrevo em geral as pessoas para quem você cria produtos como "usuários" e, às vezes, como "clientes". Nem todo produto é pago diretamente pelas pessoas que o utilizam, mas todo produto é usado por alguém ou algo. Em alguns casos, como vendas de software B2B para empresas, você pode ter um "cliente" que é diferente de seu "usuário" e talvez seja necessário entender e conectar as necessidades de ambos. Se está interessado em ler mais sobre essa distinção e as ramificações que ela pode causar no design do produto, eu recomendaria o artigo "Product Management for the Enterprise", de Blair Reeves, disponível em https://oreil.ly/i3Jk7 [conteúdo em inglês].

Por fim, este livro não pretende ser um glossário introdutório de alto nível da terminologia da gestão de produto. Se encontrar uma ideia, um conceito ou um acrônimo que seja novo para você, pare um pouco e pesquise.

HISTÓRIAS DOS GERENTES DE PRODUTO PROFISSIONAIS

Sempre há um tom de saber conspiratório nas conversas compartilhadas entre os gerentes de produto profissionais, como se todos tivessem o mesmo segredo. Esse segredo, para aqueles que ficam imaginando, é que nosso trabalho é muito mal compreendido e muitíssimo difícil. Os gerentes de produto preferem muito mais compartilhar "histórias de guerra" do que "melhores práticas", e é mais provável que falem sobre os erros que cometeram do que sobre os sucessos meteóricos que conseguiram.

Na esperança de trazer para a conversa as pessoas que podem se beneficiar com ela, incluí histórias de gerentes de produto profissionais neste livro. A maioria delas começou com a pergunta: "Qual é a história de seu trabalho que você gostaria que alguém lhe contasse no primeiro dia como gerente de produto?" Como será visto, a maioria das histórias é sobre pessoas, não estruturas, ferramentas ou metodologias. Vários gerentes com quem conversei contaram várias histórias que, juntas, dão uma imagem mais completa dos desafios distintos, mas relacionados, que um gerente de produto provavelmente encontrará durante sua carreira.

Algumas dessas histórias são diretamente atribuídas às pessoas que as contaram, outras são anônimas e há aquelas compostas por várias fontes. Mas todas representam realidades confusas e complexas da gestão de produto no campo. Aprendi e continuo aprendendo muito com essas histórias e espero que você também aprenda.

"SUA CHECKLIST"

Todo capítulo deste livro termina com uma lista de tarefas prática chamada "Sua Checklist". A gestão de produto pode ser emocionante e abstrata, e meu primeiro objetivo neste livro é provar sua utilidade para os gerentes de produto profissionais. Cada item em "Sua Checklist" serve como um resumo de ação para uma ideia que foi explorada mais detalhadamente no capítulo.

Agradecimentos

Obrigado a Mary Treseler, Angela Rufino, Laurel Ruma, Meg Foley e a todos na O'Reilly Media por transformarem a ideia de um "livro muito expressivo e dogmático sobre gestão de produto" em realidade.

Obrigado a Amanda Quinn, Suzanne McQuade e, novamente, a Angela Rufino por conduzirem esta segunda edição.

Obrigado a todos que deram um feedback formal e informal ao longo do caminho.

Obrigado a Natalia Williams pela ousadia, paciência, humildade e resiliência.

Obrigado a Mikhail Pozin por me ajudar a fazer perguntas melhores.

Obrigado a Tim Casasola por me ajudar a encontrar palavras melhores.

Obrigado a Ken Norton pelos donuts.

Obrigado a Martin Eriksson por cuidar da comunidade.

Obrigado a Roger Magoulas por me trazer para o grupo.

Obrigado a todo gerente de produto que compartilhou histórias comigo. E um agradecimento especial para quem me ajudou a agilizar o processo de coletar essas histórias (gerentes de produto, acertei?)

Obrigado a todos com quem tive o prazer de trabalhar nos altos, nos baixos e com as lágrimas literais e figurativas da minha própria carreira de gestão de produto. Sua paciência e generosidade sempre significarão muito para mim.

Obrigado a Josh Wexler pelas melhores reuniões com café.

Obrigado a Andy Weissman por apostar em mim na época.

Obrigado a Sarah Milstein por começar tudo isso.

Obrigado a Jodi Leo pelo dom do encorajamento excepcionalmente oportuno.

Obrigado a Tricia Wang e a Sunny Bates por me mostrarem o poder da verdadeira parceria.

Obrigado à minha mãe por ser clara na mensagem.

Obrigado ao meu pai pelo amor relutante, mas inabalável, pelo aprendizado.

Obrigado a Joan, por tudo, todos os dias.

A Prática da Gestão de Produto

Recentemente, perguntei a Pradeep GanapathyRaj, vice-presidente da Sinch e ex-chefe de gestão de produto na Yammer, o que ele queria que cada novo contratado da gestão de produto entendesse sobre suas responsabilidades. Veja suas respostas:

- Extrair o melhor das pessoas em sua equipe.
- Trabalhar com pessoas fora de sua equipe imediata, aqueles que não recebem o incentivo direto para trabalhar com você.
- Lidar com a ambiguidade.

Para o terceiro ponto, ele acrescentou: "A habilidade de realmente descobrir o que você precisa provavelmente é tão importante quanto o que fazer depois da descoberta."

Talvez o mais impressionante nessas respostas seja que nenhuma delas é sobre o produto em si. Muitas pessoas são atraídas para a gestão de produto pela promessa de "criar produtos que as pessoas amam". E, com certeza, entregar produtos que geram um valor real para pessoas reais é um dos aspectos mais importantes (e recompensadores!) da gestão de produto. Mas o trabalho diário de entregar esses produtos costuma envolver menos *criação* e mais comunicação, apoio e facilitação. Não importa quanta especialização possa ter um gerente de produto no desenvolvimento de software, na análise de dados ou na estratégia de entrada no mercado, seu sucesso pode ser percebido apenas pelos esforços compartilhados das pessoas em volta, pessoas que carregam suas próprias necessidades, ambições, dúvidas e limitações complexas e, muitas vezes, insondáveis.

Neste capítulo, examinamos a prática real da gestão de produto, abordando algumas armadilhas comuns nas quais os gerentes de produtos caem quando suas expectativas da função não se alinham com a realidade.

O que É Gestão de Produto?

Atualmente, pode parecer que existem tantas definições práticas de gestão de produto quanto existem gerentes de produtos reais. Todas essas definições são úteis para entender como determinados indivíduos e organizações consideram a gestão de produto. Muitas delas se contradizem de modos sutis, porém significativos. E nenhuma chega nem perto de refletir a variedade de experiências diárias que um único gerente de produto provavelmente encontrará durante sua carreira.

Em certo sentido, a gestão de produto é mais bem compreendida não como uma única definição "correta", mas pela exata impossibilidade de tal definição. Ao explorar o discurso cada vez maior em torno dessa gestão, achei útil pensar menos em "definições" e mais em *descrições*, com o entendimento de que qualquer texto descritivo sobre gestão de produto será baseado na perspectiva e nas experiências únicas de seu autor.

Uma descrição de gestão de produto que acho particularmente instrutiva vem do excelente livro de Melissa Perri, *Escaping the Build Trap* [sem publicação no Brasil]. Nesse livro, Perri descreve os gerentes de produto como guardiões de uma *troca de valor* entre o negócio e seus clientes. Quando você pensa sobre o tamanho, a importância e a complexidade de uma tarefa, começa a entender bem por que a gestão de produto pode ser tão desafiadora.

Então, qual é exatamente o trabalho diário de produzir nesse desafio?

A reposta depende de muitas coisas. Em uma pequena startup, você pode encontrar um gerente de produto combinando modelos de produto, agendando pontos de check-in com desenvolvedores de contrato e fazendo entrevistas informais com possíveis usuários. Em uma empresa de tecnologia de médio porte, talvez encontre o gerente de produto fazendo reuniões de planejamento com uma equipe de designers e desenvolvedores, negociando roadmaps [roteiros] do produto com executivos seniores e trabalhando com colegas nas vendas ou no atendimento ao cliente para entender e priorizar as necessidades do usuário. Em uma grande empresa, você pode encontrá-lo rescrevendo as solicitações de recursos como "histórias do usuário"*, solicitando dados específicos aos colegas que trabalham com análise ou insights e participando de muitas reuniões.

---

* As Histórias de Usuário (User Stories) transmitem as funcionalidades do produto a partir da perspectiva do usuário e são o menor bloco de trabalho no desenvolvimento de um produto. [N. da RT]

Em outras palavras, se você trabalha como gerente de produto, provavelmente acaba fazendo muitas coisas diferentes em momentos variados, e o que exatamente são essas coisas pode variar de repente. Porém existem alguns temas consistentes que unem o trabalho da gestão de produto nos cargos, nos setores, nos modelos comerciais e no porte das empresas:

Você tem muita responsabilidade, mas pouca autoridade.

Sua equipe perdeu o prazo do lançamento? É sua responsabilidade. O produto que você gerencia não atendeu às metas do trimestre? Também é sua responsabilidade. Como gerente de produto, você é a pessoa responsável pelo sucesso ou pelo fracasso do produto, não importando se o resto da organização proporciona um bom suporte para o produto.

Trabalhar em uma posição de alta responsabilidade é bem desafiador, mas, para complicar ainda mais, os gerentes de produto raramente têm qualquer autoridade direta na organização. Existe um designer em sua equipe que discorda muito da direção do produto? Um engenheiro cuja atitude é tóxica para a equipe em geral? São problemas que você resolve, mas que não podem ser resolvidos com ameaças nem ordens, e você também não pode resolvê-los sozinho.

Se precisa ser feito, isso faz parte de seu trabalho.

"Mas, não é meu trabalho!" é uma frase raramente dita por gerentes de produto bem-sucedidos. Independentemente de estar dentro dos limites da descrição da função, você é responsável por fazer *o que for preciso* para assegurar o sucesso de sua equipe e do produto. Isso pode significar chegar cedo trazendo café e lanche para a equipe de produto sobrecarregada. Talvez signifique transitar por conversas difíceis com um executivo sênior para resolver uma ambiguidade relacionada às metas da equipe. E talvez seja pedir um favor em outro lugar na organização se sua equipe simplesmente não tem a capacidade de fazer o que é preciso sozinha.

Se você trabalha como "gerente de produto" em uma startup que está em seu estágio inicial, talvez passe a maior parte do tempo fazendo um trabalho que parece ter pouca ligação com a "gestão de produto". Os gerentes de produto que conheci em startups assim ficavam trabalhando como gestores comunitários pontuais, chefes de RH, designers UX [que lidam com a experiência do usuário] gerentes de escritório. Se precisa ser feito e não é função de ninguém, então — surpresa! — o trabalho é seu. Até em grandes empresas, é quase certo que haverá ocasiões em que você precisará se prontificar e fazer algo que não é oficialmente seu trabalho. E como você é responsável pelo desempenho da equipe e do produto, "Não era meu trabalho" soa tão bem em uma empresa Fortune 500 como em uma startup de cinco pessoas.

Para tornar isso ainda mais desafiador, a maioria das coisas que você precisará fazer como gerente de produto não são coisas que pode fazer sozinho. Você não pode ser dar ao luxo de sumir por algumas semanas, ler um monte de livros e retornar totalmente qualificado e pronto para entregar sozinho um produto. Será preciso pedir apoio, orientação e trabalhar muito com as pessoas à sua volta, em geral pessoas fora da equipe imediata, que podem não ter motivos óbvios para ajudá-lo.

Você está no centro.

Os gerentes de produto estão no centro de tudo, traduzindo as necessidades comerciais e os objetivos do usuário, mediando conflitos entre engenheiros e designers, conectando a estratégia de alto nível da empresa com as decisões cotidianas do produto. Uma gestão de produto bem-sucedida se expressa em centenas de interações diárias com as pessoas que representam essas perspectivas, habilidades e objetivos distantes. Você precisa aprender a transitar por seus estilos de comunicação, sensibilidades e diferenças entre o que dizem e o que querem dizer.

Até nas organizações altamente estruturadas e sistematizadas, ou que afirmam ser imparciais e "orientadas a dados", é inevitável que, em algum ponto, você acabe transitando por um emaranhado de ressentimentos não expressados e conflitos não resolvidos. Outras pessoas talvez consigam manter suas cabeças abaixadas e "apenas fazer seu trabalho", mas fazer conexões entre pessoas reais e confusas *é* seu trabalho.

O que Não É Gestão de Produto?

A gestão de produto pode ser muitas coisas diferentes, mas não é tudo. Veja algumas realidades consistentes — e consistentemente decepcionantes para algumas pessoas — do que não é a gestão de produto:

Você não é o chefe.

Muitas vezes, vi a função gerente de produto descrita como "miniCEO" de um produto. Infelizmente, a maioria dos gerentes de produto que vi agindo como "miniCEO" está mais interessada no status dessa distinção honorária do que em sua responsabilidade. Sim, como gerente de produto você é responsável pelo sucesso ou fracasso do produto. Mas para cumprir essa responsabilidade, você depende totalmente da confiança e do trabalho dedicado de sua equipe. Essa confiança pode se dispersar facilmente se você se portar e se der grande importância como chefe.

Você, na verdade, não está criando o produto sozinho.

Para algumas pessoas, a gestão de produto desperta visões de inventores e cientistas brilhantes, trabalhando para levar suas ideias revolucionárias para o povo. Se você gosta de ser a pessoa que realmente *cria* coisas com as mãos, talvez fique profundamente frustrado com a natureza conectiva e facilitadora da gestão de produto. E mais, o que parece ser um desejo bondoso de participar das decisões técnicas e de design, pode se revelar como um microgerenciamento irritante para os que *estão* atarefados com a criação do produto que você gerencia.

Isso não significa, em absoluto, que você deva ter zero interesse pelas decisões técnicas e de design de sua equipe de produto. Ter um interesse genuíno no trabalho dos colegas é uma das coisas mais importantes que você pode fazer como gerente de produto. Muitas vezes, a gestão de produto é um desafio em particular para aqueles que vêm da escola do "Tudo bem, farei sozinho" ao resolver problemas. Se você, como eu, é do tipo que odiava projetos em grupo na escola e procurava pegar o máximo possível de trabalho para fazer sozinho, é possível que a gestão de produto lhe ensine lições difíceis, mas importantes, sobre confiança, colaboração e delegação.

Você não pode ficar esperando até alguém lhe dizer o que fazer.

Como aprendi no meu primeiro dia como gerente de produto, é muitíssimo raro que você receba orientações e instruções claras nessa função. As empresas maiores, sobretudo as que têm um longo histórico com gestão de produto, provavelmente terão expectativas bem definidas em torno da função do gerente de produto. Mas, até nessas empresas, você terá que cortar um dobrado para descobrir o que deve fazer, com quem deve falar e como pode se comunicar com eficiência com pessoas específicas em sua equipe.

Se você tiver dúvidas sobre uma diretiva que vem da liderança sênior, não poderá ficar sentado, esperando que eles a esclareçam. Se vir algo em um protótipo que pensa ser um problema, não poderá esperar que outra pessoa perceba. É seu trabalho identificar, avaliar, priorizar e lidar com qualquer coisa que possa afetar a habilidade da sua equipe a atingir suas metas — quer isso lhe tenha sido dito explicitamente ou não.

Qual É o Perfil de um Ótimo Gerente de Produto?

Algumas organizações são muito conhecidas por favorecerem certo perfil entre os candidatos de gestão de produto. Por exemplo, a Amazon tem o histórico de preferir MBAs. Já o Google é conhecido por preferir candidatos com graduação em ciência da computação em Stanford (até que ponto essas empresas ainda abrigam essas preferências é tema de frequente debate). Em geral, o perfil "clássico" de um gerente de produto é o de uma pessoa técnica com conhecimento comercial ou uma pessoa experiente em negócios que não aborrecerá muito os desenvolvedores.

Embora haja muitos gerentes de produto que se encaixam nesse perfil até certo ponto, alguns dos melhores que conheci, inclusive gerentes de produto que iniciaram suas carreiras ganhando experiência na Amazon e no Google, não se enquadram em nenhum perfil "clássico". A verdade é que os ótimos gerentes de produto podem vir de qualquer lugar. Alguns dos melhores que conheci têm formação em música, política, ONGs, teatro, marketing — é só escolher. São pessoas que gostam de resolver problemas interessantes, aprender coisas novas e trabalhar com pessoas inteligentes.

Os ótimos gerentes de produto são a soma de suas experiências, dos desafios que enfrentaram e das pessoas com quem trabalharam. Eles estão sempre evoluindo e adaptando sua própria prática para atender às necessidades específicas de sua equipe e organização atuais. São humildes o bastante para reconhecer que sempre haverá coisas novas para aprender, e curiosos o suficiente para aprender sempre coisas novas com as pessoas em volta.

Quando dou consultoria a organizações que buscam identificar candidatos internos para as funções de GP, costumo pedir que algumas pessoas desenhem um diagrama de como as informações circulam na empresa, não um organograma formal, apenas um esboço de como as pessoas se comunicam. Não falha: algumas pessoas sempre aparecem no centro. Elas são os agentes da informação, os conectores, os pensadores expansivos que procuram ativamente novas perspectivas. Raramente se encaixam no perfil "tradicional" de um gerente de produto e, em muitos casos, não são nada técnicas. Mas são as pessoas que já comprovaram ter o interesse e a inclinação para fazer o trabalho conectivo e desafiador, que é o segredo para uma gestão de produto bem-sucedida.

Qual É o Perfil de um Mau Gerente de Produto?

Embora os ótimos gerentes de produto raramente se enquadrem em um perfil, os maus gerentes são bem consistentes. Existem alguns arquétipos de maus gerentes de produto que aparecem em praticamente todo tipo de organização:

O Manipulador de Jargões
O Manipulador de Jargões deseja que você saiba que a abordagem descrita pode

fazer sentido se você trabalha em uma metodologia Scrumban híbrida, mas é simplesmente inaceitável para um Scrum Master PSM III certificado (se você tiver que pesquisar para saber o que algum desses termos significa, o Manipulador de Jargões fica chocado com sua incompetência — como você conseguiu esse trabalho?). Ele define as palavras que você nunca ouviu com outras palavras que você nunca ouviu e parece usá-las cada vez mais quando há um desacordo de alto risco acontecendo.

O Assistente de Steve Jobs

The Steve Jobs Acolyte Thinks Differently ™ ["O Assistente de Steve Jobs Pensa Diferente", em tradução livre]. Esse assistente gosta de inclinar a cadeira para trás e fazer perguntas grandes e provocantes. Ele gostaria de lembrá-lo que as pessoas não sabiam que queriam um iPhone também. Ele não deseja criar algo mais rápido. O Assistente de Steve Jobs não diria que seus usuários são idiotas, pelo menos não exatamente, mas certamente eles não são visionários como o Assistente de Steve Jobs.

O Gerente de Produto Herói

Não tenha medo, o Gerente de Produto Herói está aqui com uma ideia incrível que salvará toda a empresa. Ele não está particularmente interessado em ouvir por que a ideia pode não funcionar ou se ela já foi discutida e explorada milhões de vezes. Você ouviu falar sobre o que o Gerente de Produto Herói fez na última empresa? Ele criou tudo sozinho ou, pelo menos, as partes boas. Porém as pessoas *nesta* empresa parecem nunca dar ao Gerente de Produto Herói os recursos ou o suporte que ele precisa para realizar todas as suas incríveis promessas.

O Perfeccionista

O Perfeccionista *faz tudo*. Você sabia que a equipe do Perfeccionista enviou *cinquenta* recursos no último ano? E ouviu falar sobre a época em que o Perfeccionista orientou sua equipe por três noites consecutivas para manter o lançamento do produto dentro do cronograma? Ele é reverenciado pela liderança da empresa como um batalhador que consegue realizar *muitas coisas*, mas não está muito claro como essas coisas contribuem para o negócio ou para seus usuários. E você não deixa de notar que as pessoas na equipe do Perfeccionista parecem muito estressadas... quer dizer, as pessoas na equipe dele que ainda não se demitiram.

O Mártir do Produto

Ótimo! O Mártir do Produto (Figura 1-1) está aqui. Se o produto não foi lançado a tempo ou não cumpriu suas metas, o Mártir do Produto assume a total e inequívoca responsabilidade por ter ferrado com tudo (de novo). Ele diz que não é grande coisa pegar café para toda a equipe todas as manhãs, mas o modo como coloca a bandeja da Starbucks na mesa parece um pouquiiiiiinho mais enfático do que precisa ser. O Mártir do Produto sempre diz que coloca o trabalho na frente de tudo em sua vida, mas parece ofendido e sobrecarregado sempre que você o procura com uma nova pergunta ou preocupação.

Figura 1-1. *O Mártir do Produto, em estado natural*

Esses padrões são incrivelmente fáceis de assumir, com certeza eu assumi todos eles em um momento ou outro em minha carreira. Por quê? Em geral, eles são orientados não pela malícia ou pela incompetência, mas pela insegurança. A gestão de produto pode ser um gatilho brutal e cruel para a insegurança, e a insegurança pode extrair o pior de todos nós.

Como a gestão de produto é uma função de conexão e facilitação, o real valor que os gerentes de produto trazem à tona pode ser muito difícil de quantificar. Seu desenvolvedor escreveu 10 mil linhas de código. Seu designer criou um universo tátil e visual que impressionou a todos na sala. Seu CEO é o visionário que levou a equipe ao sucesso. O que *você* fez exatamente?

Essa pergunta, e o desejo de demonstrar valor defensivamente, pode levar a alguns atos épicos de autossabotagem não intencional. Talvez os gerentes de produto inseguros comecem a falar com jargão para provar que a gestão de produto é algo real, que é bem complicado e importante (o Manipulador de Jargões). Podem levar sua equipe (o que acontece com frequência) a um caminho de exaustão e burnout apenas para provar o quanto fizeram (o Perfeccionista). Podem até começar a fazer exibições públicas estranhas e grandes do quanto se sacrificaram pessoalmente para fazer tudo aquilo (o Mártir do Produto).

Para os gerentes de produto, o valor criado se manifestará em grande parte no trabalho de sua equipe. Os melhores gerentes que conheci são aqueles que realmente acreditam que o sucesso de sua equipe *é* o próprio sucesso deles. São os gerentes de produto cujas equipes usam frases do tipo "Eu confiaria minha vida a essa pessoa" e "Essa pessoa me deixa empolgado para ir trabalhar de manhã". Se você está começando a se sentir inseguro sobre seu trabalho, converse com a equipe e veja o que pode fazer para contribuir mais para o sucesso dela. Mas não deixe a insegurança transformá-lo em um mau gerente de produto.

Não. Você Não Tem que Trabalhar 60 Horas por Semana para Ser Gerente de Produto

Nos últimos seis meses, muitas pessoas me disseram: "Eu adoraria ser gerente de produto, mas ouvi dizer que é preciso trabalhar 60 horas por semana para fazer bem o trabalho." No início da minha carreira, eu teria concordado com veemência com esse sentimento, talvez até fazendo um acréscimo insolente: "Sessenta horas, se tiver sorte!" Mas amadureci além dessa crença, e acredito que nossa disciplina amadureceu muito também.

Quando reflito sobre meu tempo como gerente de produto trabalhando 60 horas, a verdade é que grande parte dessas horas se devia à inexperiência, à insegurança e à incapacidade de priorizar meu tempo com eficiência. Eu não tinha ideia do que estava fazendo e tinha medo de que as *outras pessoas* vissem que eu não tinha ideia, então comecei a fazer o máximo que podia em alto e bom som (daí, minha jornada de um novato ingênuo a um Perfeccionista e Mártir do Produto). Essa abordagem não só foi desastrosa para minha saúde mental como também profundamente prejudicial para minha equipe, cujos membros ficavam imaginando se *eles* ainda deveriam estar no escritório às 20h, enquanto eu continuava suspirando alto e conversando ao digitar no teclado.

Durante os anos mais eficientes e impactantes como gerente de produto, eu trabalhava das 10h às 16h em grande parte dos dias, e sim, era uma startup acelerada e com alto crescimento. Com a ajuda de alguns colegas extremamente talentosos (e um terapeuta muitíssimo bom), consegui priorizar as tarefas que ajudavam a equipe a cumprir suas metas e parar de me preocupar tanto se meus colegas achavam que eu trabalhava o bastante. No fim das contas, ninguém (exceto eu mesmo) estava de olho se eu ficava até tarde no escritório na noite de sexta-feira ou com que rapidez eu respondia a uma mensagem domingo de manhã no Slack.

Qualquer pessoa dedicada a aprender, colocar limites e priorizar seu tempo ficará, e com razão, chateada com a ideia de que o trabalho exigirá que ela trabalhe um número de horas irracional e pouco saudável. E o campo da gestão de produto precisa desesperadamente de mais pessoas que tenham se dedicado a aprender a definir limites e priorizar seu tempo. A ideia de que longas horas são uma parte inseparável do trabalho desencoraja pessoas talentosas de entrarem no setor e desencoraja aqueles já no setor de aprender como priorizar seu tempo e definir expectativas razoáveis e saudáveis para suas equipes. Vamos acabar com isso.

E os Gerentes de Programa? E os Proprietários do Produto?

Quase sempre que dou um workshop sobre gestão de produto, a primeira pergunta feita é alguma versão de "Qual a diferença entre gerente de produto e (gerente de programa/proprietário do produto/gerente de solução/gerente de projeto)?"

Não é difícil entender por que essa pergunta é a primeira para tantas pessoas. Como a constelação de funções de produto semelhantes e relacionados a produtos continua crescendo, ter clareza em relação à função e à finalidade pode ficar cada vez mais difícil de obter. Se você é gerente de produto em uma equipe que, de repente, contrata um gerente de programa, o que isso significa para você? Seu trabalho está se tornando obsoleto? Outra pessoa fará o mesmo trabalho que você? E, sem querer ser indelicado, quem recebe mais?

Quando comecei a fazer coaching e treinamento de produtos, me esforçava para responder a essas perguntas usando uma combinação de experiência do passado e pesquisa frenética no Google. Eu dizia com muita confiança: "Bem, na maioria das situações, gerente de produto é a pessoa responsável pelos resultados comerciais que a equipe entrega e o proprietário do produto é o responsável por gerenciar as atividades diárias da equipe." Cabeças concordando! Que alívio! Uma resposta concreta e específica!

Foram necessárias apenas algumas semanas para eu começar a trabalhar com uma organização que definia essas funções exatamente ao contrário. Quando comecei a dar minha resposta clichê para essa exata pergunta, um executivo me interrompeu e disse: "Bem, na verdade definimos o contrário aqui. Afinal, por que chamaríamos a pessoa que gerencia as atividades da equipe de *proprietário* do produto e quem possui os resultados do produto de *gerente* de produto?" Nem é preciso dizer que "Porque foi isso o que eu encontrei no Google" não era uma boa resposta.

Desde esse fatídico dia, passei a dar uma resposta satisfatória muito diferente, e bem menos imediata: "Varia muito entre as organizações e as equipes. Algumas organizações definem a diferença de um modo e outras a definem exatamente o oposto. Converse com as pessoas na organização para descobrir o que elas pensam sobre a função e quais são as expectativas delas em relação a você." Menos cabeças concordando, menos alívio.

Comecei a pensar sobre a lista cada vez maior das funções do "profissional de produto" como Funções Ambiguamente Descritivas do Produto (ADPRs, sigla em inglês), no interesse de ter um conceito principal para englobar as várias funções que provavelmente não dirão muito sobre as atividades e as responsabilidades diárias. Para as ADPRs cujas equipes incluem outras ADPRs, acabei oferecendo o seguinte conselho igualmente frustrante: "Sente-se com seus companheiros de ADPRs, descubra o que precisa ser feito e como vocês o farão juntos. Foque os esforços compartilhados, em vez de tentar estabelecer uma clareza absoluta que não se sobrepõe em torno das funções." Como ADPR, é possível que você nunca tenha uma clareza absoluta sobre o que seu trabalho envolve exatamente. Faça muitas perguntas, trabalhe de perto com a equipe e fique focado em fazer o trabalho mais impactante possível.

Eu acabo dando o mesmo conselho quando perguntado sobre as funções ADPR especializadas, como "gerente de produto de crescimento" ou "gerente de produto técnico". Tenho sentimentos profundamente mistos sobre aumentar a especialização das funções do gerente de produto. No máximo, essa tendência poderia criar um pouco mais de clareza em torno do que se espera das pessoas que trabalham em uma função específica em certa empresa. No mínimo, poderia se tornar outra fonte de falsa certeza que esconde o generalismo inerente das funções do produto. (Já ouvi a minha primeira conversa de "Bem, a pessoa trabalhou apenas como gerente de produto de *crescimento*; você acha que ela conseguiria trabalhar como um gerente de produto normal?" e receio que muitas outras virão no futuro.)

Para encurtar a história: toda função de produto em toda equipe de toda empresa é um pouco diferente. Quanto antes aceitar isso, mais cedo chegará ao trabalho árduo de exercer *sua* função do produto específica da melhor forma que você especificamente puder.

Resumo: Navegando nos Mares da Ambiguidade

Não importa quantos livros você leu (inclusive este), quantos artigos folheou ou quantas conversas teve com gerentes de produto profissionais, sempre haverá desafios novos e inesperados nessa linha de trabalho. Faça seu melhor para permanecer aberto a esses desafios e, se possível, desfrute do fato de que a ambiguidade em torno de sua função significa que é provável que você aprenderá muitas coisas inteiramente novas.

Sua Checklist

- Aceite que ser um gerente de produto significa que terá que fazer muitas coisas diferentes. Não fique chateado caso seu trabalho diário não for visionário nem parecer importante, contanto que ele contribua com as metas de sua equipe.

- Seja proativo ao buscar meios de ajudar e contribuir com o sucesso do produto e da equipe. Ninguém lhe dirá exatamente o que fazer o tempo todo.

- Esteja preparado para possíveis faltas de comunicação e alinhamento, independentemente do quão inconsequentes pareçam no momento.

- Não fique muito preso ao "perfil típico" de um gerente de produto bem-sucedido. Esses gerentes podem vir de qualquer lugar.

- Não deixe a insegurança transformá-lo na caricatura de um mau gerente de produto! Resista ao impulso de ficar na defensiva exibindo seu conhecimento ou habilidades.

- Meça seu sucesso pelo impacto que você tem no negócio, nos usuários e na equipe, não por quantas horas você trabalha.

- Pare de procurar uma definição "correta" de qualquer Função Ambiguamente Descritiva do Produto (como gerente de produto, proprietário do produto ou gerente de programa). Reconheça a exclusividade de cada função do produto em cada equipe e faça muitas perguntas para entender o que se espera especificamente de você.

- No caso de sua equipe ter várias Funções Ambiguamente Descritivas do Produto (digamos, gerente de produto e proprietário do produto), trabalhe com seus companheiros de ADPR para alinhar as metas compartilhadas e descobrir como trabalhar melhor juntos para atingir essas metas.

Habilidades COPE*
da Gestão de Produto

Dada a grande variedade de funções da gestão de produto entre equipes e organizações, as *habilidades* reais da gestão acabam sendo muito difíceis de determinar. Isso muitas vezes resulta na gestão de produto sendo descrita como uma miscelânea de habilidades usadas em outras funções mais fáceis de definir. Um pouco de codificação, uma pitada de visão comercial, algum design da experiência do usuário e — voilá! — você é um gerente de produto.

Como examinaremos neste capítulo, o trabalho de conexão da gestão de produto requer habilidades próprias. Definir essas habilidades ajuda a conquistar um lugar para a gestão de produto como uma função única e valiosa, fornecendo a orientação diária muito necessária para como os gerentes de produto podem se destacar em seu trabalho.

Modelo Híbrido: UX/Tecnologia/Negócio

Se existe uma representação visual comumente aceita da gestão de produto, ela é um diagrama de Venn triplo (Figura 2-1), que posiciona a gestão de produto na interseção do negócio, da tecnologia e da UX (experiência do usuário).

Tenho visto muitas variações disso; às vezes *UX* é substituída por *design* ou *pessoas*. Em outras, *negócio* é substituído por *estatística* ou *finanças*. Recentemente, vi um anúncio de emprego de um grande banco que pedia candidatos com proficiência em "negócios, tecnologia e pessoas", que não parece de modo algum um anúncio escrito por e para robôs sencientes.

---

* Adaptamos *COREA skills* para "Habilidades COPE" para facilitar a compreensão do leitor. [N. da RT]

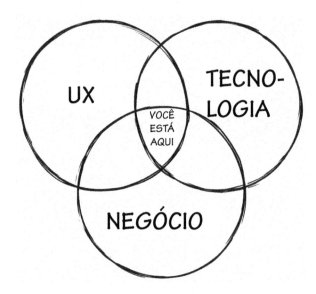

Figura 2-1. *Diagrama de Venn da gestão de produto híbrida, no texto de Martin Eriksson "What, Exactly, Is a Product Manager?" [disponível em https://oreil.ly/K6MZ3, conteúdo em inglês]*

No início do ano, tive o prazer de conversar com Martin Eriksson, o criador do diagrama de Venn, em uma conversa informal com a comunidade Mind the Product, que Eriksson ajudou a criar. Nessa conversa, ele contou como o diagrama de Venn resultou não de um desejo de determinar a função da gestão de produto para as próximas gerações, mas de um desejo de compartilhar sua própria perspectiva em particular da função:

> Nunca tive a intenção de que ele fosse a definição final de nenhum modo, formato ou forma, apenas uma história que eu contava sobre o trabalho que estava fazendo, o que pensava sobre ele e por que eu achava que era um ótimo trabalho. [O diagrama de Venn surgiu] vendo a equipe que eu tentava montar na época. Eu trabalhava em uma startup como vice-presidente de produto, basicamente a primeira pessoa real de produto no negócio. Estávamos vivenciando muito a situação "Como construímos equipes autônomas multidisciplinares?", embora não chamássemos assim na época... e eu pensava: "De que coisas precisamos em nossas equipes para termos sucesso e criar ótimos produtos?" E as coisas mais importantes são estes três elementos: algum

senso do cliente, a experiência do usuário e algum senso do aspecto comercial. Como tornar isso valioso e capturar valor, como você trabalha com a engenharia para realmente entregar isso e assegurar que seja algo viável para criar?

Essa definição no nível de equipe serve como uma descrição incrivelmente útil e sucinta da função da gestão de produto. Na verdade, raramente você encontrará um gerente de produto cujo trabalho não envolva algum elemento da compreensão de seus usuários e/ou clientes, algum elemento da compreensão do negócio e uma compreensão de qualquer coisa que ele precisa entender para ajudar a equipe a realmente *entregar* algo que melhora a troca de valor entre o negócio e seus clientes. Quando comecei como gerente de produto, essa visualização me ajudou a entender que eu tinha um lugar único no mundo. Não como engenheiro, designer ou analista de negócios, mas como um tipo diferente de pessoa que conecta e alinha essas funções distintas para ajudar a equipe a ter sucesso.

Claro, essa é apenas a interpretação de uma pessoa, e existem muitas outras interpretações desse diagrama de Venn, algumas sendo... bem menos úteis que outras. Uma interpretação inútil que costumo encontrar é a falácia do diagrama de Venn como um círculo plano: a crença errada de que um gerente de produto deve possuir todas as *habilidades* e o *conhecimento* de um desenvolvedor, um designer e um analista de negócios. Se alguma vez você ficou impressionado com um anúncio de trabalho para gestão de produto que parecia requerer as habilidades e a experiência de uma equipe inteira, ou mesmo de uma empresa inteira, talvez tenha visto essa falácia em ação. Aqui, novamente, Eriksson é rápido em esclarecer: "O produto está na interseção das três coisas, mas isso não significa que temos que ter todas as respostas ou ser especialistas em uma ou todas as três coisas."

Na verdade, as habilidades requeridas para *ser* designer, desenvolvedor ou analista de negócios podem ser muito diferentes das habilidades requeridas para *criar alinhamento entre* os designers, os desenvolvedores e os analistas de negócios. O diagrama de Venn pode ajudar a descrever onde você está como gerente de produto, mas, como em qualquer modelo ou descrição, não é possível lhe dizer tudo o que você deve *fazer* na função. De fato, quando pedi a Eriksson um alerta que ele gostaria de transmitir com o diagrama de Venn, ele respondeu:

— O figurino não é universal.

Habilidades COPE da Gestão de Produto: Comunicação, Organização, Pesquisa e Execução

Na versão padrão mais perfeita para a gestão de produto, você pode muito bem estar se apegando à "tríade do produto" clássica com um designer e um engenheiro, ao passo que interage regularmente com as partes envolvidas no negócio fora de sua equipe imediata. Mas em quase todos os casos, também precisará se conectar e alinhar com os envolvidos que estão fora de *qualquer* diagrama de Venn triplo. Em uma empresa grande e regulamentada, um gerente de produto pode passar grande parte de seu tempo conectando e alinhando advogados e gerentes da conta. Em uma startup nova, um gerente de produto pode passar a maior parte do tempo conectando e alinhando o fundador da empresa e um revendedor externo que foi contratado para criar uma versão inicial do produto da empresa.

Quando organizo workshops de gestão de produto abertos para pessoas de várias empresas, a primeira pergunta que elas normalmente fazem é: "Quais são as cinco principais funções na empresa que *você* deve conectar e alinhar para atingir suas metas?" Dizer que as respostas variam muito seria um eufemismo. Na verdade, alguns começam ouvindo desenvolvedores, designers e empresas interessadas. Outros começam ouvindo os profissionais de marketing, vendedores, cientistas de dados e diretores de compliance. Alguns listam funções sobre as quais nunca ouvi falar e há os que escrevem a palavra "CLIENTES" com letras maiúsculas e deixam assim.

Conforme a gestão de produto se torna uma função mais onipresente e de maior alcance, o diagrama de Venn que é percorrido por qualquer gerente de produto apenas fica mais difícil e menos previsível. Dada a realidade de que os gerentes de produto devem conectar e alinhar uma variedade ampla de envolvidos, a pergunta se torna "Quais são as habilidades específicas das quais os gerentes de produto precisam nas organizações, equipes e setores, para conectar e alinhar com sucesso qualquer pessoa com quem eles trabalham diariamente?"

Quando comecei a fazer pesquisas para este livro, me propus a desenvolver um novo modelo de habilidades para os gerentes de produto que pudesse expressar melhor as habilidades *conectivas* que tornam a gestão de produto uma função única e empolgante. Em minhas entrevistas com gerentes de produtos em setores e organizações, descobri que as habilidades fundamentais necessárias para ter sucesso são bem familiares (Figura 2-2). Um gerente de produto deve conseguir:

- *Comunicar-se* com as partes envolvidas
- *Organizar* a equipe de produto para ter um sucesso sustentável

- *Pesquisar* as necessidades e os objetivos dos usuários do produto
- *Executar* as tarefas diárias requeridas para a equipe de produto alcançar suas metas

Esse modelo de habilidades COPE constitui uma nova formulação da gestão de produto que reflete melhor as realidades diárias da função em organizações e setores.

Figura 2-2. As habilidades COPE da gestão de produto

A seguir, faremos uma análise das habilidades COPE da gestão de produto, com um princípio orientador para cada uma que conversa com os comportamentos reais que colocam essas habilidades em ação.

COMUNICAÇÃO

Clareza acima do conforto.

A comunicação é de longe a habilidade mais importante para um gerente de produto desenvolver e cultivar. Se você não conseguir se comunicar com eficiência com a equipe, com os envolvidos e com os usuários, não terá sucesso como gerente de produto. Os ótimos gerentes de produto não apenas toleram, mas apreciam ativamente o desafio de criar alinhamento e entendimento entre pessoas diferentes com experiências e perspectivas variadas.

O princípio orientador para a comunicação é "clareza acima do conforto". A escolha entre clareza e conforto é real, e uma que muitas vezes enfrentamos nos momentos mais importantes de nossa carreira. Por exemplo, você pode participar de uma reunião na qual um executivo faz uma referência rápida a um recurso que sua equipe escolheu não priorizar semanas atrás. Sem querer criar uma situação desconfortável, talvez você decida deixar isso passar, imaginando que o recurso em questão é apenas uma pequena parte do lançamento geral do produto e que provavelmente não é grande coisa. Mas, da perspectiva do executivo, seu silêncio pode ser interpretado como uma concordância subentendida de que o pequeno recurso em questão *realmente* fará parte do lançamento do produto. As consequências dessa falta de clareza podem ser insignificantes — ou terríveis.

Não é por acaso que tais momentos de desconforto são muitas vezes os que se mostram mais impactantes. O desconforto normalmente é a manifestação de uma falta de clareza. É um sinal valioso indicando que as pessoas não estão em sintonia ou que as expectativas não foram definidas com clareza. Como gerente de produto, você não pode temer o desconforto; deve lidar com isso ativamente para ser claro consigo mesmo e com sua equipe. Veremos as estratégias específicas para ter clareza acima do conforto no Capítulo 4, "A Arte da Notória Comunicação Excessiva".

Quero enfatizar aqui que a boa comunicação não significa "escolher palavras elegantes e falar de modo a impressionar". Muitos gerentes de produto com quem converso, em especial aqueles que se autoidentificam como introvertidos ou trabalham em um idioma que não é o seu, temem estar operando em uma desvantagem intrínseca quanto a desenvolver habilidades de comunicação. De fato, descobri que esses gerentes costumam ter uma vantagem em relação a cultivar clareza acima do desconforto, pois têm mais prática em trabalhar com certo grau de incerteza ou desconforto para conseguirem clareza para si mesmos e suas equipes.

Independentemente de onde você começa, sempre há passos que pode dar para se tornar um comunicador melhor. Veja algumas perguntas que você pode se fazer para avaliar suas habilidades de comunicação:

- Estou fazendo as perguntas necessárias e facilitando as conversas necessárias para assegurar que minha equipe tenha clareza sobre o que fazemos e por quê?

- Estou me comunicando proativamente com outras equipes de produto e gerentes se acredito que a coordenação ajudará a entregar resultados melhores para o usuário e a empresa?
- Estou respondendo com rapidez e cuidado às partes envolvidas que me procuram?
- Ao explorar as possíveis soluções, apresento com consistência várias opções e oriento as partes envolvidas nas concessões de cada uma?

ORGANIZAÇÃO

Torne-se obsoleto.

Além de usar suas próprias habilidades pessoais de comunicação, os gerentes de produto devem organizar suas equipes para trabalharem bem juntas. Se as habilidades de comunicação se resumem a gerenciar as interações pessoais, cumpre à organização operacionalizar e escalar essas interações.

Nem todas as pessoas que se destacam como comunicadores individuais são naturalmente organizadoras habilidosas. Os gerentes de produto que não têm habilidades de organização, independentemente do conhecimento e do carisma que têm, em geral se tornam um gargalo para suas equipes. Eles circulam dando instruções, desbloqueando os membros da equipe e resolvendo conflitos, mas suas equipes não conseguem funcionar sem sua intervenção direta e constante. Os gerentes de produto sem habilidades de organização ficam contentes em ouvir perguntas do tipo "Em que devemos trabalhar agora?" porque elas colocam o gerente no papel absolutamente indispensável de orientar as prioridades e as decisões diárias da equipe.

Por outro lado, os gerentes de produto que se destacam na organização veem a pergunta "Em que devemos trabalhar agora?" como um sinal de que algo está errado. Eles procuram assegurar que todos na equipe sempre saibam em que devem trabalhar e por que, sem ter que perguntar pessoalmente. Quando algo dá errado, os gerentes de produto com mentalidade na organização não perguntam apenas "Como posso resolver esse problema agora?", mas também "Como posso assegurar que não aconteça de novo?"

O princípio orientador para a organização é "Torne-se obsoleto". Os gerentes de produto que se destacam na organização trabalham com suas equipes para organizar pessoas, processos e ferramentas em sistemas autossustentáveis que não requerem sua participação a cada momento ou supervisão. A iniciativa de se tornar obsoleto é contraditória para muitos gerentes de produto, sobretudo para aqueles que buscam reconhecimento por seus esforços individuais. Mas os melhores gerentes são seguros na compreensão de que esses esforços individuais são mais impactantes quando fortalecem a equipe inteira.

Veja algumas perguntas que você pode se fazer ao avaliar suas habilidades de organização:

- Se eu tirar férias por um mês, minha equipe teria as informações e os processos para priorizar e produzir sem minha participação diária?
- Se eu perguntasse "Em que você trabalha e por quê?" a alguém na minha equipe, ela teria respostas imediatas e consistentes?
- Se alguém em outra equipe quisesse saber em que minha equipe trabalha, a pessoa conseguiria acessar com facilidade essa informação em um formato atualizado e compreensível?
- Se certo processo ou sistema (ou falta dele) não funciona para minha equipe, eu trabalho proativamente com minha equipe para mudar esse processo ou sistema? Ou, se não estamos em uma posição para mudar diretamente o processo ou o sistema, eu trabalho proativamente com minha equipe para mudar como interagimos com esse processo ou sistema?

PESQUISA

Viva a realidade do usuário.

A pesquisa é como os gerentes de produto permanecem conectados com o mundo complexo e caótico à sua volta, mesmo quando percorrem os pormenores cansativos de seu trabalho diário. A prática da pesquisa inclui atividades formalizadas, como entrevistas do usuário, e conversas informais, pesquisas no Google e reações em cadeia nas redes sociais que ajudam os gerentes de produto a ficarem atualizados com seus usuários. Se a curiosidade é a principal mentalidade do gerente de produto, a pesquisa é como a curiosidade é atualizada e estendida para além dos muros da organização.

Os gerentes de produto sem habilidades de pesquisa tendem a liderar sua equipe firmemente em um caminho predeterminado sem reservar tempo para perguntar *por que* se está seguindo por esse caminho ou para buscar novas informações que podem obrigar a ajustar o curso. Talvez esses gerentes de produto consigam cumprir os prazos, mas estarão sempre tentando descobrir seu mercado e usuários.

O princípio orientador para a pesquisa é "Viva a realidade do usuário". Todo produto tem um usuário, sendo ele um consumidor, outra empresa ou um engenheiro que utiliza uma API ["Interface de Programação de Aplicativos" na sigla em inglês]. As coisas que lhe importam, como cumprir os prazos do projeto, gerenciar o backlog do produto ou equilibrar a demonstração de resultados, não importam para todos. Seus usuários têm suas próprias prioridades, necessidades e preocupações, com a mais crítica podendo não estar diretamente relacionada às suas interações com o produto. Os gerentes de produto mais bem-sucedidos que conheci entendem não só como os usuários interagem com seu produto, mas também como o produto se encaixa na *realidade* maior dos usuários. Quando esses gerentes avaliam o produto de um concorrente, perguntam "O que este produto pode significar para nossos usuários", e não "Como podemos ter um recurso equivalente?" Veremos mais sobre como aprender diretamente com os usuários no Capítulo 6, "Falando com os Usuários (ou 'O que É um Jogo de Pôquer?')".

Veja algumas perguntas que você pode se fazer para avaliar suas habilidades de pesquisa:

- Minha equipe aprende *diretamente* com nossos usuários/clientes *ao menos* uma vez na semana? (Essa é a melhor definição de descoberta contínua de Teresa Torres) [texto disponível em https://oreil.ly/iOYm4, conteúdo em inglês].
- Toda decisão de produto que minha equipe toma se baseia nas metas comerciais *e* nas necessidades do usuário?
- Minha equipe usa nosso produto, e os da concorrência/próximos, para entender melhor as necessidades e os comportamentos de nossos usuários?
- As necessidades e os objetivos do usuário articulados por minha equipe *realmente* refletem as necessidades e os objetivos de nossos usuários ou só o que o negócio *deseja* que sejam essas necessidades e objetivos?

EXECUÇÃO

Todos os esforços a serviço dos resultados.

Obviamente, os gerentes de produto ainda são responsáveis por assegurar que a coisa seja feita. Isso costuma significar tomar a iniciativa e fazer qualquer trabalho necessário para a equipe atingir seus objetivos, mesmo que esse trabalho não faça tecnicamente parte da descrição de seu trabalho. Os gerentes de produto que pensam na execução *começam* entendendo o negócio e os resultados do usuário pelos quais as equipes são responsáveis, então priorizam sem piedade seu tempo, recursos e atividades para cumprir esses resultados.

Gerentes de produto sem habilidades de execução não conectam seus esforços diários com a finalidade real do trabalho da equipe. Ficam presos no grande volume do que devem fazer, focando o esforço *sem* resultado. Ou se distraem buscando o produto perfeito para criar ou a métrica a usar, focando os resultados *sem* esforço (nos aprofundaremos mais na relação resultados/produção no Capítulo 10, "Visão, Missão, Objetivos, Estratégia e Outras Palavras Bonitas").

Como os gerentes de produto que pensam na execução priorizam seus esforços para cumprir metas e resultados, eles querem fazer um trabalho que pode não ser visto como particularmente heroico ou de alto status. Tal gerente, por exemplo, ficará feliz em trazer o café da manhã cedo se isso é importante para o produto sair logo. Como Ken Norton diz: "Sempre traga donuts." [veja em https://oreil.ly/BN9Ak, conteúdo em inglês].

Quando comecei a trabalhar como gerente de produto, fui preparado para fazer minha parte em buscar donuts e cafés. O que eu não esperava era a quantidade de vezes que precisaria iniciar conversas que pareciam ser mais apropriadas para alguém com um cargo *acima* do meu. Durante um momento particularmente tumultuado no início da minha carreira, fui "vice-presidente por um dia" para que pudesse fazer uma negociação crítica com um grande parceiro da plataforma. De forma constrangedora, eu estava muito mais focado no fato de que não tinha uma promoção real do que estava em liderar com sucesso essa importante negociação. Um gerente de produto que pensa em execução deseja ter conversas críticas e de alto nível para esclarecer e atingir as metas da organização, não para sua glória pessoal.

Veja algumas perguntas que você pode se fazer para avaliar suas habilidades de execução:

- Minha equipe está *começando* com o cliente e com o impacto comercial que buscamos gerar e, *então*, avaliando e priorizando os vários modos de conseguir esse impacto, em vez de começar com recursos e justificá-los de forma retroativa estimando o impacto?

- As metas e os objetivos estratégicos de minha equipe estão na frente e no centro durante as conversas táticas e atividades (como planejamento com sprint*, escrita da história etc.)?

---

* Sprint: Segmento de trabalho com um período determinado para conclusão. [N. da RT]

HABILIDADES COPE DA GESTÃO DE PRODUTO | 25

- Estou priorizando meu próprio tempo de modo a refletir as metas e as prioridades da minha equipe?
- Se não tenho a capacidade de fazer o trabalho que minha equipe precisa sem ficar exausto, estou comunicando isso diretamente a meu gerente?

Juntas, as habilidades COPE são críticas para as atividades fundamentais da gestão de produto em setores e organizações: pesquisa para descobrir as necessidades do cliente, comunicação para articular e socializar essas necessidades, organização para priorizar as soluções efetivas e execução para entregar essas soluções.

... Mas e as Habilidades Técnicas? (Hard Skills)

As habilidades que descrevi neste capítulo poderiam ser descritas como "habilidades sociais" (soft skills). Em geral, elas são consideradas emocionais, subjetivas e interpessoais, sendo difícil de quantificar ou medir. Já as "habilidades técnicas" são consideradas fixas, objetivas e mensuráveis. Por exemplo, as habilidades de comunicação e gestão do tempo muitas vezes são consideradas habilidades sociais, ao passo que a programação de computadores e a análise estatística são vistas como habilidades técnicas.

Em alguns contextos, as habilidades técnicas são consideradas essenciais para realizar um trabalho, ao passo que as habilidades sociais são consideradas "boas de ter". E, para certas funções, há um padrão de habilidades técnicas que deve ser atendido, afinal, você não contratará um programador que nunca escreveu uma linha de código ou um dentista que nunca fez faculdade de odontologia. Mas a distinção absoluta entre habilidades "técnicas" e "sociais" costuma ser implementada de um modo que parece diminuído, desequilibrado e injusto para os dois tipos de habilidades. As habilidades técnicas, como a programação, requerem nuanças e destreza e as habilidades sociais, como a comunicação e a gestão do tempo, podem ser aprendidas, praticadas e avaliadas.

Quanto à gestão de produto, a distinção entre habilidades sociais e técnicas pode ser bem perigosa. Para deixar claro, muitas pessoas e organizações contratam gerentes de produto com base nas habilidades técnicas que têm muito pouca relação com o trabalho diário que esses gerentes deverão realizar. Vi gerentes de produto fantásticos fracassarem nas entrevistas de emprego porque não conseguiam colocar no quadro um algoritmo nem resolver um desafio de codificação, mesmo que seu trabalho diário não exigisse que eles fizessem nenhuma dessas coisas.

Para a maioria dos gerentes de produto de software, em particular, as habilidades técnicas são as que causam mais ansiedade e consternação. Até hoje, uma das perguntas mais comuns que aspirantes a gerentes de produto me fazem é "O quão técnico tenho que ser?"

Em um artigo intitulado "Getting to Technical Enough as a Product Manager", [disponível em https://oreil.ly/9xWpa, conteúdo em inglês] Lulu Cheng apresenta uma visão rápida e definitiva sobre esta questão:

> *As responsabilidades diárias [de um gerente de produto] e o padrão técnico variam muito dependendo do setor e do tamanho da empresa, assim como a parte do produto na qual você trabalha. Ao mesmo tempo, as qualidades que tornam alguém um GP universalmente respeitado raramente têm relação com a especialização técnica.*

Na verdade, se você trabalha em um produto altamente técnico, ter um conhecimento básico dos sistemas com os quais trabalha atenuará a curva de aprendizagem e lhe dará uma vantagem. Mas qualquer avaliação das habilidades técnicas requeridas para uma função específica da gestão de produto deve começar com o trabalho específico que se espera que um gerente de produto realize nessa função, não uma lista genérica de habilidades de programação, análise de dados e cálculos em geral.

Assim, por que persiste o foco nas habilidades técnicas? Veja alguns mitos que encontrei e gostaria de desmentir:

Você precisa de habilidades técnicas para ter o respeito dos técnicos.
A ideia de que os técnicos podem respeitar apenas alguém que compartilha suas habilidades, francamente, insulta os técnicos. Já vi gerentes de produto que "trabalham" como desenvolvedores inicialmente conquistarem seus colegas técnicos, apenas para os alienarem mais tarde, microgerenciando os detalhes da implementação. Como veremos no Capítulo 3, as habilidades de comunicação o ajudarão a aprender as habilidades técnicas de um modo que respeita a especialização de seus colegas e o contexto específico de sua organização.

Você precisa de habilidades técnicas para desafiar os técnicos.
Há um fundo de verdade aqui: se você não tem ideia de como funcionam os sistemas técnicos, seus desenvolvedores podem dizer que algo relativamente fácil de criar levará milhões de anos. Mas caso sua equipe minta descaradamente sobre quanto tempo levará, você tem um problema mais fundamental em mãos. Os gerentes de

HABILIDADES COPE DA GESTÃO DE PRODUTO | 27

produto com excelentes habilidades de execução inspiram sua equipe para lançarem rapidamente a coisa impactante e ela não faz isso criando "empecilhos" com particularidades técnicas.

Você precisa de habilidades técnicas para ficar interessado e engajado no trabalho técnico. É absolutamente verdadeiro que um gerente de produto não interessado no trabalho de seus colegas provavelmente fracassará. Mas conhecimento e interesse são duas coisas bem diferentes, e descobri que muitos dos gerentes de produto com maior conhecimento técnico são também os menos interessados em aprender coisas novas e interagir muito com o trabalho dos colegas. Os melhores gerentes, independentemente das suas habilidades técnicas, conseguem ter um interesse genuíno pelo trabalho técnico de seus colegas e fazer conexões interessantes entre o trabalho técnico, as necessidades do usuário e as metas comerciais.

Você precisa de habilidades técnicas para fazer coisas como consultar bancos de dados, escrever documentação e promover alterações menores. Em muitos casos, isso é realmente 100% verdade. Ao adotarem a ideia de que "Se precisa ser feito, é parte de seu trabalho", os gerentes de produto muitas vezes enfrentam tarefas que requerem algum conhecimento específico de linguagens de programação, sistemas de controle da versão ou lógica do banco de dados. Por exemplo, em uma pequena empresa, pode ser pedido que um gerente de produto faça alterações menores no código (como atualizações na cópia do site) sem contar com a ajuda de um desenvolvedor. Isso provavelmente precisará que o gerente de produto desenvolva uma familiaridade básica com a linguagem de programação usada por sua equipe, assim como ferramentas que sua equipe usa para implantar o código.

O desafio aqui não é ser especialista em conceitos técnicos, mas ficar à vontade para explorar e aprender sobre conceitos técnicos e não técnicos. Vi gerentes de produto não técnicos se destacarem em organizações altamente técnicas ao abordaram desafios técnicos com mente aberta e curiosidade, e vi gerentes de produto não técnicos falharem em organizações relativamente não técnicas porque veem o trabalho técnico como desinteressante ou inacessível. Os melhores gerentes de produto são curiosos quanto aos conceitos técnicos e não técnicos. Veremos mais sobre isso no Capítulo 3, "Mostrando Curiosidade".

Resumo: Mudando a Conversa sobre Gestão de Produto

Como a gestão de produto é uma disciplina relativamente nova e a função pode variar muito entre as organizações, é tentador descrever a gestão como uma mescla de outras funções. Infelizmente, essa abordagem costuma resultar em uma divergência entre o que faz um gerente de produto parecer bom no papel (por exemplo, "um designer que sabe um pouco de programação" ou "um desenvolvedor com MBA") e o que torna um gerente de produto bem-sucedido em seu trabalho diário. Espero que o modelo de habilidades COPE mude a conversa sobre a gestão de produto na teoria para algo que se alinhe melhor com o trabalho diário da gestão de produto na prática.

Sua Checklist

- Aceite a exclusividade da função do gerente de produto. Não tente ser designer, desenvolvedor ou analista comercial, e não confunda as habilidades necessárias para se destacar nessas funções com as habilidades para se destacar na gestão de produto.

- Lembre-se de que ser um ótimo comunicador não significa "usar palavras bonitas e falar de um modo que parece impressionar as pessoas".

- Reconheça que ter clareza para si mesmo e para sua equipe exigirá passar por muitas conversas desconfortáveis. Aprenda a tratar o desconforto como um sinal valioso de desalinhamento em potencial, não como algo a ser evitado ou minimizado.

- Busque oportunidades para resolver problemas organizacionais no nível sistêmico, em vez de no nível individual.

- Não deixe que as demandas diárias de seu trabalho o tirem da realidade do usuário. Lembre-se de que o importante para a empresa e para os usuários são coisas diferentes, e seja um defensor incansável do último.

- Lembre-se de que não existe trabalho abaixo de você nem acima. Esteja disposto a fazer o que for preciso para ajudar sua equipe e a organização a terem sucesso.

- Priorize todos os esforços relacionados aos resultados que sua equipe é responsável por entregar.

- Mesmo que você não se veja como uma pessoa "técnica", evite dizer coisas como "não sou técnico, portanto jamais conseguirei entender isso!" Confie em sua habilidade de aprender e crescer.

| 3

Mostrando Curiosidade

Quando comecei a trabalhar como gerente de produto, fiquei muitíssimo intimidado com os "data scientists" [especialistas em análise de dados]. Nunca fui uma "pessoa da matemática", e essa gente escrevia equações complexas nos quadros, fazendo piadas nerds que eu queria entender desesperadamente. Passei o primeiro ano ou mais da minha carreira como gerente de produto circulando com respeito em torno desses especialistas, nunca entendendo de fato o que eles faziam, pressupondo que não tinham interesse em explicar para mim. Afinal, eram como gênios reais. Por que eles perderiam seu tempo me levando para a pré-escola da ciência de dados?

Após um ano e pouco, ficou claro para mim que essa postura tornava mais difícil que eu fizesse meu trabalho. Mesmo que não estivessem em minha equipe imediata, os analistas de dados tinham muito a oferecer e eu nem sabia o que perguntar. Assim, em um momento de desespero e ansiedade, movido a cafeína, enviei um e-mail para alguém na equipe de ciência de dados para saber se a pessoa gostaria de conversar. Era um e-mail curto com algo do tipo:

> Assunto: Café?
>
> Oi! Espero que sua semana comece muito bem. Estou muito curioso para aprender um pouco mais sobre seu trabalho. Você está livre para um café esta semana? Talvez quinta de manhã?
>
> Obrigado!

Pressionei o botão Enviar e fechei minha caixa de entrada na tentativa de me distrair da ansiedade e do constrangimento crescentes. Tinha acabado de fazer algo muito estranho?

Em poucas horas, recebi uma resposta direta sem nenhum reflexo do entusiasmo exagerado de minha mensagem original. E naquela quinta-feira, tomamos nosso café — hesito até em chamar de "reunião". Foi uma ótima conversa que revelou alguns interesses mútuos (ambos somos guitarristas com predileção pela Fender Jazzmasters) e algumas informações importantes sobre nosso trabalho juntos. No fim das contas, esse analista de dados se sentia tão alienado em relação à equipe de produto quanto eu me sentia com a equipe de ciência de dados. Foi difícil admitir, mas essa desconexão era uma criação totalmente minha. Ao supor que outras pessoas não tinham interesse no que eu fazia, dei a impressão de que não tinha interesse no que *elas* faziam. Oops.

Neste capítulo, examinamos a única dimensão mais importante da atitude e da abordagem de um gerente de produto bem-sucedido: a curiosidade.

Tendo um Interesse Genuíno

Quando as pessoas me perguntam como os gerentes de produto ganham a confiança dos desenvolvedores, dos analistas de dados, dos responsáveis pela conformidade ou de qualquer outra pessoa com especialização ou expertise aparentemente distante, minha resposta é: tenha um interesse genuíno no trabalho que eles fazem. "Estou curioso para aprender mais sobre o trabalho que você faz" é a frase mais poderosa à sua disposição como gerente de produto, sendo seu primeiro dia ou com você trabalhando na área por décadas.

Um gesto simples de curiosidade pode ter um impacto positivo enorme e imediato em seu trabalho como gerente de produto. Veja três coisas críticas que você pode conseguir falando com seus colegas com mente aberta e uma curiosidade genuína:

Entenda as "habilidades técnicas" em contexto.

Não importa quanto tempo você passou tentando aprender as "habilidades técnicas", como ciência de dados ou programação, nunca conseguirá acompanhar as pessoas cujo trabalho em si é usar essas habilidades. Você aprenderá mais perguntando a elas sobre seu trabalho do que lendo um livro sobre ciências de dados ou Python [Uma linguagem de programação] e depois aparecendo no trabalho tentando impressionar. Aprender habilidades técnicas com as pessoas encarregadas de aplicar essas habilidades assegura que você esteja aprendendo sobre as habilidades técnicas específicas que são mais importantes para sua organização agora e que esteja fazendo isso de um modo que fortalece diretamente seu vínculo com os técnicos.

Note que essa abordagem se aplica igualmente às habilidades especializadas não técnicas. Por exemplo, vi essa estratégia funcionar muito bem para gerentes de produto que precisam trabalhar com especialistas em compliance em empresas de serviços financeiros. Como gerente de produto, é muitíssimo improvável que você venha a se tornar especialista em compliance, mas conhecer e entender as pessoas que *são* o ajudará a tomar decisões mais embasadas e a trabalhar mais de perto com sua equipe.

Crie laços antes de precisar de algo.

Se você só conversa com as pessoas quando precisa de algo delas, ninguém ficará particularmente feliz em ouvi-lo. Crie relações com as pessoas antes de precisar delas e essas relações estarão à sua disposição para quando for preciso.

Expanda sua rede de confiança.

As pessoas com quem você fala têm suas próprias redes de confiança, ou seja, pessoas com quem falam "informalmente" e a quem desejam pedir favores quando precisam. Conversando com as pessoas em sua organização além daquelas com quem você trabalha todo dia, cria-se uma rede ampla que pode levá-lo a lugares nunca esperados.

Por experiência própria, é muito raro que "Estou curioso para aprender mais sobre o trabalho que você faz" dê em algo que não seja gratidão e uma sensação de alívio. Embora conversar para marcar sua primeira reunião com alguém possa parecer constrangedor no momento (em especial quando essa reunião acontece por videochamada, não com um café), sempre vale a pena.

Portanto, reserve um momento e converse com alguém que não seja um membro imediato de sua equipe. Talvez seja alguém em cuja equipe você trabalhou no passado, mas não trabalha agora. Talvez seja alguém cuja função você não entende bem, mas acha que poderia ter um impacto em seu trabalho em algum momento no futuro. Talvez alguém no outro lado da organização que fez um comentário particularmente ponderado em um canal compartilhando no Slack. Não existe pessoa errada com quem conversar. Qualquer passo na direção de expandir sua rede de conhecimento e de confiança é um passo na direção certa.

Removendo as Camadas de uma Empresa

Amelia S.
Gerente de produto, empresa de mídia

Quando saí de uma pequena startup de tecnologia e fui para uma grande empresa de mídia, minha expectativa era que tal empresa teria que atuar junto à gestão de produto. Mas descobri muito rápido que não era exatamente assim. As grandes empresas têm um verniz de formalidade que as startups normalmente não têm, mas isso não significa que as coisas sejam lineares ou previsíveis.

Muitas vezes, as startups são muito mais francas sobre seus desafios. "Isso está uma bagunça: vamos consertar." Em uma empresa grande, pode levar meses para fazer com que as pessoas se abram e falem com franqueza sobre os desafios enfrentados.

Ter esse tipo de confiança envolve usar muitos truques clássicos do gerente de produto: tomar café com as pessoas, beber com elas e conhecer seu trabalho e problemas. Inicie mostrando-se aberto: "Sou novo; não sei de nada. Conte-me seus problemas e chegaremos a uma solução." Nada transacional, nenhuma contrapartida, nada de "uma mão lava a outra". Nenhuma expectativa. As pessoas gostam dessa franqueza.

Parte do desafio em uma grande empresa é que os superiores não costumam ser pessoas que entendem o que realmente acontece. Eles pegam os relatórios de pessoas que fazem o trabalho. Mas percebi que para eu ter sucesso, precisava ter parcerias centrais com pessoas nos setores editorial, de design, de engenharia, ou seja, as organizações bem estabelecidas dentro da organização maior. Eles possuíam o conhecimento organizacional e o histórico que eu não tinha. Se você tem uma reunião com o marketing, precisa de alguém que possa lhe dizer: "Veja o que está realmente acontecendo." É preciso ter certeza de que existe uma conexão com o ser humano, e que ela esteja ativa.

Fiquei realmente surpresa com a quantidade de trabalho de campo como gerente de produto em uma grande organização que acontecia nos canais alternativos. Achei que toda ação aconteceria em uma grande sala de reunião, mas, na verdade, eu não esperava que tudo se relacionasse a conseguir a adesão das pessoas fora desses cenários formais.

Cultivando a Mentalidade de Crescimento

Em seu trabalho pioneiro sobre aprendizagem e sucesso, Carol Dweck, professora de psicologia de Stanford e autora, afirma que as pessoas operam com uma mentalidade de "crescimento" ou "fixa". Ao operarem com a mentalidade de crescimento, as pessoas veem falhas e obstáculos como oportunidades de aprendizagem. Ao operarem com uma mentalidade fixa, veem falhas e obstáculos como reflexos negativos de seu valor intrínseco. As pessoas que operam com uma mentalidade de crescimento conseguem abordar as habilidades e os assuntos que são novos para elas como uma oportunidade para, bem, crescer. As que operam com uma mentalidade fixa se sentem ameaçadas pelas habilidades e pelos assuntos novos.

Se você passou parte da vida sendo perfeccionista, como muitos gerentes de produto, é muito provável que opere com uma mentalidade fixa. Por quê? Porque

MOSTRANDO CURIOSIDADE | 33

muitos perfeccionistas encontram sucesso não desenvolvendo suas habilidades nas áreas em que encontram dificuldades, mas evitando-as. Os perfeccionistas com mentalidade fixa ignoram como inúteis, irrelevantes ou improdutivas coisas nas quais não se sobressaem de imediato. Por meio do exemplo de autoincriminação, evitei seguir qualquer curso de teoria musical na faculdade porque o "Treinamento formal tira a alma da música". Mas, na realidade, evitava os cursos porque ler música era algo que eu achava muito desafiador. Era mais fácil criar uma mentira interesseira em torno de um núcleo de meia-verdade justificável do que simplesmente admitir que havia áreas nas quais eu poderia aumentar meu conhecimento e habilidades ou, pior, que eu precisaria ser melhor em coisas que não eram fáceis nem naturais para mim.

Como gerente de produto, provavelmente você não pode ter sucesso se opera com uma mentalidade fixa. Há coisas novas demais que você precisará aprender e nem saberá o que *são* até ser muito tarde para se dar uma vantagem perfeccionista. Gostando ou não, precisará reconhecer e lidar com os limites de seu conhecimento e habilidades pessoais, caso queira fazer o certo para sua equipe e organização.

Por exemplo, imagine dois gerentes de produto com o mesmo desafio. Eles passaram os últimos meses trabalhando em novos produtos para celular para uma grande instituição financeira. Na semana anterior ao lançamento, os gerentes receberam uma carta do departamento de compliance informando que seus projetos não foram aprovados para seguirem em frente.

O primeiro gerente de produto opera com uma mentalidade fixa. Ele recebe a carta e fica vermelho de vergonha e raiva. Ele diz furioso em voz baixa: "Minha equipe vai me odiar por isso." Mas ele também sabe que sua equipe passou por isso antes e provavelmente desejará muito colocar a culpa direto nos idiotas do setor de compliance. No dia seguinte, ele reúne todos: "Bem, adivinha? Aqueles idiotas do compliance fizeram de novo. Digam 'adeus' aos últimos seis meses de trabalho." A equipe fica arrasada. O produto nunca será lançado.

O segundo gerente opera com uma mentalidade de crescimento. Ele recebe a mesma carta e envia de imediato um e-mail para o departamento de compliance. Em uma mensagem bem escrita, esse gerente explica que deseja assegurar ter entendido *por que* exatamente o departamento não pôde aprovar o produto. No dia seguinte, ele se reúne com o responsável pelo compliance que escreveu a carta. O gerente, que não tem formação jurídica, pede para o responsável lhe mostrar o processo exato por meio do qual o setor avaliou o produto. Durante a explicação, o responsável revela que houve uma interação do usuário específica que os levou a rejeitar o produto inteiro. O gerente propõe uma abordagem alternativa e as partes concordam. A equipe aprende uma consideração nova e importante para desenvolver futuros projetos. E o produto é lançado na semana seguinte.

Se você deseja ter sucesso como gerente de produto, deverá estar disposto a interagir profundamente com as pessoas cujo conhecimento e expertise em uma área específica superam em muito a sua. Se deseja ser a pessoa mais inteligente na sala, é possível que não terá êxito como gerente de produto. (Na verdade, as probabilidades de ter sucesso como gerente de produto serão muito maiores se parar de tentar descobrir quem seria a "pessoa mais inteligente" em *qualquer* sala.)

O Dom de Estar Errado

Cultivar verdadeiramente a mentalidade de crescimento significa estar aberto não apenas ao desconhecido, mas também a estar redondamente errado. O elogio mais gratificante que já recebi como gerente de produto veio imediatamente após uma das reuniões mais difíceis e polêmicas que já tive.

— Sabe de uma coisa? — perguntou um líder sênior conforme saíamos da sala de reuniões. — Você entrou nessa reunião defendendo um caminho a seguir e, no final, estava aberto a algo totalmente diferente. Estou muito impressionado com o modo como se deixou convencer pelas outras pessoas na sala.

Alguns anos antes, esse comentário teria me deixado furioso. Tinha me reunido com líderes sênior para apresentar minha visão do produto e, no final da reunião, estava realmente defendendo a visão de outra pessoa. Em um sentido bem real, abdiquei de qualquer reivindicação que poderia ter tido para ser o "visionário do produto" da empresa. Mas também demonstrei à alta liderança que queria seguir com a ideia que parecia melhor para a empresa, mesmo que não fosse a minha. Pela primeira vez em minha carreira, tinha aceitado o dom de estar errado.

Isso não significa que os gerentes de produto devem simplesmente ceder ao que os outros desejam. Para que estar errado seja um dom, é preciso saber exatamente *por que* você está errado, e escolher valorizar as metas gerais pelas quais trabalha acima de seu próprio plano para atingi-las. Se outra pessoa sugerir uma abordagem que reflita melhor o trabalho coletivo, alinhar-se com esse plano lhe dará uma oportunidade de reforçar o comprometimento do grupo inteiro com as metas compartilhadas.

Evitando a Defensiva

Se a curiosidade é a única qualidade mais importante para os gerentes de produto demonstrarem, qual é o *oposto* da curiosidade? A resposta continua sendo, pura e simplesmente, a defensiva.

Dada a natureza ambígua e conectiva da gestão de produto, é fácil ficar na defensiva, o que pode significar defender sua equipe da interferência de executivos, defender suas decisões das perguntas de sondagem ou se defender da leve suspeita de que ninguém entende ou gosta do trabalho diligente que você está fazendo.

Talvez a lição mais difícil que aprendi em minha carreira tenha sido, literalmente, que toda tentativa feita para defender alguma coisa acabou prejudicando-a. Quando tentei defender minha equipe da interferência do executivo, criei uma divisão perigosa entre o trabalho dela e as metas da empresa (falaremos mais sobre isso no Capítulo 5). Quando tentei defender minhas decisões das perguntas de sondagem, perdi informações críticas que teriam resultado em decisões melhores. E quando tentei me defender do sentimento, real ou imaginário, de que não sou reconhecido ou apreciado por meus colegas, isso me tornou bem pior em meu verdadeiro trabalho.

No trabalho diário da gestão de produto, é impossível evitar situações que despertarão o impulso de ficar na defensiva. Mas existem coisas concretas que você pode fazer para ajudar a administrar esse impulso. Veja algumas dicas práticas para evitar a defensiva:

Dê opções, não argumentos.
Entrar em uma batalha de vontades entre "sim/não" é o caminho certo para uma posição defensiva. Mas dar aos envolvidos várias opções lhe dá a oportunidade de avaliar e explorar diversos caminhos sem parecer que está em uma posição de "vencer" ou "perder" uma discussão. Muito se fala que dizer não é o segredo da gestão de produto, mas os melhores gerentes trabalham para nunca dizerem não. Eles apenas dão um conjunto de opções e ajudam sua equipe (e sobretudo a equipe e a liderança da empresa) a escolher a melhor segundo suas metas e objetivos.

Se você sente o impulso de fazer algo por ansiedade ou por ficar na defensiva, anote isso e reveja a situação no dia seguinte.
Todos nós temos momentos de "Que me***", quando percebemos que poderíamos ter lidado melhor com uma situação, comunicado algo com mais clareza ou feito uma pergunta que esquecemos. Mas as ações orientadas pela ansiedade nem sempre

melhoram essas situações e raramente conseguimos priorizar com cuidado nossos esforços quando temos uma onda de adrenalina. Mais de uma vez, enviei uma mensagem desesperada para meus colegas e percebi que, na verdade, ela tinha aumentado as minhas preocupações ou distraído meus colegas das tarefas mais importantes. Há um ano, mais ou menos, adquiri o hábito de respirar fundo e anotar as ações cheias de ansiedade que eu me sentia obrigado a tomar e, então, as examinava na manhã seguinte. Após uma boa noite de sono, cerca de 90% das ações tendiam a parecer *extremamente sem valor* no dia seguinte.

Diga "Certo, ótimo" e, então, descubra o resto.

Por vezes, evitar a defensiva é tão simples quanto ter o hábito de dizer "Certo, ótimo" para quase toda pergunta que leva à defensiva ou à afirmação recebida..., e então descobrir o resto. Os poucos momentos entre "ótimo" e qualquer palavra a seguir podem neutralizar uma situação tensa e prepará-lo para um caminho mais fácil. Achei essa estratégia particularmente útil ao passar por momentos tensos em grandes reuniões. Por exemplo, certa vez participei de uma reunião em que um gerente de produto apresentava o trabalho de sua equipe para um grande grupo de principais envolvidos, e um dos engenheiros de sua própria equipe entrou na conversa dizendo:
— Hum, desculpe, ainda não entendi bem por que criamos isso.
O gerente congelou.
— Certo, ótimo! — respondeu ele. — Reservarei um tempo no final desta apresentação para rever nossos critérios de prioridades. Obrigado por mencionar isso!
Essa abordagem não só deu ao gerente uma oportunidade de impedir que a reunião saísse totalmente dos trilhos como também deu ao engenheiro a oportunidade de esfriar a cabeça e organizar seus pensamentos antes de correr o alto risco de um desacordo público.

Peça ajuda.

Um dos modos mais profundos e significativos de evitar a defensiva é pedir ajuda proativamente às pessoas próximas. Essa abordagem pode ser muito significativa quando você pede ajuda a alguém que se mostrou teimoso, combativo, arrogante ou difícil de trabalhar. Fiquei realmente chocado com quanto consegui melhorar minha relação com tais pessoas simplesmente abordando-as e pedindo que compartilhassem sua expertise comigo ou me ajudassem a resolver um problema difícil. Muitas vezes, encorajo que os gerentes de produto comecem a semana listando as pessoas que eles mais temem e que minarão ou entenderão mal seu trabalho e que, então, as abordem e marquem uma hora a sós para terem uma conversa aberta e curiosa.

Até os gerentes de produto mais experientes e calmos ainda entram em discussões, recusam opiniões e feedback dos interessados que possuem informações críticas. O desafio é se colocar em um lugar onde seja possível reconhecer suas próprias reações defensivas, reconhecer que elas provavelmente não levarão a melhores resultados para si mesmo ou para a equipe, e voltar a abrir a mente e a exercer a curiosidade o máximo que puder.

Diferenciando o Fracasso com o Produto do Fracasso Pessoal

Susana Lopes
Diretora de produto, Onfido

O primeiro produto no qual trabalhei fora da universidade foi o app iOS para uma startup em crescimento. Na época, essa empresa precisava que as equipes de produto se comprometessem com um conjunto de recursos que elas entregariam todo trimestre. Era um modo de nossa equipe de vendas conseguir vender coisas que não tínhamos ainda no produto. Não cumprir o prazo no fim do trimestre significava quebrar o prometido aos clientes, algo inaceitável. Na primeira fase da minha carreira, meu mantra era "Fracassar não é uma opção". Isso estava entranhado em mim desde a tenra idade; cresci com essas exatas palavras em um ímã que me encarava sempre que abria a porta da geladeira! E, nessa função, sucesso para mim era entregar os recursos prometidos dentro do prazo.

Na prática, significava que eu torturava meus colegas trancando-os em salas por horas para dividir os meses de trabalho em pequenas histórias que poderíamos estimar. Eu ajustava o escopo conforme o prazo se aproximava. Deixei nossa designer maluca, pois sacrificava sem parar seus projetos para que fossem mais fáceis de implementar, para cumprir o prazo e para não fracassar. Então, na época do Amigo Secreto, em dezembro, tive que encarar a dura realidade de meu comportamento por meio de um presente passivo-agressivo: um de meus colegas de equipe me deu uma caneca com a palavra "DITADORA" gravada.

Depois de um ano e pouco como gerente de produto, me perguntaram se eu queria assumir o app Android. Na época, estava ansiosa para mostrar que tinha aprendido muitas coisas e crescido, passando da fase da caneca da ditadora. A contragosto, "Fracassar não é uma opção" tinha dado lugar a "Fracassar rápido, fracassar no início". Ainda não estava claro para mim como fazer isso na prática, mas todos os grandes cérebros e postagens em blogs apontavam para isso como o modo de criar produtos de sucesso, portanto estava ansiosa para tentar. Cronogramas de versões foram substituídos por objetivos e principais resultados. Eu estava pronta para fracassar rápido e no início, reduzindo o máximo possível os riscos de muitos aspectos do produto.

Continuamos a bordo e crescendo, sempre fracassando primeiro antes de avançar, validando a utilidade ao longo do caminho, e as coisas foram ótimas. Até... os números estagnarem. Continuamos iterando, tentando atender os casos de uso mais complexos que acreditávamos que gerariam novos usuários, mas nada funcionou. Fracassamos no início, mas agora estávamos fracassando mais adiante. Nosso produto simplesmente não cumpria suas metas de crescimento e não conseguíamos entender o motivo. Os engenheiros faziam a coisa certa, entregando quase toda semana em uma empresa que costumava entregar todo mês. Os designers iteravam e conversavam com os usuários finais. Devia ser eu. Meu produto estava fracassando. Eu estava fracassando. Passei noites sem dormir, chorei no banheiro certo dia e, certa vez, corri para uma igreja para chorar... e nem sou religiosa.

Eu chorava não porque meu produto tinha fracassado, mas por sentir que tinha fracassado. Minha autoestima e o valor do meu produto eram um só. **Eu confundi o fracasso com o produto e o fracasso pessoal... e fiquei esgotada.** Até hoje, alguns produtos nos quais trabalho têm uma adoção e crescimento mais lentos do que eu gostaria. Mas não sinto mais que sou um fracasso pessoalmente. Para incentivar a distância emocional, sou a pior crítica do meu produto. Posso listar nos mínimos detalhes por que cada produto que gerencio atualmente não presta. Consigo reconhecer que até os produtos mais bem-sucedidos nos quais trabalho não são perfeitos e, o mais importante, que eles não são eu. Meus produtos têm uma finalidade e eles têm sucesso em certas coisas e fracassam em outras. E tudo bem.

Nota: Esta história foi adaptada de uma conversa incrível que aconteceu na conferência Jam! London em 2019, que você pode e deve assistir integralmente aqui: *https://oreil.ly/wJdgE* (conteúdo em inglês).

Perguntar o Motivo Sem Perguntar "Por quê"

Em seus esforços para trabalhar e aprender com pessoas próximas, é certo que você acaba em situações em que despertará a insegurança e a atitude defensiva dos *outros*. Por experiência própria, isso costuma ocorrer quando você pergunta algo a alguém que não sabe a resposta. E essas reações defensivas tendem a ser mais acentuadas quando você pronuncia as palavras que são estrategicamente importantes e reflexivamente desafiadoras: *por quê?*

Em um sentido bem real, é trabalho do gerente de produto sempre entender "por quê". Mas, como muitos gerentes aprenderam do modo difícil, é possível que você não gere muita boa vontade sendo a pessoa que sai por aí perguntado a todos "POR QUE VOCÊ ESTÁ FAZENDO ISSO?" Mais de uma vez, perguntei algo aparentemente inocente como "Ah, por que você escolheu trabalhar nisso agora?" e tive uma resposta frustrada e furiosa que *sei* que prejudicará minha relação em longo prazo com a pessoa a quem fiz a pergunta. E, talvez com mais frequência ainda, respondi à inocente pergunta "Ah, por que você escolheu trabalhar nisso agora?" com minha própria resposta furiosa e evasiva.

Taticamente falando, achei útil reformular as perguntas "Por quê?" como perguntas abertas e genuínas do tipo "Você pode me mostrar como?" Por exemplo, costumo ter conversas muito melhores quando digo algo como "Parece incrível! Pode me mostrar como sua equipe propôs a ideia?", em vez de "Por que vocês estão criando isso?" A reformulação coloca quem pergunta na posição de aluno, não de inquisidor. E dá à pessoa que está *sendo* questionada um pouco mais de tempo e espaço para dar uma resposta honesta e cuidadosa, mesmo que seja "Por Deus, para dizer a verdade, não sei mesmo como tivemos essa ideia" ou até "Realmente não tivemos essa ideia, nosso chefe nos passou".

Disseminando a Curiosidade

Os bons gerentes de produto minimizam a defesa e promovem a curiosidade. Os ótimos gerentes transformam a curiosidade em um valor essencial para sua equipe e organização. A curiosidade genuína pode ser contagiosa e encoraja naturalmente as pessoas a colaborarem mais de perto e entenderem melhor as perspectivas dos outros. Em uma organização curiosa, as negociações entre os interessados parecem expansivas, não combativas, e conversas profundas sobre metas e resultados parecem uma parte importante do trabalho, em vez de um impedimento para fazer o trabalho "real". A curiosidade faz tudo parecer mais interessante e menos transacional.

O primeiro passo para disseminar a curiosidade é dar o exemplo, sem trégua. "Estou muito ocupado agora" é uma frase bem perigosa para os gerentes de produto. Caso seus colegas reservem um tempo para abordá-lo com perguntas e considerações, por mais comuns que possam parecer, encoraje esse comportamento. Do mesmo modo, se você está interessado em algo que um colega faz, não se sinta mal por perguntar à pessoa. Tenha confiança no conhecimento de que o tempo usado aprendendo com os colegas é um tempo bem gasto. E quando precisar de um tempo para se concentrar em um projeto ou trabalhar com certo isolamento, evite dizer coisas como "Só preciso de um tempinho para conseguir terminar algo". Lembre-se: o tempo usado se comunicando com os colegas *é* tempo gasto para terminar as coisas.

Outra maneira ótima de disseminar a curiosidade é realizar a polinização cruzada do conhecimento e das habilidades entre os colegas. Se você trabalha com uma equipe de designers e desenvolvedores, pergunte quais outras habilidades eles gostariam de aprender. Talvez você tenha um designer que deseja saber mais sobre o desenvolvimento de front-end [desenvolvimento da interface gráfica do usuário]. Ou um desenvolvedor web que deseja entender melhor os padrões UX dos aplicativos para celular. Facilite o máximo possível que as pessoas aprendam umas com as outras como parte do trabalho diário. Vi alguns gerentes de produto chegarem ao ponto de declarar um dia da semana como o "dia da união multifuncional", no qual designers e desenvolvedores (ou desenvolvedores trabalhando em sistemas técnicos diferentes) formam pares para a finalidade clara de expandir o conhecimento e as habilidades. Práticas formais como essa deixam claro que você valoriza explicitamente a curiosidade e o compartilhamento de conhecimento na equipe.

Por fim, organizar "dias de demonstração" e outras oportunidades para as equipes de produto apresentarem seu trabalho para a organização em geral é um modo incrivelmente valioso de disseminar a curiosidade por toda parte. Fiquei realmente surpreso em ver como o trabalho de uma equipe se transforma quando ela tem a tarefa de fazer apresentações entre os colegas uma vez na semana; as pessoas trabalham mais, colaboram mais e começam a fazer perguntas sobre seu próprio trabalho em antecipação das perguntas que seus colegas farão. Por exemplo, a suposição de que as pessoas no marketing possivelmente poderiam não se importar com um produto altamente técnico é substituída pela pergunta "Como podemos apresentar esse produto altamente técnico para todos os colegas de um modo que pareça interessante?"

Resumo: A Curiosidade É o Segredo

Toda organização é diferente, toda equipe é diferente e todo indivíduo é diferente. Como gerente de produto, é sua responsabilidade comunicar, alinhar e traduzir entre as pessoas que podem ter habilidades, metas e agendas muitíssimo divergentes. O único modo de fazer isso é ter um interesse aberto, genuíno e curioso no trabalho feito. Aprender habilidades especializadas diretamente com as pessoas que usam essas habilidades na organização sempre é mais valioso do que aprender em um livro ou em uma página da Wikipédia. Na verdade, todo canal de comunicação aberta e curiosa que você consiga estabelecer é um passo importante em direção ao sucesso da equipe. Veremos mais sobre isso no próximo capítulo, "A Arte da Notória Comunicação Excessiva".

Sua Checklist

- Aborde as pessoas na organização e diga: "Tenho curiosidade de aprender mais sobre o trabalho que você faz."

MOSTRANDO CURIOSIDADE | 41

- Fique atento para conhecer as pessoas fora de sua equipe imediata. Reserve um tempo para entender suas metas e motivações antes de precisar delas.
- Fique particularmente atento para abordar as pessoas que você teme que mais prejudicarão e entenderão mal seu trabalho.
- Cultive a mentalidade de crescimento e mantenha a mente aberta para aprender com as pessoas cujas habilidades e conhecimento superam os seus.
- Aceite "o dom de estar errado" escolhendo o plano que atende melhor as metas de sua organização, mesmo que não seja o seu.
- Apresente várias opções para evitar confrontos em uma batalha de vontades entre "sim/não".
- Se você fica na defensiva em uma reunião ou conversa, consiga um tempo dizendo "Certo, ótimo" e, então, pense nos próximos passos.
- Se você se sente obrigado a tomar uma ação que talvez seja motivada por uma atitude defensiva ou pela ansiedade, anote a ação e reveja-a no dia seguinte.
- Esteja disposto a ter uma visão clara dos limites de seu produto e reconheça que eles não são suas limitações pessoais.
- Considere reformular as perguntas "por que" usando "você poderia me mostrar como".
- Evite dizer "Estou ocupado demais para lidar com isso agora" e outras coisas que podem desencorajar implicitamente sua equipe a fazer perguntas abertas e curiosas.
- Encoraje seus colegas a aprenderem entre si e formarem pares que desejam aprender sobre as habilidades do outro.
- Organize "dias de demonstração" e outras oportunidades para as equipes do produto compartilharem e debaterem seu trabalho com a organização em geral.

A Arte da Notória Comunicação Excessiva

De muitos modos, o título deste capítulo é uma brincadeira. Mas para os gerentes de produto profissionais, também é muito sério. Os maiores erros que cometi como gerente de produto e os maiores erros que ouvi de muitos outros gerentes envolvem a falha em comunicar coisas que parecem politicamente perigosas ou muito inconsequentes para lidar abertamente.

Por vezes, as coisas podem parecer perigosas e inconsequentes. Por exemplo, suponha que você esteja em uma reunião com sua equipe e um desenvolvedor cita um detalhe sobre um produto que parece um pouco diferente de algo que vocês discutiram em uma conversa separada com a liderança executiva. Você começa a se mexer na cadeira. Você *tem muita certeza* de que o desenvolvedor da equipe apenas se expressou mal. Afinal, sua equipe vem trabalhando na mesma particularidade do produto que você analisou com a equipe de liderança executiva. De qualquer modo, é apenas uma pequena diferença. E a última coisa que você deseja fazer no momento é parar a conversa, colocar o desenvolvedor de sua própria equipe em uma posição desconfortável e chamar a atenção para seus próprios erros em potencial. É um pequeno detalhe. Ninguém notará. *Não faria sentido* se isso se tornasse algo grande! Não é preciso.

Pulemos para duas semanas mais tarde. Sua equipe apresenta um demo do produto, e um membro da equipe de liderança executiva começa a fechar a cara. Ele franze o nariz, estreita os olhos e diz "O que é isso?" com clareza suficiente para seu coração parar por completo. Balançando a cabeça, ele interrompe o desenvolvedor no meio da frase:

— Sinto muito, mas isso é *muito* diferente do que eu aprovei. Agora estou muito confuso.

Sua equipe fica em suspenso. Todos os olhos se voltam para você. Após concluir a sequência de palavrões em sua cabeça, você diz para si mesmo: "Seu medo era que fosse algo grande, é algo grande e agora é muito tarde."

Para a maioria dos gerentes de produto profissionais, esse cenário não é hipotético. Acontece sempre e continua acontecendo, mesmo quando você jura um milhão de vezes que nunca deixará que aconteça de novo. A possível desvantagem da falta de comunicação é profunda e terrível. A possível desvantagem do excesso de comunicação é, em termos realistas, alguns olhos revirando e talvez alguns comentários sarcásticos. Como não é possível se certificar de qual é a quantidade certa de comunicação necessária em determinada situação, sempre é melhor errar pelo excesso de comunicação. Na teoria, pelo menos, isso é fácil.

Mas na prática, o trabalho diário da comunicação completa se mostra muito difícil. Escolher se comunicar no momento é muito mais desafiador do que escolher se comunicar no abstrato. Este capítulo oferece uma orientação tática para tornar a notória comunicação excessiva uma parte de sua prática da gestão de produto.

Perguntando o Óbvio

Se existem os Dez Mandamentos da gestão de produto, eles seriam o documento "Good Product Manager/Bad Product Manager" [Gerente de produto bom/gerente de produto ruim, em tradução livre, disponível em https://oreil. ly/z3688, conteúdo em inglês], de Ben Horowitz, composto como um tipo de treinamento específico para os gerentes de produto Netscape na época do primeiro boom da internet. "Good Product Manager/Bad Product Manager" é um documento curto e simples, mas consegue algo muito importante: ele coloca em termos muitíssimo claros as expectativas diárias dos gerentes de produto nessa organização em particular naquele momento. "Faça isso, não aquilo." Toda empresa deve ter tal documento, explicando as responsabilidades da função em termos claros, instrutivos e comportamentais, e identificando explicitamente os comportamentos que devem ser evitados.

Minha parte favorita do "Good Product Manager/Bad Product Manager" é bem simples: "Os bons gerentes de produto erram por serem claros versus explicarem o óbvio. Os gerentes de produto ruins nunca explicam o óbvio."

Quando comecei a trabalhar como gerente de produto, imaginei o que exatamente isso significava. Por que explicar "o óbvio" seria importante? A resposta é que as coisas que parecem óbvias para *você* podem não ser para outra pessoa. Na verdade, outras pessoas podem chegar a conclusões muito diferentes que parecem igualmente "óbvias" para elas. Por esse motivo, as coisas que parecem óbvias costumam ser as mais prováveis de apresentarem uma falha de comunicação desastrosa.

Ser a primeira pessoa que levanta a questão para algo que parece óbvio ou que dispensa explicações pode parecer profundamente desconfortável. Requer coragem entrar na conversa e dizer, por exemplo:

— Só para assegurar que estamos todos em sintonia, quando falamos sobre "data de lançamento" na próxima semana, nosso plano atual é fazer uma pequena versão beta fechada para um grupo com cerca de cinquenta usuários para que possamos coletar dados antes de testar a coisa para um grupo maior.

Mesmo que a resposta obtida seja um coro único dizendo "Sim, claro, todos sabemos isso", garanto que ao menos outra pessoa pensa em silêncio: "Ufa, estou muito feliz por alguém ter falado, porque eu *não sabia mesmo disso.*"

Quando nos orientamos segundo as metas do negócio e do usuário da equipe, a vantagem de perguntar o óbvio parece... bem, óbvio. Se todos já estavam alinhados em primeiro lugar, poderemos avançar com ainda mais segurança em nossa compreensão compartilhada. E se todos *não* estavam alinhados, poderemos lidar abertamente com a falta de comunicação antes que ela se torne um problema maior.

Apresentando Informações Desconfortáveis em uma Grande Reunião

Julia G.
Gerente de produto sênior, startup de médio porte

Há alguns anos, eu estava em uma grande reunião com cerca de cinquenta colegas voltados para o mercado: nossa equipe de vendas, de sucesso do cliente e de liderança de marketing. Durante a reunião, foi levantada uma questão sobre certa funcionalidade que os clientes queriam. Nosso CEO entrou no chat da empresa e compartilhou que, recentemente, tínhamos enviado essa mesma funcionalidade e nos encorajou a espalhar a notícia.

Só havia um problema: essa funcionalidade foi enviada para *alguns* de nossos canais, mas não naquele em que estávamos discutindo. Foi um momento "e agora?": eu interviria na grande reunião mencionando que a funcionalidade, que tinha sido comemorada por nosso CEO, na realidade *não* estava pronta para os clientes que a tinham pedido?

Tendo passado pelas consequências de *não* mencionar essas coisas no passado, tomei a decisão de falar:

— Na verdade, esse recurso não está online no canal ainda, mas está programado para o 4º trimestre.

Silêncio. Eu teria problemas? Então, uma nova mensagem do CEO no chat da empresa: "Certo, ótimo, obrigado por informar."

Naquele momento, senti uma segurança que nunca tive antes como gerente de produto. Recentemente, entrei para a empresa após trabalhar em várias startups em fase inicial em que as coisas costumavam ser esperadas "para ontem". Desenvolvi a tendência de ouvir cada pergunta como uma acusação. Se alguém me perguntava "Ei, temos suporte para isso?", eu ouvia "Por que não temos suporte para isso ainda?" Sempre queria estar à frente das expectativas, portanto, se alguém *fizesse* uma pergunta, eu sentia que já tinha fracassado. Informar ao CEO que um recurso não estava pronto no meio de uma grande reunião definitivamente era um grande risco. A resposta dele me deixou confiante e fez com que me sentisse fortalecida.

Eu costumava me enganar, pensando: "Se conto para as pessoas que isso levará muito tempo ou não é uma prioridade, elas pensarão que estou fazendo um trabalho ruim." Agora, faço questão de sair na frente nas conversas e dizer o que realmente está acontecendo, não o que a pessoa quer ouvir. Não estou certa o quanto disso é um amadurecimento natural como gerente de produto e o quanto é de trabalhar em ambientes onde as pessoas normalmente são atenciosas e solidárias. Mas sinto que, mesmo que eu estivesse em um lugar *menos* atencioso e solidário, teria essa confiança recente comigo. Pode ser desconfortável, mas, no fim das contas, me torna mais impactante.

Não Desvie, Seja Direto

Há vários anos, recebi uma mensagem de texto inesperada de meu gerente por volta das 21h de uma quinta-feira. "Ei, seria ótimo se pudéssemos ter a nova versão do app iPhone enviada para a App Store hoje à noite!"

Fiquei confuso. Era uma demanda urgente? Um pedido amistoso, mas de baixa prioridade? Ele estava me pedindo para fazer algo *naquele exato momento*? Ou eu estava simplesmente vendo uma janela de 113 caracteres na visão de um mundo melhor dessa pessoa? Na maioria das situações, provavelmente eu teria arrastado meu "eu" Mártir do Produto para o computador, enviado com irritação o app e retornado uma mensagem muito entusiasmada e reveladora: "CLARO — TUDO BEM!!"

Mas dessa vez, eu estava em um concerto, a uma hora de distância do meu computador (e, sim, uma vergonha eu ter verificado o celular durante um concerto). Incapaz de voltar à minha rotina passivo-agressiva habitual de excesso de trabalho, saí e liguei para o gerente.

— Oi, sinto muito, mas estou em um concerto no momento. Mas se você precisar que eu volte para casa e envie o app, posso fazer isso.

A voz do outro lado da linha ficou hesitante.

— Ah, humm, sim, seria ótimo colocar na loja hoje! — uma pausa. — Mas se está em um concerto... bem, não se preocupe, podemos conversar sobre isso amanhã.

Soltei um alegre "Parece ótimo, obrigado", e fui imediatamente dominado por um profundo sentimento de pavor. Tinha ultrapassado uma linha invisível de equilíbrio entre vida e trabalho? Tinha feito algo ruim para a empresa em favor de meus propósitos egoístas? Eu era uma pessoa terrível e egoísta, como há tempos suspeitava?

Na manhã seguinte, me preparei para ser punido. Mas meu gerente parecia bem despreocupado.

— Ah, sim, percebi na noite passada que seria ótimo enviar o app de imediato, mas não tem problema enviar hoje, não fará muita diferença no final.

Em um momento atípico de franqueza, eu disse:

— Certo, posso pedir um favor? No futuro, você poderia ser muito claro quando realmente estiver me pedindo para fazer algo *de imediato*? Quando recebi sua mensagem, foi difícil dizer o quanto a situação era urgente de fato. Se você precisar que eu faça algo com urgência, farei tudo que puder para garantir que seja feito. Mas se for apenas algo que "seria bom fazer", você poderia ser o mais claro possível sobre isso?

Por cerca de dez segundos senti um profundo orgulho de mim por ser tão direto. Então percebi que grande parte dos pedidos que eu fazia para meus colegas ainda começavam com alguma versão de "Seria ótimo se...", "Ei! Você acha que poderia, talvez..." ou "EI ÓTIMO DIA COMO ESTÁ O TEMPO GOSTO DE SANDUÍCHES VOCÊ GOSTA DE SANDUÍCHES, eu estava imaginando se talvez você tivesse tempo para..."

Como os gerentes de produto raramente têm autoridade direta na organização, pode ser uma tentação expressar qualquer solicitação em termos o "mais bonito" possível, sobretudo pedidos para coisas como ficar até tarde para lançar um produto ou refazer um trabalho já concluído. Mas ser ambíguo sobre o que você pede (e se pede) não é bom. É um desvio de responsabilidade, uma tentativa passivo-agressiva de conseguir o resultado que deseja sem ser o "cara mau".

A atração por qualquer e todo tipo de desvio, desculpas exageradas e autodepreciação generalizada é forte nos gerentes de produto. Mas também é prejudicial e perigosa, para você e para a equipe. Por muitos anos, usei a autodepreciação para sair de situações em que sentia que as pessoas podiam ficar bravas comigo. Quando eu abordava minha equipe com um prazo apertado ou um pedido de novo trabalho, costumava dizer algo como "Adivinha, lá vem o GERENTE DE PRODUTO com outro PRAZO DAQUELES PARA TODOS!" Parecia um bom modo de aliviar a tensão e mostrar que eu era "parte da equipe". E, na maioria das vezes, eu recebia uma risada abafada.

Mas o efeito em longo prazo na equipe não era bom nem particularmente engraçado. Ao usar a autodepreciação para substituir meus próprios sentimentos, eu não fazia nada para comunicar à minha equipe *por que* eu pedia que ela cumprisse um prazo apertado ou revisasse algo que ela considerava já terminado. Meu objetivo não era alinhar a equipe com a finalidade, mas terminar a conversa o mais rápido possível. Eu comunicava, com intenção ou não, que o trabalho pedido era irrelevante, pois se eu assumisse a responsabilidade por transmitir seu significado, seria a pessoa pedindo o trabalho. E ninguém gosta da pessoa que pede o trabalho.

Se você é gerente de produto, haverá ocasiões em que precisará pedir que as pessoas façam coisas que não querem fazer. Se essas coisas são cruciais para o sucesso da equipe, ajude-a a entender *por que* e trabalhe com ela para descobrir quais outras tarefas podem ser postas de lado. E se não são críticas para o sucesso da equipe, pergunte-se se você está priorizando com cuidado o tempo da equipe ou apenas dizendo "sim" para qualquer coisa que pareça ter uma vaga importância.

Nem Tudo É Sua Culpa, e os Resultados Importam Mais que as Intenções

Muitas vezes, os gerentes de produto são aconselhados a assumir a responsabilidade total e inequívoca por qualquer coisa que dá errado na equipe. "Se algo der errado", disseram-me no início da minha carreira, "a culpa é sua, quer isso seja verdade ou não."

Acatei esse conselho de coração e aceitei meu Martírio do Produto. E, de uma forma engraçada, senti alívio. Se algo dava errado em minha equipe, eu simplesmente podia dizer "SIM, FALHA MINHA, SOU O PIOR" e continuar o meu dia. Realmente era muito mais fácil do que iniciar e facilitar uma conversa honesta sobre como a equipe inteira contribuiu para um resultado abaixo da média e quais passos poderíamos dar para entregar os melhores resultados no futuro.

Sim, como gerente de produto, você é o responsável final pelos resultados entregues pela equipe. Mas não é uma responsabilidade que você pode assumir sozinho. Se você aceita tudo que dá errado como uma falha pessoal, está privando sua equipe de uma oportunidade crítica para aprender e crescer. Nada é mais contrário ao nosso princípio orientador de se tornar obsoleto do que se colocar como o único receptáculo pessoal de todos os deslizes da equipe, em vez de trabalhar com ela para lidar com os *desafios sistêmicos* que podem ter contribuído para esses deslizes.

A linha entre lidar com desafios sistêmicos e lançar recriminações pessoais pode ser muito tênue. Nos últimos anos, ouvi a diretiva "tenha uma intenção positiva" sendo usada com frequência para reforçar essa linha e despersonalizar as conversas difíceis. E, com certeza, "tenha uma intenção positiva" é uma diretiva bem mais saudável do que "Assuma a culpa pessoal por qualquer coisa que der errado, mesmo que você realmente acredite não ter sido sua culpa."

Mas conforme o "tenha uma intenção positiva" foi se tornando presente em todo lugar, isso também revelou alguns limites. No último ano ou mais, infelizmente ouvi essa frase usada como um tipo de desafio passivo-agressivo para muitas conversas que eu deveria facilitar: "*Como você ousa* sugerir que algo está errado com minha equipe? Você não sabe que estou *fazendo o melhor que posso?* O que aconteceu com o 'tenha uma intenção positiva'?"

Como sugere o pesadelo emocional da máquina de projeções e adiamentos de Rube Goldberg*, a própria ideia de focar as "intenções" pode nos levar a um território emocional estranho e sombrio. Para melhor ou para pior, as pessoas com boas intenções podem prejudicar muito, e aquelas com más intenções acabam realizando ações positivas de tempos em tempos. Em geral, achei útil focar essas conversas nos *resultados*, não nas *intenções*.

---

* Cartunista norte-americano, mais conhecido por seus desenhos animados populares retratando dispositivos complicados que executam tarefas simples de maneira complicada. [N. da RT]

Na prática, isso costuma significar mediar conversas sobre desafios interpessoais ou em nível da equipe com a pergunta "Esta situação entregou o resultado desejado?" Por exemplo, quando um gerente de produto me aborda, chateado porque seu colega na engenharia está se sentindo fora do processo de tomada de decisão (uma dinâmica comum nas equipes de produtos multifuncionais), tenho o hábito de perguntar: "O resultado desejado da situação era para o gerente da engenharia ser excluído do processo de tomada de decisão?" Se a resposta for "Sim, não tive tempo de envolvê-lo na situação" ou mesmo "Sim, não confio nele participando do processo de tomada da decisão em equipe", então podemos continuar a conversar a partir desse ponto. E se a resposta for "Não, fiz o que pude para envolver todos e não sei ao certo por que ele se sentiu excluído", então o gerente de produto pode iniciar uma conversa de acompanhamento com seu colega da engenharia para entender o que aconteceu e trabalhar para ter um resultado melhor na próxima vez.

Se nos tiramos de cena como indivíduos e olharmos o sistema como um todo, veremos que nossas *intenções* normalmente são muito irrelevantes. Nosso trabalho é melhorar os *sistemas* na esperança de entregar melhores resultados com consistência para a empresa e para os usuários. Quando confrontado com as frustrações e as mágoas de um colega, acho útil responder com uma declaração do tipo "Certo, obrigado por compartilhar isso comigo. Parece que não deu no resultado que queríamos. Como podemos mudar as coisas para termos um resultado melhor?" Essa mudança de emoções para resultados pode ajudar a redirecionar as conversas que acabariam em uma acusação passivo-agressiva (ou em um Martírio do Produto descarado).

Afastando-se da Autodepreciação

M. L.
Gerente de produto, startup com 100 pessoas

Nunca esquecerei quando percebi que a autodepreciação não era mais uma parte justificável de minha abordagem na gestão de produto. Eu estava há um mês em um projeto particularmente desafiador que envolveu muitas noites até tarde e retrabalho de última hora. Eu me sentia realmente culpado por fazer minha equipe passar por isso e fazia o melhor para aliviar a tensão com pedidos de desculpa exagerados e comentários dramáticos e modestos como "Eu sei, eu sei, sou o pior" e "Sim, é tudo minha culpa, mas vocês são os melhores para limpar a bagunça que fiz".

Então, do nada, recebi um e-mail de um desenvolvedor na minha equipe que me surpreendeu muito. Ele estava preocupado com o modo como eu falava sobre meu próprio trabalho. Ele queria saber se eu realmente me sentia mal com meu trabalho. Se eu realmente pensava que não tinha nada a oferecer. Se ele havia feito algo que me fazia sentir que minhas contribuições não eram valorizadas pela equipe.

Conforme comecei a pensar em uma resposta, algo me ocorreu: na verdade, eu *não* pensava que não tinha nada a oferecer nem que tudo o que acontecia era minha culpa. Sem perceber conscientemente, eu tinha implantado a autodepreciação como uma forma passivo-agressiva e não muito sincera de dizer "Por favor, não questione o que lhe peço para fazer". Eu simplesmente não tinha confiança ou maturidade suficiente como gerente de produto para ter uma conversa aberta com minha equipe sobre *por que* estávamos trabalhando até tarde e refazendo coisas já concluídas. E certamente não tinha confiança ou maturidade suficiente como gerente produto para ter uma conversa aberta com a liderança da empresa sobre as desvantagens e as concessões necessárias para esses serões e alterações de última hora. Era mais fácil eu simplesmente dizer para a liderança "SIM, TUDO O QUE VOCÊS QUISEREM" e, então, dizer para minha equipe "DESCULPE, EU NÃO PRESTO".

Este é um exercício mental que uso para me treinar a abandonar esse comportamento. No caso de sentir vontade de fazer um comentário de autodepreciação, me pergunto: "Se alguém na minha equipe me interrompeu para dizer 'Ei, isso não é necessário. Você está fazendo um ótimo trabalho e respeitamos sua opinião', eu ficaria *aliviado* ou *irritado*?" Se a resposta for "aliviado", então tento facilitar uma retrospectiva aberta com minha equipe para ver se há outras questões subjacentes que podem me fazer sentir falta de confiança em meu trabalho. Se a resposta for "irritado", então me questiono de qual pergunta ou conversa difícil estou tentando me esquivar com a autodepreciação e tento reunir coragem para levar proativamente a questão ou a conversa para minha equipe.

Depois de alguns anos praticando evitar a autodepreciação, melhorei bastante ao facilitar conversas abertas com minha equipe sobre o que realmente está acontecendo e o que podemos fazer quanto a isso. É certo que respondo mais perguntas desafiadoras sobre *por que* estamos fazendo o que fazemos ou como tomei certa decisão. Mas minha experiência ao responder essas perguntas me ajudou a ser um gerente de produto melhor e, espero, uma pessoa menos defensiva também.

As Duas Palavras Mais Perigosas na Gestão de Produto: "Parece Bom"

No início de minha carreira como gerente de produto, eu acreditava mesmo que poderia evitar problemas assegurando que cada passo dado receberia uma "aprovação" superficial de alguém em posição de autoridade. Antes de finalizar o plano trimestral de minha equipe, eu o apresentava em uma reunião para a liderança da empresa. E antes de transformar o design simulado em um software funcional, enviava as maquetes para qualquer interessado que eu considerava poder opinar sobre nosso produto. Embora buscasse feedback de forma ostensiva dos interessados, *na verdade* eu estava procurando um simples gesto de aprovação, uma marca de verificação que de fato me protegesse no caso de as coisas darem errado no futuro.

Com frequência, esse gesto de aprovação assumia a forma de um reconhecimento rápido e passivo como "Entendi" ou "Obrigado por enviar". Era tudo de que eu precisava e, na época, tudo que eu *queria*. Eu imaginava que se alguém tivesse problemas com o trabalho de minha equipe mais tarde, seria possível mostrar o "Entendi" na cara da pessoa e surgir justificado e vitorioso: "ENVIEI ISSO PARA VOCÊ HÁ UM MÊS E VOCÊ NÃO FEZ NENHUM COMENTÁRIO, O QUE SIGNIFICA QUE NÃO PODE MUDAR AGORA!!"

Descobri rápido que "sem devolução" não é uma política corporativa obrigatória. Como veremos no Capítulo 5, as partes envolvidas, sobretudo os executivos, são pessoas muito ocupadas e a rápida concordância com a cabeça em uma reunião ou um e-mail com "Entendi, obrigado" não significa necessariamente que eles estão prestando atenção em seu ponto de vista, o que dirá interagir de modo significativo. No mundo da gestão de produto, qualquer coisa que não seja uma afirmação e uma adesão específica é muitíssimo perigosa. E nenhuma outra expressão representa melhor a falta de adesão ambígua, vaga e sem engajamento do que "Parece bom".

Os melhores gerentes de produto tornam mais ou menos impossível que as pessoas reajam com o "Parece bom". Eles sempre aparecem com perguntas abertas, mesmo que sejam estranhas e estressantes. E, como vimos no Capítulo 3, eles dão opções, não argumentos, que requerem a participação ativa dos envolvidos, em vez de concordâncias passivas e com olhos vidrados ou respostas por e-mail com duas palavras.

Descobri ser útil incluir pelo menos uma opção significativa ou uma pergunta aberta em qualquer reunião ou e-mail em que pedimos feedback ou aprovação. Um e-mail que diz "Por favor, veja nosso plano para o próximo trimestre em anexo. Informe se você tem dúvidas" pode dar a impressão superficial de transparência e colaboração, mas não o protege de respostas do tipo "O que é isso e por que não o vimos antes?" quando você realmente começa a *produzir* segundo o plano. Por outro lado, é muito mais provável que você consiga respostas engajadas com um e-mail assim: "Por favor, veja nosso plano para o próximo trimestre em anexo.

Como verá, estamos considerando duas opções diferentes para os sprints 6–8. Poderia nos dizer até o final de sexta-feira, qual você acha ser mais relevante para as metas da equipe?" (falaremos mais sobre a importância de enviar perguntas específicas e com prazo via e-mail e chat no Capítulo 13, "Experimente Isto em Casa: Tentativas e Tribulações do Trabalho Remoto").

Uma Abordagem Tática para Passar do "Parece Bom": Discordar e Comprometer-se

Nas conversas com vários interessados, o centro de gravidade em torno de "Parece bom" aumenta, ficando mais convincente e irresistível. Por mais estranho que seja discordar de uma pessoa em uma conversa particular, pode ser muito pior discordar com dez pessoas em uma conversa com as dez. "Parece bom" sempre será o caminho de menor resistência, a menos que você faça o trabalho difícil de adicionar muita resistência a esse exato caminho.

Por sorte, pessoas boas na Intel foram as pioneiras em uma técnica chamada "discordar e comprometer-se", desenvolvida justamente para isso. A ideia por trás de discordar e comprometer-se é muito simples: qualquer decisão tomada em grupo deve concluir com um *compromisso afirmativo para um caminho a seguir com todos os envolvidos*. E o processo de obter esse compromisso deve apresentar perguntas, levantar preocupações e *desacordos* que não seriam ditos.

Como exemplo, imagine duas reuniões diferentes, cada uma com a finalidade de decidir se um novo recurso deve ser incluído como gratuito ou no conceito de um produto freemium, no qual recursos adicionais são pagos. A primeira reunião opera com as regras tradicionais do consenso implícito: se todos concordam (ou, pelo menos, ninguém discorda), a decisão é tomada e vocês seguem em frente. Como gerente de produto da equipe que cria o recurso, sua tarefa é apresentar o caso para um grupo com cerca de dez diretores envolvidos. Após uma análise cuidadosa da concorrência, projeções de uso e metas de receita, você conclui com uma forte recomendação de que o recurso será incluído como gratuito. "Alguma pergunta? Parece uma boa abordagem?" Algumas concordâncias mornas, mas silêncio geral. Você dá um suspiro de alívio. "Certo, ótimo!"

Sua equipe volta a trabalhar e começa a implementar um novo recurso gratuito interessante. Os detalhes técnicos são negociados, o texto do marketing é escrito e tudo parece nos trilhos. Então, duas semanas após a reunião, você recebe um e-mail de um dos diretores que tinha concordado com a direção proposta:

"Desculpe, precisamos parar, existem alguns contratempos em relação à decisão do preço que precisamos ver." *Como assim?* Você achou que todos tinham concordado! Rapidamente responde ao e-mail, fazendo o melhor para conter sua raiva e frustração: "Obrigado pela observação. Desculpe, fiquei confuso. Achei que todos tinham concordado que seria um recurso gratuito." Algumas horas depois vem a resposta: "Sim, o vice-presidente da receita está reavaliando a estratégia de preço e não está certo se outro recurso gratuito faz sentido no momento. Terei mais informações na próxima semana."

Você balança a cabeça e solta um profundo suspiro. Agora precisa voltar para a equipe e dizer que toda a estratégia de preços da empresa está em mudança *e* que as duas semanas de trabalho dedicado agora estão no limbo por causa disso. Você sabe que isso será um grande golpe na moral e um grande atraso do prazo da equipe, mas, nesse ponto, não tem certeza do que realmente pode fazer, exceto ter esperança, aguardar e suspirar.

Agora, imagine uma segunda reunião que opera com as regras do "desacordo e comprometimento": cada pessoa na reunião deve ter um *comprometimento específico e afirmativo* antes de uma decisão ser tomada, e cada uma é responsável por levantar questões ou desacordos que possam impedi-la de assumir tal compromisso. Após fazer uma análise completa da concorrência, projeções de uso e metas de receita, você conclui com uma forte recomendação de que o recurso seja incluído como gratuito.

— Certo — diz você a todos os envolvidos ali reunidos —, tentaremos fazer algo um pouco diferente desta vez. É uma grande decisão para a equipe e quero assegurar que tenhamos todas as informações sobre a proposta. Assim, vou circular e pedir que cada pessoa, uma de cada vez, diga "eu aceito" se está comprometida em seguir com a abordagem que traçamos. E se você *não puder* se comprometer, diga o motivo e descobriremos o que fazer com base nisso.

Você se volta para o diretor de marketing do produto.

— Você se compromete conosco em seguir com um recurso gratuito?

Ele parece um pouco desconcertado e se movimenta, soltando um:

— Ahm, certo, sim, eu me comprometo.

— Certo, ótimo. — Você faz uma pausa e, então, continua. — Só para esclarecer: o objetivo aqui é fazer perguntas ou ver as preocupações sobre a proposta para que possamos tomar a melhor decisão possível. Você não *precisa* dizer "sim" se não tem certeza!

A ARTE DA NOTÓRIA COMUNICAÇÃO EXCESSIVA | 55

Algumas risadas nervosas e ele responde:

— Ah, não, obrigado, sim, eu me comprometo! Acho que faz muito sentido.

Você passa para o diretor de operações da receita. De cara, ele não parece muito certo.

— Na verdade — observa ele —, não tenho certeza se posso me comprometer com isso agora. Nosso vice-presidente da receita está reavaliando a estratégia de preço e eu não gostaria de lhe dar um sim definitivo antes de termos tudo resolvido.

Pausa.

— Certo, obrigado. Quando você acha que poderíamos ter mais clareza?

Ele responde:

— Ahn, volto a falar com você na próxima semana.

Na semana seguinte, você consegue ter várias conversas complementares com a equipe de receita e tem uma ideia melhor de como e por que a estratégia de preço da empresa está mudando. Nesse ínterim, sua equipe avança com o trabalho que *não* requer um grande comprometimento com a abordagem de precificação. Logo, você consegue se reunir com as pessoas envolvidas da reunião original e com total apoio do diretor de operações da receita, explica como a estratégia de preço da empresa mudou, colocando mais recursos na camada paga. Esse vai e vem é frustrante, mas você se sente profundamente aliviado por conseguir transitar nessa mudança com total visão de sua equipe e o pessoal envolvido.

Como mostra o exemplo, a técnica de discordar e comprometer-se não resolve todas as desconexões e problemas de comunicação que podem ocorrer em uma organização, mas pode ajudar a identificar as desconexões e as faltas de comunicação de um modo mais oportuno e produtivo.

Como em qualquer prática recomendada, o modo como você implementa o desacordo e o comprometimento mudará com base em sua equipe e organização. Veja algumas dicas para experimentá-la:

Apresente o desacordo e o comprometimento antes de usá-lo.
Como a técnica do desacordo e comprometimento é uma melhor prática formalizada — e uma que tem a aprovação da Intel e da Amazon — é possível apresentá-la como um experimento cujo procedimento é acordado. Isso é importante por que ajudará a

evitar situações em que as pessoas parecem sentir que você implementa o desacordo e o compromisso como um tipo de crítica pessoal passivo-agressiva direcionada a qualquer membro em particular não comprometido da equipe.

Interprete o silêncio como um desacordo.

Na maioria das reuniões, o silêncio é interpretado como um acordo implícito. Alguém sugere um caminho a seguir, conclui sua abordagem com "Alguma dúvida?" e, se ninguém responde, é mais ou menos um negócio fechado. Com o desacordo e o comprometimento, nada menos que um comprometimento afirmativo é aceito, significando que o silêncio equivale ao desacordo. Seja muito claro com os participantes: "Se vocês ficam em silêncio, pressuponho que discordam de mim. Vamos circular e fazer cada pessoa compartilhar seus pensamentos e preocupações." Na primeira vez em que tentar isso, talvez seja um dos momentos mais desconfortáveis da sua carreira de gestão de produto, mas ficará surpreso com as informações que podem surgir das pessoas mais quietas na sala.

Nas reuniões maiores, tente fazer uma verificação rápida.

Nas reuniões maiores, sobretudo nas grandes, feitas por vídeo, muitas vezes achei útil chegar à conclusão com um rápido "Todos que estão comprometidos com essa abordagem podem me dar um sinal de aprovação?" Mesmo que apenas uma ou duas pessoas respondam timidamente, isso lhe dará uma chance de aprofundar e demonstrar rápido que opiniões divergentes serão bem-vindas e levadas a sério.

Defina metas, teste e aprenda.

E se as pessoas simplesmente não se comprometerem em avançar? Acredite se quiser, isso é um ótimo sinal. Significa que as pessoas na sala participam o suficiente para não se comprometerem com algo que elas consideram errado. Um modo de seguir em frente com essa conversa é estabelecer critérios de sucesso e planejar rever a decisão mais tarde. Então, é possível validar se a abordagem escolhida funciona e fazer ajustes de acordo.

Por exemplo, suponha que você esteja em uma reunião com a equipe de engenharia e há um desacordo sobre se o ciclo de desenvolvimento do produto deve ser de duas semanas ou seis. Em vez de tentar fazer todos chegarem a um consenso, você poderia dizer: "E se nos comprometermos em tentar ciclos de desenvolvimento de duas semanas e, então, trocar ideias em um mês para ver se essa decisão nos ajuda a atingir as metas da equipe ou se queremos experimentar outra coisa?" Isso assegura que uma decisão aconteça e cria uma sensação compartilhada de responsabilidade para medir seu sucesso e ajustar o curso à frente.

A ARTE DA NOTÓRIA COMUNICAÇÃO EXCESSIVA | 57

Não interprete mal toda a situação e diga: "Bem, não importa se você concorda, porque estamos usando a técnica de discordar e comprometer-se!"

Nem acredito que escrevi isso, mas, em alguns casos, as pessoas levam a ideia de desacordo e comprometimento ao extremo ridículo de gritar descaradamente com seus colegas: "NÃO IMPORTA SE VOCÊ CONCORDA COMIGO, ESTAMOS USANDO A TÉCNICA DE DISCORDAR E COMPROMETER-SE." Lembre-se de que a finalidade do desacordo e comprometimento é revelar hesitações, preocupações e questões que, de outra forma, não seriam expressas. Se sua implementação do desacordo e comprometimento repreende os possíveis dissidentes para que se submetam, está fazendo errado.

Usando o Desacordo e o Comprometimento para Encontrar Soluções Melhores

J. A.
Consultor de gestão de produto

Eu trabalhava com uma pequena consultoria na Califórnia que cria produtos para conglomerados de mídia. Estávamos em uma reunião para discutir os processos internos quando surgiu uma questão sobre como lidar com os e-mails do cliente que chegavam após o horário comercial. Isso era uma clara fonte de tensão na equipe, e a maioria das pessoas ficou em silêncio quando a pergunta foi feita diretamente.

Por fim, um dos funcionários seniores na empresa entrou na conversa:

— Bem, é importante responder aos clientes de um modo oportuno. Portanto se você vê o e-mail, então imagino que deva responder.

Outra pessoa perguntou:

— Mas e se duas pessoas estão na conversa?

Uma terceira se voluntariou:

— Talvez o que possamos fazer é: se você vê um e-mail chegar após o horário e pretende respondê-lo, primeiro envie uma mensagem no Slack para as outras pessoas copiando a mensagem, informe que você recebeu e, ENTÃO, envie uma resposta para o cliente.

Algumas pessoas concordaram com a cabeça em volta da mesa. Uma solução colaborativa foi alcançada e tivemos um caminho a seguir.

Mas os rostos em volta da mesa ainda estavam tensos e algumas pessoas ainda mantinham um silêncio suspeito. Eu já tinha aprendido sobre desacordo e comprometimento, e esse me pareceu um bom momento para experimentar. Falei para todos na reunião que eles precisariam se comprometer de modo afirmativo com a abordagem e que, se ficassem em silêncio, concluiria que discordavam da abordagem. Conforme passamos pela mesa, a maioria das pessoas se comprometeu com

"Sim, quero experimentar por um tempo e ver o que acontece". Mas uma pessoa, aquela mais quieta em grande parte da reunião, disse:

— Sim, quero dizer, esse plano parece bom... mas não vejo por que precisamos retornar um e-mail na mesma noite. Quando um cliente envia um e-mail para mim à noite, escrevo de volta na manhã seguinte. E, com o tempo, os clientes se adaptam a esse comportamento. Eles me enviam o e-mail no início do dia de trabalho, não tarde da noite, e normalmente tudo funciona melhor, uma vez que não corro para respondê-lo.

A energia da sala mudou drasticamente naquele momento. Foi como uma janela aberta ou algo assim. As pessoas que queriam se comprometer com pouco entusiasmo com a abordagem anterior começaram a compartilhar histórias de e-mails que chegaram tarde da noite e que deram errado, decisões ruins tomadas às pressas e planos para jantar arruinados pelas expectativas pouco claras de gestão do cliente. **A equipe inteira se comprometeu, com entusiasmo, com um novo caminho a seguir, e esse caminho nunca teria surgido se não tivéssemos adotado a abordagem de "discordar e comprometer-se".**

Responsabilizando-se por Diferentes Estilos de Comunicação

Para muitos gerentes de produto, a comunicação excessiva ocorre naturalmente, faz parte do que os atrai para a gestão de produto em primeiro lugar. Dessa perspectiva, as pessoas que são menos inclinadas a fazer muitas perguntas, se expressar nas reuniões ou dar respostas por escrito detalhadas muitas vezes podem parecer comunicadores "ruins".

Em minha carreira como gerente de produto, muitas vezes fiquei frustrado com as pessoas que não compartilham minha queda pela comunicação escrita longa e "divagações" repentinas nas reuniões (para aqueles que estão lendo a última frase e pensando "As duas coisas parecem terríveis", *eu entendo você*). Precisei de muito tempo para perceber que não é uma questão de "boa comunicação" versus "má comunicação", mas um reflexo de muitos estilos diferentes de comunicação que provavelmente você encontrará em sua carreira.

Como gerente de produto, é essencial lembrar que nem todos compartilharão de seu estilo de comunicação. Seja aberto e curioso sobre as pessoas que inicialmente lhe parecem maus comunicadores. Veja alguns estilos gerais de comunicação que normalmente encontro, para ajudá-lo a iniciar com compreensão e empatia:

Comunicadores visuais

Algumas pessoas não conseguem entender um conceito até o visualizarem. Como uma pessoa que basicamente usa palavras para se comunicar, levei muito tempo para aceitar isso. Eu costumava ficar frustrado e acabava usando *mais* palavras quando minhas mensagens criadas meticulosamente encontravam olhos perdidos. Se você não é um comunicador visual, tais comunicadores na equipe podem lhe dar uma ótima oportunidade para refinar e focar seu próprio pensamento esboçando rápido ou fazendo um protótipo visual de suas ideias.

Comunicadores offline

Em várias ocasiões, alguém me confrontou após uma reunião porque sentiu que o tinha colocado contra a parede quando eu simplesmente estava tentando envolvê-lo na conversa. Inicialmente, considerei isso um tipo de defesa juvenil. Mas tive que aceitar que algumas pessoas precisam pensar antes de falar. Sempre que possível, avise aos comunicadores offline em sua equipe, permitindo que eles pensem sobre certa questão ou desafio antes de compartilharem seus pensamentos. Verifique antes também se essas pessoas sabem se lhes será pedido que falem ou se apresentem em uma reunião.

Comunicadores avessos ao confronto

No trabalho diário da gestão de produto, receber um "Sim" ou "Parece bom para mim" descomplicado pode ser um momento raro e preciso de pura positividade e encorajamento. Mas as respostas "sim" encorajadoras nem sempre são motivadas por uma avaliação completa e cheia de nuances da questão em mãos. Como gerente de produto, colocar a clareza acima do conforto faz parte de seu trabalho, mas não é o trabalho dos outros nem é a inclinação deles. Se você precisa de feedback de alguém cuja primeira reação sempre parece ser "sim", peça o feedback de um modo que não permita uma resposta do tipo "sim ou não". Aceite o desafio implícito dessa pessoa em ser mais precisa e aberta por meio da maneira como você pede o feedback. Isso provavelmente o ajudará a receber um feedback melhor de todos na organização.

Quanto mais você aprender sobre pessoas específicas em sua equipe e apreciar seus estilos de comunicação individuais, melhor conseguirá facilitar a comunicação para sua equipe e organização. Descobri que o modo mais fácil de aprender sobre o estilo de comunicação de alguém é ver como *a pessoa* comunica coisas a *você*. Em geral, elas transmitem a informação do jeito como a absorvem mais facilmente, e você pode criar muita boa vontade adaptando-se ao método de comunicação delas.

Comunicação é Seu Trabalho — Não Se Desculpe Por Isso

Uma gestão de produto eficaz requer pedir a muitas pessoas diferentes muito do tempo delas, podendo levar os gerentes de produto a se sentirem idiotas irritantes que tiram todos de seu trabalho "real" e os forçam a participar de inúmeras reuniões ou a responder e-mails sem parar. No início de minha carreira como gerente de produto, fiz meu melhor para neutralizar isso insistindo com meus colegas que faria tudo que pudesse para assegurar que eles tivessem que ir ao mínimo de reuniões (ugh) possível. Quando *tinha* que agendar uma reunião, eu a tratava como uma inconveniência necessária, não como uma oportunidade interessante para a equipe resolver problemas importantes em conjunto.

Não me ocorreu até um tempo depois que eu tinha criado uma tendência: toda reunião de minha equipe seria tratada como uma perda tempo e, por sua vez, se *tornaria* uma perda de tempo. Em seu livro *Death by Meeting* [sem publicação no Brasil], Patrick Lencioni faz uma ótima observação sobre as reuniões: se as pessoas entram com uma atitude ruim, nenhum ajuste de procedimento é possível para que melhorem. O mesmo acontece nos e-mails e em outras formas de comunicação assíncrona. Se você treina seus colegas para pensarem em seus e-mails como uma chatice, eles tratarão seus e-mails como uma chatice. Se você reclama sobre estar "sobrecarregado" com mensagens que chegam, é provável que seus colegas pensarão duas vezes antes de entrar em uma conversa que possa ser crítica para o sucesso da equipe.

Caso sua equipe sinta que perde tempo nas mensagens, pergunte sobre as reuniões melhores e mais produtivas que eles participaram recentemente. Então, trabalhe junto com eles para manter uma visão clara e viável de como seria uma "boa" reunião. Caso sua equipe esteja sobrecarregada com mensagens de e-mail e chat, trabalhe com ela para definir expectativas mais claras nos canais de comunicação usados (veremos mais sobre isso no Capítulo 13). Não desvalorize o valor do tempo que sua equipe passa se comunicando. Ao contrário, verifique se o tempo é bem gasto.

Entendendo as Metas e as Motivações Além de Sua Equipe Imediata

A. G.
Gerente de produto, editora com 500 funcionários

Quando era mais jovem, eu costumava ficar frustrado quando sentia que as pessoas, em geral em outras partes da empresa, não faziam a coisa certa. Achava que elas eram estúpidas ou idiotas, exercendo poder só para se divertir. Se existe um conselho que posso dar às pessoas que lidam com a política no trabalho, é este:

pressuponha que as pessoas sejam inteligentes e tenham as melhores intenções. Não é um mantra kumbaya belo e reconfortante; ao contrário, é um conselho tático e prático para ajudá-lo a sobreviver e prosperar como gerente de produto.

Quando eu trabalhava na editora, minha tarefa era criar um produto que dependia de um grande volume de conteúdo. Entretanto, o vice-presidente de conteúdo fazia esforços para limitar o conteúdo que poderíamos usar. Eu ficava furioso. "É um jogo de poder nojento e ele devia sentir vergonha." Um gerente muito sabido me aconselhou a falar com o vice-presidente. Falei (com uma calma surpreendente) e ele me explicou como realmente funciona a aquisição de conteúdo. Se ele me desse o que eu queria, haveria uma alta probabilidade de isso irritar nosso parceiro de conteúdo, talvez até tirando-o do negócio. Ele estava protegendo sua relação e a viabilidade em longo prazo da fonte. Sendo assim...

Ele não era um idiota. Nem um imbecil. Eu ainda não concordava com a decisão, mas entendia por que foi tomada e certamente não ficava triste com ela. Os objetivos dele e, o mais importante, seus clientes eram diferentes dos meus. Foi uma experiência que me ajudou a desenvolver humildade.

Desde então, trabalhei em muitos outros setores (varejo, mídia social, alimentos e bebidas), e essa dinâmica sempre acontece. Outras partes do negócio normalmente otimizam coisas diferentes: metas e clientes diferentes. Sei que os gerentes de produto são orientados a trabalhar de perto com sua equipe imediata, mas, de determinados modos, é ainda mais importante conhecer as pessoas em outras partes do negócio. Com sua equipe, você ainda precisa ter as mesmas metas e preocupações diárias. Mas talvez esteja totalmente em desacordo com a outra parte do negócio e nem saiba. Talvez pense nas necessidades do usuário final, mas ignora as relações com revendedores e parceiros que são realmente críticas para manter o negócio funcionando.

A questão é a seguinte: como gerente de produto, é seu trabalho descobrir tudo isso. Sua função é multifuncional por definição, mas a função dos outros, não. Você foi contratado para ser um comunicador, enquanto os outros foram contratados porque realmente são bons em matemática ou têm ótimas relações com os revendedores. **A comunicação é seu trabalho, e você não pode esperar que os demais sejam bons nisso.** Minhas duas perguntas favoritas são: "Quais são seus objetivos?" e "O que você está otimizando?" Eu as utilizo muito e com grande sinceridade, e minha vida como gerente de produto (e além!) é muito melhor por isso.

A Notória Comunicação Excessiva na Prática: Três Cenários Comuns de Comunicação para Gerentes de Produto

Embora os gerentes de produto possam se comunicar com muitas pessoas diferentes em contextos bem variados, existem alguns cenários que tendem a ocorrer de tempos em tempos. Nesta seção, veremos três cenários comuns para os gerentes de produto e como você pode abordar cada um. Após ler a configuração de cada cenário, reserve um tempo para pensar sobre como lidaria com ele. Isso o ajudará a conciliar essas sugestões com ritmos, personalidades e questões em jogo em seu contexto organizacional específico.

CENÁRIO UM

Gerente da conta: Temos que criar esse recurso em duas semanas ou perderemos nosso maior cliente.

Desenvolvedor: Esse recurso levará pelo menos seis meses para criar se quisermos fazer algo que seja remotamente estável e eficiente (Figura 4-1).

Figura 4-1. Uma solicitação de "emergência" encontra uma oposição técnica

O QUE REALMENTE ESTÁ ACONTECENDO

É um caso clássico e comum de incentivos mal alinhados. O trabalho do gerente de contas é manter os clientes. O trabalho do desenvolvedor é criar um software que não seja vergonhoso, cheio de erros e amador. O gerente de conta não está diretamente incentivado para se importar com coisas como um software eficaz. Já o desenvolvedor (em geral) não tem um incentivo direto para se importar se o cliente é mantido; no mínimo, um cliente pouco razoável é um conjunto a menos de exigências de última hora. O gerente de conta e o desenvolvedor defendem suas respectivas metas de curto prazo.

A ARTE DA NOTÓRIA COMUNICAÇÃO EXCESSIVA | 63

O QUE VOCÊ PODE FAZER

Aqui existem várias suposições em jogo nas posições do gerente da conta e do desenvolvedor. O cliente realmente precisa desse *exato* recurso? *Realmente* perderemos o cliente se não criarmos isso? O desenvolvedor entende bem a necessidade do cliente ou está usando o prazo de seis meses como uma defesa para dizer "não"? Em vez de deliberar sobre o recurso específico que o gerente da conta pede, aprofunde-se mais no problema fundamental que o cliente tem. Recorra ao gerente da conta como parceiro para entender melhor as necessidades do cliente e ao desenvolvedor como parceiro para explorar as possíveis soluções. Você pode acabar descobrindo que nenhum recurso novo é necessário, apenas uma rápida conversa com o cliente para ajudá-lo a entender melhor um recurso existente.

PADRÕES E ARMADILHAS A EVITAR

Certo, tudo bem, vamos decidir se é uma questão de duas semanas ou seis meses.

As duas semanas e os seis meses podem ser intervalos de tempo totalmente arbitrários. O gerente da conta pode dizer "duas semanas" como um atalho para "muito em breve" e o desenvolvedor pode ter rebatido com "seis meses" como um modo de dizer: "Claro que não, não quero trabalhar nisso." Evite a opção falsa e chegue ao cerne da questão.

Sim, concordo que precisamos resolver isso em duas semanas. E concordo que o software precisa ser eficiente e estável.

Não tente jogar nos dois lados! Simplesmente não funcionará. É possível que existam oportunidades para melhorar o nível de uma conversa mais orientada a metas, e é seu trabalho como gerente de produto facilitar a conversa. Cenário de melhor caso: você descobrirá uma solução que leva menos de duas semanas e que envolva preocupações mínimas sobre desempenho e estabilidade. Mantenha a conversa aberta e exploratória, mas não tente pontuar rápido dizendo às pessoas o que elas querem ouvir.

Nosso processo de planejamento ocorre a cada duas semanas e estamos ocupados. Volte depois.

Se você trabalha em um mundo de iterações realmente fixas, acréscimos de última hora como esses são evitados a todo custo, e há boas razões para manter as proteções. Mas as boas razões normalmente não impedirão que essas solicitações cheguem e, em geral, acho mais útil ter um processo para avaliá-las e priorizá-las, em vez de jogá-las fora por completo (veremos mais sobre isso no Capítulo 12, "Prioridades: Onde Tudo se Junta").

CENÁRIO DOIS

Designer: Fiz quatro versões diferentes deste design. De qual você gosta mais? (Figura 4-2)

Figura 4-2. Um designer apresentando várias opções

O QUE REALMENTE ESTÁ ACONTECENDO

Talvez o designer tenha criado quatro versões que ele considera igualmente adequadas para os objetivos do projeto, mas com diferenças subjetivas (como a escolha das cores), em que ele não tem um forte ponto de vista. O designer pode não ter clareza sobre os objetivos do projeto e tenta adiar a responsabilidade forçando você a fazer uma escolha. Ou o designer pode ter uma abordagem que realmente espera que você escolha e criou algumas opções "fictícias" para criar a ilusão de escolha.

O QUE VOCÊ PODE FAZER

É uma oportunidade de demonstrar sua confiança no designer perguntando qual opção ele acha que se alinha melhor com os objetivos do projeto. Se ele acha que uma escolha é claramente superior, isso o levará a pensar sobre essa escolha no contexto dos objetivos, não das preferências. E se ele não tem uma forte preferência, isso poderá obrigar você a ter uma conversa sobre se os objetivos do projeto estão claros o bastante. Se várias opções parecem igualmente viáveis, você poderá discutir com o designer sobre como seria possível testar essas opções e ver qual atende melhor os objetivos do projeto. Afinal, sua equipe pode ter opiniões diferentes, mas vocês sempre devem ter os mesmos objetivos.

PADRÕES E ARMADILHAS A EVITAR

Gosto da opção B — vamos ficar com ela!

É uma resposta fácil e tentadora. Afinal, o designer perguntou o que você pensa. Em alguns casos, a questão realmente é simples: o designer não se importa e só quer que você escolha entre algumas variações subjetivas. Mas é melhor se aprofundar mais do que correr para decidir sem motivos claros além de sua preferência pessoal.

Vamos levar todas as quatro para o grupo inteiro e ver o que eles pensam!

Por muito tempo, essa foi minha estratégia, até que um designer UX criterioso me informou que eu estava levando nosso designer visual a ponto de desistir com um "design feito por comitê". Nada é pior do que ter muitas pessoas dando opiniões sobre o trabalho que você foi contratado para fazer.

Não me importo. Qualquer uma que você quiser serve.

É muito raro que alguém se dê ao trabalho de fazer algo quatro vezes, a menos que exista um motivo. Não descarte esse esforço, e as questões mais profundas subjacentes, por se recusar a participar.

... E UMA PERGUNTA BÔNUS

E se o designer só me deu uma opção?

Evite a tentação de fazer uma crítica imediata, mesmo que pareça construtiva. Ao contrário, peça ao designer para falar sobre como ele chegou no design. Isso lhe dará uma oportunidade de aprender mais sobre como o designer entende os objetivos gerais do projeto e pode revelar uma ou duas faltas de comunicação sutis que vocês podem trabalhar para resolver.

CENÁRIO TRÊS

Desenvolvedor: Sinto muito, não entendo por que você está tentando nos forçar a seguir esse processo desnecessário. Você pode me deixar fazer meu trabalho? (Figura 4-3)

Figura 4-3. Um desenvolvedor protestando sobre o "processo desnecessário"

O QUE REALMENTE ESTÁ ACONTECENDO

Embora frases como "Este processo é demais para nós", "Não quero seguir todas as etapas desnecessárias" ou "É uma b**** de empresa", possam parecer resmungos genéricos de aversão ao processo (veremos mais sobre isso no Capítulo 7), elas são sinais importantes e valiosos de que você tem algum trabalho a fazer. Caso sua equipe não pareça investida no processo de desenvolvimento e/ou se ela vê o processo como um impedimento para fazer o trabalho, você pode ter falhado fundamentalmente em seu papel como comunicador e facilitador, mesmo que tenha tido sucesso ao fazer a equipe adotar formalmente certa estrutura ou processo de desenvolvimento.

O QUE VOCÊ PODE FAZER

Antes de mais nada, leve a sério o feedback do desenvolvedor. Agradeça a ele por sua sinceridade e esclareça que sua equipe pode ter sucesso *apenas* se as pessoas são francas ao compartilharem suas preocupações. Em vez de tentar resolver as preocupações em uma conversa particular offline, pergunte se a pessoa pode repetir o feedback durante a próxima reunião da equipe. Isso ajudará a estabelecer que você não está querendo ser o executor brutal dos processos da equipe, mas um facilitador que a ajuda a identificar e adotar os processos que atenderão melhor seus objetivos.

PADRÕES E ARMADILHAS A EVITAR

Só tente um pouco, prometo que facilitará sua vida!

Há uma distinção sutil, mas crítica, entre "Prometo que isso funcionará" e "Vamos colaborar para que funcione". Pedir que alguém na equipe aceite sem críticas mudanças no processo é um gesto fundamentalmente de desprezo, não um gesto conectivo e de apoio. No caso de sua equipe não se sentir investida no processo, é provável que o processo falhará.

Você está certo. Esqueça o processo — em que você quer trabalhar?

Embora dar aos engenheiros liberdade para trabalhar em qualquer coisa desejada possa parecer um empoderamento ou, pelo menos, um gesto de deferência adequado, acaba que isso os leva a se desconectar muito do impacto de seu trabalho no usuário e na empresa. No final, alguém responsabilizará sua equipe pelos resultados reais do que foi criado. E quanto mais sua equipe seguir sem um processo para conectar o trabalho que ela faz com os objetivos da organização, pior será no dia do acerto de contas.

Eu sei, eu sei, sou o pior, mas meu chefe disse que devemos colocar um pouco mais de processo. Prometo que tentarei tornar isso o menos problemático possível!

Como examinado, a autodepreciação é um mecanismo de defesa comum para os gerentes de produto. Mas se você se coloca como vítima na busca da outra pessoa para instigar processos sem sentido, é certo que o processo será sem sentido. Se não acredita que o processo usado é o certo, mas seu chefe pediu um processo, é hora de ter uma conversa desconfortável com ele.

Resumo: Na Dúvida, Comunique-se!

No dia a dia, a comunicação requer atenção, adaptação e sutileza. Mas as decisões mais importantes tomadas como gerente de produto muitas vezes se resumirão a esta pergunta: Você deseja falar sobre algo que pode parecer óbvio, desconfortável ou ambos? Quanto mais destemido você for ao iniciar essas conversas, e quanto mais espaço criar em sua equipe e organização para as conversas rolarem, mais bem-sucedidos você e sua equipe serão.

Sua Checklist

- Erre tendendo para o lado da comunicação excessiva. Quando não tiver certeza se vale a pena mencionar algo, mencione.
- Não tenha medo de perguntar "o óbvio". Na verdade, quanto mais óbvio algo parece, mais insistente você deve ser ao assegurar que todos estejam em sintonia.
- Crie um documento como o "Good Product Manager/Bad Product Manager" que estabeleça claramente as expectativas comportamentais para os gerentes de produto em sua organização.
- Evite iniciar frases com "Seria ótimo se..." ou "Você acha que seria possível...", que evitam a responsabilidade. Se você pedir algo, peça e seja claro sobre o motivo de estar pedindo.
- Tente fazer o foco das conversas sobre emoções e intenções girar em torno de resultados, fazendo perguntas como "Essa situação entregou o resultado desejado?"
- Nunca se esqueça que "Parece bom" muitas vezes significa "Não estou prestando atenção", e sempre vise um feedback e uma adesão engajados, afirmativos e específicos.
- Verifique se as pessoas têm a chance de expressar suas opiniões nas reuniões usando o "discordar e comprometer-se" ou qualquer outra abordagem que atinja objetivos parecidos dentro da organização.
- Lembre-se de que as pessoas têm estilos de comunicação diferentes. Não rotule alguém como "mau comunicador" nem pressuponha que a pessoa tenha más intenções se o estilo dela é diferente do seu.
- Evite a tentação de ser um "hater de reuniões" ou "hater de e-mails". Não peça desculpas quando pede o tempo de alguém, mas verifique se o tempo dela é bem gasto.
- Pergunte a seus colegas quais foram as reuniões mais valiosas e bem feitas em que eles participaram. Então trabalhe com eles para definir uma visão clara do que é uma "boa" reunião para vocês.
- Eleve o nível das conversas sobre coisas como escolhas do design ou prazos do desenvolvimento para ter conversas estratégicas sobre as metas comerciais e as necessidades do usuário.

5

Trabalhando com os Principais Envolvidos (ou Jogando Pôquer)

Na primeira vez que conheceu seu futuro sogro, meu pai foi convidado para participar de um jogo de pôquer amistoso após o jantar. Meu pai, como eu, não é alguém que normalmente se destaca em rituais competitivos associados à confraternização masculina. Ele também, como eu, não é muito bom com cartas. Porém, nessa situação em particular, ele não estava muito preocupado com seu nível de habilidade. O objetivo dele era não vencer o jogo, mas assegurar que seu possível futuro sogro o vencesse. Pelo que meus pais me disseram, funcionou muito bem.

Pensei nessa história muitas vezes durante minha carreira como gerente de produto, em especial quando estava se sentando em reuniões com pessoas que tinham muito mais autoridade organizacional que eu. Na maioria das reuniões de alto risco, como nos jogos de pôquer com apostas altas, "vencer" não significa necessariamente a mesma coisa para todos à mesa. E quando você trabalha com os principais envolvidos, o melhor modo de "vencer" muitas vezes é ajudar outra pessoa a vencer.

Para o bem ou para o mal, os principais interessados muitas vezes têm acesso a informações importantes de alto nível sobre o negócio as quais você simplesmente não tem. Com base nelas, eles podem anular suas prioridades ou mudá-las quando você está no meio do projeto. Eles podem até empunhar o bastão do "porque sim", caso não possam revelar os detalhes sigilosos das conversas que têm entre si mesmos e outros principais envolvidos. Resumindo: os principais envolvidos sempre vencerão o jogo de pôquer. Sua missão, caso você decida aceitá-la, é assegurar que o negócio e os usuários vençam com eles.

Neste capítulo, veremos algumas estratégias reais para trabalhar com os principais envolvidos (um desafio muitas vezes referido na linguagem corporativa como "gerenciamento"). Note que, para nossas finalidades, *principais envolvidos* se refere a qualquer pessoa com autoridade direta de tomada de decisão na organização. Em uma pequena startup, pode ser o fundador ou o investidor. Em uma grande empresa, pode ser um executivo de seu próprio departamento ou de outro.

Da "Influência" à Informação

A ideia de "liderar pela influência" é universal na literatura em torno da gestão de produto, inclusive na primeira edição deste livro. E, com certeza, a maioria dos gerentes de produto deve encontrar meios de fazer as coisas sem exercer uma autoridade organizacional direta. Mas eu amenizei a palavra *influência* por vários anos, em grande parte porque vi muitos gerentes de produto tentando "influenciar" os principais envolvidos para seguirem um caminho predeterminado escolhendo seletivamente as informações, omitindo os riscos e as suposições ou prometendo demais sobre prazos e resultados. Em muitos desses casos, "influenciar" com sucesso os principais envolvidos é visto como uma vitória, mesmo que essa "vitória" produza resultados duvidosos para o negócio e para os usuários.

Haverá vezes em que os principais envolvidos tomarão decisões que parecem erradas ou ilógicas para você. Às vezes são simplesmente decisões ruins. E em outras ocasiões, isso acontecerá porque eles têm acesso a informações de alto nível (como uma aquisição pendente ou uma mudança iminente na estratégia da empresa) que você não tem. E haverá momentos em que isso acontecerá porque você falhou em dar ciência aos principais envolvidos sobre as concessões táticas que deveriam ter sido consideradas ao tomar as decisões.

Por esses motivos, achei mais produtivo considerar a função do gerente de produto como *informar* os envolvidos, não *influenciá*-los. Se você tem as pessoas envolvidas bem informadas sobre a decisão em mãos, os objetivos dessa decisão como você as entende e as concessões reais que entram na tomada de decisão, então você teve êxito ao fazer seu trabalho, mesmo que não tenha sido decidido aquilo que você queria.

Muitas vezes, vi desafios em torno do desenrolar da "influência" em torno de questões como o número de funcionários e pessoal, em que os gerentes de produto podem se sentir *altamente* responsáveis, mas têm pouco controle direto. Ao menos uma vez em sua carreira de produto, é possível que você venha a encarar um roadmap [roteiro] ambicioso, preocupado por simplesmente não ter recursos suficientes para entregar e cumprir os compromissos assumidos.

— Quando criamos nosso roteiro, achei que tínhamos dez engenheiros — muitas vezes ouço dos gerentes de produto que eu treino — e agora temos apenas dois. A liderança nos disse muitas vezes que nosso trabalho é crítico. Como entregar assim?

Para os gerentes de produto, muitos deles, como vimos, perfeccionistas por natureza, essa situação sugere uma missão clara: *convencer seus líderes a lhes dar mais recursos*. Mas quando falo com esses líderes, em geral ouço uma história diferente. Nunca ouvi um dos principais envolvidos dizer:

— Espero que uma equipe com dois engenheiros entregue o trabalho de uma equipe com dez.

O que *costumo* ouvir é:

— Sim, esse trabalho era realmente importante para nós meses atrás, mas estamos reavaliando algumas coisas em nível da empresa e, por enquanto, não temos certeza se é o melhor a fazer para alocar nossos recursos.

Os melhores gerentes de produto ajudam a liderança a tomar decisões embasadas e, como vimos no Capítulo 3, fornecer opções, não argumentos, para assegurar que a liderança entenda ativamente as concessões envolvidas nessas decisões. Em vez de brigar por mais recursos, tente apresentar várias opções com uma recomendação sólida: "Se tivermos dez engenheiros, é provável que possamos entregar mais ou menos segundo nosso roteiro original. Se tivermos dois engenheiros, é possível que possamos entregar mais ou menos segundo esse roteiro alterado. E se tivermos cinco engenheiros, poderemos expandir o roteiro alterado com base nas prioridades da empresa. Acreditamos que poderemos produzir o ROI [sigla em inglês para Taxa de Retorno do Investimento] mais alto para o negócio com dez engenheiros, como evidenciado pelos dados fornecidos. A escolha é sua, tenha um bom dia!"

Tendo Coragem de Desafiar as Decisões do Executivo

Ashley S.
Gerente de produto, empresa de eletrônicos corporativos

Eu trabalhava em um produto para uma grande empresa de eletrônicos, e minha equipe era responsável por criar um fluxo de trabalho e uma ferramenta de gestão de ativos. No início do projeto, um executivo sênior me deu a palavra de que criaríamos nosso produto em torno de uma parte específica do software de gestão do fluxo de trabalho que era usado em um de nossos escritórios na Europa — a ideia sendo que, contanto que a equipe já usasse o software em particular, poderíamos só criar em torno dele e expandir a funcionalidade básica.

Assim que começamos a falar com a empresa que tinha criado o software, ficou claro que o caminho a seguir não seria tão fácil. Continuávamos ouvindo: "Nosso software não faz isso." Eles não conseguiam nem atender alguns de nossos requisitos funcionais básicos. A cada obstáculo, continuávamos avançando com uma série de soluções ainda mais complicadas. Muitas vezes ficávamos nos perguntando: "Por que essa tecnologia foi escolhida?" Em geral, a resposta era: "Já investimos nisso, então continue." Quanto mais o projeto seguia, mais difícil era rever a decisão, em parte porque tínhamos gastado muito tempo desenvolvendo soluções especificamente para o software que fomos instruídos a usar. Não mostramos o produto para os usuários até ele estar "terminado" e, nesse ponto, estivéramos tão envolvidos nas soluções técnicas que falhamos em realmente entender as necessidades de nossos usuários. Os usuários nos disseram: "Não presta", ao que respondemos: "Pois é." No final, tivemos que decidir não lançar o produto. Assim, toda a preocupação sobre custos irrecuperáveis realmente nos levou por um caminho em que tudo que investimos no produto foi pura perda.

Se eu pudesse voltar no tempo, teria recuado na decisão de cima para baixo em torno da tecnologia. **Uma das coisas que sinto que mais contribuiu para minha carreira como gerente de produto é ter tido a coragem para recuar e manter conversas desafiadoras.** Somos treinados para seguir a cadeia de comando, portanto, pode ser muito difícil quando você está em uma sala cheia de executivos. Primeiro, é preciso entender que as perguntas e as críticas deles não são pessoais. Vimos isso em alguns gerentes de produto júnior; eles interpretam as perguntas e as críticas dos líderes seniores como ataques pessoais. Você precisa tirar o lado emocional. Precisa ter coragem para dizer: "Posso recuar aqui? Podemos falar sobre os motivos para você fazer essa suposição?"

Como gerentes de produto, sempre nos perguntam "Por que isso leva tanto tempo?" Você precisa conseguir lidar com essa pergunta sem ficar ofendido. Ajude os líderes seniores a entenderem que as decisões tomadas não são isoladas, ajude-os a ver o trabalho "invisível" que eles não consideram quando decidem que querem um novo recurso. Dê opções e faça com que eles estejam cientes das concessões de cada abordagem. Sempre assegure que a decisão esteja nas mãos deles, que eles têm essa propriedade. Assim, não é uma situação "nós versus eles", somos apenas nós.

Uma Resposta que Você Não Gosta, Ainda É uma Resposta

Há alguns anos, eu treinava um grupo de gerentes de produto sobre a importância de ter clareza em torno do "motivo" por trás dos planos e das iniciativas em nível da empresa. Um gerente na sala rapidamente levantou a mão e interveio:

— Desculpe, mas tentei muito, e parece que não cheguei a lugar nenhum.
— Pedi um exemplo e ele continuou. — Bem, na última vez em que continuei

ouvindo de meu gerente que havia um recurso específico que precisávamos criar, perguntei o "motivo" até que todos ficaram cansados de ouvir e, como consequência, me disseram: "Veja, o CEO prometeu a alguém que iríamos criar, portanto temos que criar." Então, por que se preocupar?

Embora possa ter sido frustrante, o gerente de produto *fez seu trabalho*; ele descobriu o "motivo", mesmo que não tivesse a resposta desejada. Na prática real da gestão de produto, haverá vezes em que você e sua equipe trabalharão em algo que parece insensato ou arbitrário. Mas saber os motivos por trás de diretivas aparentemente insensatas ou arbitrárias pode ser uma vantagem.

Por exemplo, trabalhei com muitos gerentes de produto que procuram o "motivo" por trás de um recurso só para descobrir que ele "veio do marketing". Para alguns gerentes, essa descoberta é recebida com uma queixa frustrada sobre como a organização é "orientada pelo marketing", não "pelo produto". Para outros gerentes, a descoberta os faz entender melhor os limites e as oportunidades que precisam considerar conforme avançam. Algumas conversas abertas e curiosas com pessoas na equipe de marketing podem revelar que algumas promessas específicas foram feitas aos executivos: promessas como "Podemos dizer que o recurso tem capacidade de IA" ou "Temos algo para mostrar no próximo grande evento". Entender melhor esses limites significa conseguir trabalhar neles e ainda entregar algo que terá valor para o negócio e para os usuários; *muitas* coisas podem ser descritas como "capacidade de IA" e precisar entregar *algo* em uma data específica ainda dá à equipe muito espaço para descobrir o que esse algo poderia ser.

"O Chefe É um Idiota" ou Parabéns: Você Acabou com a Equipe

Quando os gerentes de produto não têm as respostas ou as decisões que desejam dos principais envolvidos, a tendência é recuar para ter coesão em sua própria equipe à custa dos próprios envolvidos. No início de minha carreira como gerente de produto, quando uma solicitação vinha da liderança sênior e parecia insensata, meu primeiro pensamento era "Ah não, minha equipe irá me culpar por isso". Em uma tentativa de sair sem culpa, eu terminava a conversa com os líderes seniores o mais rápido possível, voltava para a equipe e dizia algo de efeito: "Vocês acreditam que esses idiotas estão brincando conosco? Bem, imagino que precisamos trabalhar nisso agora. *Tosse*. A CULPA NÃO É MINHA."

No momento, pode parecer o único modo de manter a confiança e o respeito da equipe, acalmando ao mesmo tempo os principais envolvidos. Mas em longo prazo, nunca funciona. Assim que você vai até as pessoas e diz algo como "O chefe é um idiota", acabou com a equipe. Ela começará a ver qualquer e toda solicitação vinda dos principais envolvidos como arbitrárias e insensatas. O tempo e a energia gastos trabalhando nos projetos que se alinham com as metas da organização parecerão concessões de má vontade ao poder constituído. E o tempo e a energia gastos trabalhando nos projetos que *não* se alinham com essas metas parecerão "desafiar o sistema". A equipe verá sua função como uma proteção contra os principais envolvidos, em vez de uma conexão com eles. E você ficará encurralado em um canto onde a confiança e o apoio da equipe dependem de você desempenhar com zelo essa função. No interesse de proteger e defender a equipe, você a terá preparado para falhar nos termos da organização.

Assim, como se comunicar de modo eficiente com a equipe quando você discorda de uma decisão ou uma diretiva da liderança sênior? Fique calmo, explique os objetivos e as restrições do trabalho em mãos como os entende e interaja com a equipe para encontrar meios de tornar o trabalho o mais impactante possível. Fiquei surpreso com a rapidez com que uma equipe pode mudar com o reconhecimento simples e transparente de "Sim, não concordo com a decisão, mas trabalhamos para uma empresa com muitas partes móveis e nem sempre concordaremos com toda decisão tomada. Eu *realmente* acho que temos ótimas oportunidades aqui para assegurar que o trabalho resolva um problema real para nossos usuários e estou entusiasmado para explorar essas oportunidades juntos."

Veja uma história engraçada: o primeiro rascunho desta seção foi escrito cinco anos atrás em um ataque de autorrecriminação após uma conversa com uma gerente de produto que estava, na época, se sentindo em apuros em sua função de um modo que me pareceu muito familiar. Recentemente, tive o prazer de conversar com essa mesma gerente, Abigail Pereira, que agora prospera como líder de produto e gerencia dois gerentes de produto fenomenais. Ela compartilhou a seguinte reflexão naquele momento em sua carreira:

> *No início de minha carreira como gerente de produto, estava mal equipada para lidar com o lado emocional do trabalho. Grande parte da gestão de produto é liderar sem autoridade, o que significa repetir uma coisa um milhão de vezes, algo que requer uma quantidade enorme de paciência e confiança. Na falta de paciência e confiança, eu recorria às reuniões das equipes de produto e engenharia — "terapia de produto", como as chamávamos. Durante as reuniões, eu mostrava empatia por minha equipe em relação aos envolvidos difíceis, sem ser muito valorizada, e tudo*

mais era/é parte do trabalho. No começo, as reuniões pareciam um espaço seguro para dizer o que eu precisava e tirar as coisas da cabeça. A mentalidade "nós contra eles", "Davi contra Golias" parecia revigorante. Isso me dava um senso de propósito, do tipo: se eu não podia ter êxito ao avançar com a ideia de um produto, ao menos tinha o apoio das pessoas.

No final, nada deu muito certo. A segurança do momento era fugaz, mas as frustrações eram lenha para uma fogueira de emoções queimar por muito tempo. É mais fácil dizer isso em retrospectiva, mas eu alimentei muitas dessas fogueiras na necessidade de acalmar meu próprio ego, em vez de aceitar o que podia controlar e seguir em frente. A ligação do trauma no momento era um vício e me dava a sensação de uma missão maior. Embora eu tenha continuado amiga de alguns colegas de trabalho, vejo em alguns casos que, além da negatividade que compartilhávamos, realmente não tínhamos muito em comum. Ser uma pessoa do produto requer extremo domínio e, às vezes, uma fé inabalável em suas ideias. O que percebo agora é que manter essas ideias não deve custar a perda de visão do campo de jogo. Agora, quando preciso extravasar, procuro estrategicamente as pessoas certas. Eu me vejo não apenas como proprietária, mas como líder e tenho que reconhecer que o equilíbrio delicado de fazer as pessoas avançarem requer desenvolver relações, mas não à custa de outros.

Manter sob controle a ligação do trauma "nós contra eles" pode ser uma luta contínua dos gerentes de produto que buscam camaradagem e coesão com suas equipes. Mas como observa Pereira na passagem acima, "a paciência e a confiança" necessárias para ser um ótimo gerente e líder de produto só podem ser encontradas no outro lado dessa luta.

Os Perigos de "Proteger" Sua Equipe das Metas Comerciais

Shaun R.
Gerente de produto, startup de e-commerce em estágio de crescimento

Eu trabalhava como gerente de produto em uma startup de e-commerce em Londres, e minha equipe era responsável por criar uma página de vendas da Black Friday. A Black Friday é muito importante para as empresas de e-commerce, e a empresa tinha uma ideia muito clara do que seria ter sucesso. Tivemos uma ideia para um produto que parecia se alinhar bem com as necessidades de nossos usuários, mas tinha um risco relativamente alto da perspectiva do negócio. Eu queria que minha equipe sentisse mais coragem com essa abordagem mais centrada no usuário, então não a preocupei com as metas específicas que a empresa tinha em mente.

Tudo correu muito bem, até realmente lançarmos o produto. Mesmo que o produto criado atendesse as necessidades inerentes do usuário como as entendíamos, ele não chegou na métrica de sucesso que o negócio tinha em mente. Se eu tivesse sido mais honesto com minha equipe sobre como a empresa procurava definir sucesso, poderíamos ter criado uma solução mais bem alinhada às necessidades de nossos usuários com as preocupações e as limitações do negócio. Em vez disso, acabamos tendo que repensar o produto na defensiva após o lançamento, em um prazo mais apertado e com uma boa queda no moral.

Em retrospectiva, foi então que isolei a equipe, em vez de tentar trazer à tona o conflito subjacente. Criei uma situação na qual me via como o filtro para qualquer problema entre a equipe e a empresa em geral, o que pode ajudar você a se sentir protegendo os técnicos dos não técnicos, e pode parecer gerenciável em curto prazo. **Mas quando há um descompasso fundamental entre o que a empresa deseja e o que sua equipe quer, não é possível resolver ignorando a empresa para "proteger" sua equipe.**

Nada de Alarmes e Surpresas

Muitos anos atrás, recebi a tarefa de montar um novo roteiro para uma empresa na qual trabalhava como gerente de produto. Passei horas incontáveis conseguindo lentamente adesão de todas as partes da organização, ouvindo as preocupações das pessoas, fazendo ajustes e reunindo algo que parecia impactante e viável.

Após a reunião em que a equipe de liderança concordou coletivamente com o roteiro, um dos principais envolvidos me puxou de lado.

— Você é muito criativo — disse ele. Adoraria que você apresentasse uma opção mais criativa na próxima vez em que nos reunirmos.

Ah, *claro* que sim! Coloquei meu boné de "pessoa criativa" e passei grande parte da semana seguinte montando algo *realmente incrível*, o plano que eu queria o tempo todo.

No dia antes da reunião do roteiro da semana seguinte, enviei um e-mail àquela pessoa, o qual, pelo que me lembro, tinha cerca de 10 mil páginas. Ele detalhava meus planos para uma nova direção corajosa e o agradecia por soltar minha criatividade. Dormi muito bem aquela noite, confiante de que tinha a bênção de uma das pessoas mais importantes e sênior na organização.

Resumindo, a reunião do dia seguinte foi um massacre. Mal comecei a apresentar minha ideia ótima e nova, e outro dos principais interessados logo foi dizendo:

— Espere, achei que já tínhamos concordado com um roteiro semana passada! O que é isso?

Para minha grande surpresa e indignação, a mesma pessoa que me pedira uma "solução mais criativa" começou a me repreender por tirar o projeto completamente do curso. Exasperado, fiz o que pude para controlar as lágrimas. *Como ele pôde fazer isso comigo?*

Fiquei com raiva por muito tempo. Mas, em retrospectiva, cometi nada menos que dois grandes erros no modo como abordei a fatídica reunião. Primeiro: basicamente traí a confiança dos outros que tinham acreditado no roteiro original no qual trabalhei tanto para sintetizar e socializar. Segundo: embora eu tivesse exposto minha visão "criativa" do produto para aquela pessoa em um e-mail longo e imperdoável, não tinha ideia se ele realmente a apoiava ou não. Esses dois grandes erros se somaram para formar um erro colossal: surpreendi os principais envolvidos com algo completamente novo em uma reunião importante e de alto risco. E, para piorar, fiz isso em uma reunião importante e de alto risco cheia de principais interessados que eu sabia que tinham visões conflitantes para o futuro da empresa. Independentemente de quanta culpa os envolvidos tivessem, grande parte recaía em mim.

A solução aqui é bem simples: nada do que você diz a um principal envolvido em uma "grande" reunião deve ser uma surpresa, jamais. Há muitos motivos para ser sempre uma boa ideia passar individualmente aos principais envolvidos uma nova ideia *antes* de apresentá-la em um contexto de grupo. Mas voltando à metáfora cruel no centro deste capítulo, um principal envolvido sempre vencerá o jogo de pôquer. E se você reservou um tempo para garantir que cada principal envolvido na sala esteja investido em uma ideia realmente benéfica para o negócio e para os usuários, então há boas chances de que o negócio e os usuários vençam juntos com ele, independentemente de quem seja esse envolvido específico.

Observe que ter um tempo com os principais envolvidos muitas vezes é mais fácil de dizer do que de fazer, sobretudo na era do trabalho remoto, quando você não pode simplesmente "passar" pelo escritório de alguém. Nas situações em que *não pode* ter um tempo com esses envolvidos antes de uma grande reunião, recomendo dividir qualquer "ideia grande" que você pretende apresentar em partes menores e novamente apresentar várias opções, em vez de defender um único caminho à frente. Por exemplo, em vez de lançar um novo roteiro em minha fatídica reunião, eu poderia ter reservado um momento para focar de novo o grupo nas metas de alto nível da empresa e, então, apresentar o roteiro original e o novo como duas opções diferentes que poderiam nos ajudar a chegar lá. Isso teria aberto mais espaço para os principais envolvidos na sala *escolherem* o roteiro original, em vez de atacarem o novo por reflexo.

Conseguindo Adesão Incremental e Evitando a "Grande Revelação"

Ellen C.
Gerente de produto estagiária, empresa de software corporativo

Quando trabalhei como estagiária em uma grande empresa de software, meu primeiro projeto foi criar um sistema de legendas para um pacote de produtos de escritório popular. Recebi muita orientação para o projeto: havia um caso comercial claro, um conjunto de regulações bem compreendidas em torno da implementação e uma noção bem definida do que seria o sucesso. Eu consegui testar manualmente um monte de abordagens diferentes para a execução e apresentá-las aos envolvidos. Foi tudo muito bem.

O segundo projeto era para trabalhar no que era um sistema para comentar o mesmo pacote de escritório. Fiquei muito empolgada com isso. Embora a legendagem não fosse algo que eu precisava pessoalmente, tinha muitas ideias sobre o que poderia usar a partir de um sistema de comentários. Tinha grandes planos para fazer algo muito legal. Trabalhei com dedicação em uma especificação que cobria tudo, desde o "motivo" até o design específico e os detalhes da execução. Seria minha Grande Vitória.

Quando chegou o momento de revisar a especificação que eu tinha montado, não deu muito certo. Na verdade, era horrível. Eu esperava que todos dissessem: "É a coisa mais legal de todas, por que não terminamos ainda?" Ao contrário, todos apresentaram motivos do porquê não funcionaria. Muitas coisas que pareciam bem óbvias para mim tinham contextos subjacentes que eu não entendia. E como eu estava muito envolvida emocionalmente, não queria aceitar o feedback.

Em retrospectiva, cometi um erro que vi muitos novos gerentes de produto cometerem: tentar vender algo de uma só vez com uma "grande revelação". Eu não tinha terminado o trabalho de fazer as pessoas concordarem com a necessidade central do usuário ou apresentar os possíveis caminhos diferentes para lidar com o necessário. Ao contrário, eu simplesmente expus: "É exatamente o que devemos fazer e o motivo." As pessoas não sabem no que lhe dar feedback quando você apresenta tudo de uma só vez em uma grande reunião desse modo. Se você procura as pessoas individualmente, elas podem dizer: "É horrível, e veja como corrigir." Mas quando tenta fazer "a grande revelação", realmente não há como seguir em frente.

Centrado no Usuário em um Mundo de Políticas Corporativas

Lidar com a política da empresa pode parecer muito trabalhoso, e, na maioria dos casos, é sim. Contudo, é essencial lembrar que seu sucesso basicamente depende não de sua capacidade de deixar os envolvidos felizes, mas de deixar os usuários felizes. Se você cria algo que seu chefe e o chefe do chefe gostam, mas falha em entregar um valor real para os usuários, então você falhou em seguir um dos princípios norteadores da gestão de produto: "viver a realidade do usuário".

Veja algumas dicas para ficar centrado no usuário, mesmo quando lida com as políticas da empresa:

Deixe os usuários defenderem você.

Lembre-se de que, no fim das contas, você está criando um produto não para os envolvidos, mas para os usuários. Se você conversa regularmente e recebe feedback dos usuários, o que deveria fazer sem dúvidas, deve ter muitas informações à disposição para dar vida às necessidades deles conforme apresenta as opções para os principais envolvidos. Se você acha que não tem uma ideia clara do motivo para os usuários precisarem de algo que você se propõe a criar, é provável que não deva fazer a proposta em primeiro lugar.

Conecte as necessidades do usuário e as metas comerciais.

É comum que os gerentes de produto sintam que estão defendendo "o que é bom para o usuário" contra as exigências do executivo para criar "o que é bom para o negócio". Mas o maior problema nessa situação não é um desequilíbrio entre as necessidades do usuário e as metas comerciais, mas que essas duas coisas sejam percebidas como estando em conflito entre si em primeiro lugar. Se você acha que foi pego em um cabo de guerra entre as metas comerciais e as necessidades do usuário, a solução não é puxar com mais força, mas assegurar que uma relação clara e correlacionada positivamente seja estabelecida entre as necessidades do usuário e as metas do negócio.

Ao propor um recurso ou um produto específico, seja muito exato e preciso ao explicar como você vê a relação entre as necessidades do usuário e as metas comerciais. Por exemplo: "Se podemos tornar nossa experiência de integração mais rápida e menos pesada, acreditamos que podemos aumentar os registros de novos usuários em cerca de 20%. Como cada novo usuário vale cerca de US1,00 em receita com publicidade, vemos isso como uma etapa crítica ao atender as metas de receita para o trimestre."

Mude o jogo e pergunte aos líderes seniores sobre os usuários.

Se você procura encorajar a centralidade no usuário em toda a organização, pergunte aos líderes seniores o que eles sabem sobre as necessidades de seus usuários. Deixe claro que seu objetivo é ajudá-los a entregar valor para os usuários e atingir as metas do negócio. Convide-os para uma conversa na qual vocês explorarão em colaboração várias soluções para uma necessidade do usuário bem compreendida, em vez de debaterem sobre uma solução predeterminada.

Diferentemente dos principais envolvidos, seus usuários raramente ficam em seus calcanhares defendendo com força os objetivos deles. Mas entender e defender esses objetivos pode trazer alinhamento e finalidade até para as conversas mais polêmicas dos principais envolvidos.

O Caso Não Tão Misterioso do Sumiço da Barra de Pesquisa

M. P.
Gerente de produto, ONG

Quando eu trabalhei como gerente de produto em uma ONG de médio porte, recebi a tarefa de supervisionar o novo design de um grande site. Eu sabia que seria difícil; a organização tinha muitos principais **envolvidos** com opiniões muito fortes sobre como sua parte da organização deveria ser representada.

Montei um comitê diretivo com pessoas de cuja autorização direta eu precisava para o design final. Mostrava o trabalho incremental toda semana e conseguia manter o ritmo no projeto. Com certeza, houve poucas vezes em que as pessoas lutaram muito para seu departamento em particular ser representado de forma mais visível, mas sempre conseguíamos chegar a um acordo que fosse favorável para o grupo. Por milagre, conseguimos lançar a tempo e dentro do orçamento.

O projeto parecia um grande sucesso, até algumas semanas depois, quando realmente tive que usar o site para encontrar informações sobre um evento que estávamos organizando. Da perspectiva do gerente de produto, o site parecia um sucesso, mas da perspectiva do usuário, era uma bagunça. A navegação de alto nível mapeava com perfeição os departamentos que pertenciam aos líderes com quem eu tinha disputado, mas essas categorias faziam pouco sentido da perspectiva do usuário. E, pior, a barra de pesquisa, que não tinha nenhum dos principais envolvidos para defendê-la, estava totalmente encoberta.

> **Em retrospectiva, percebi que eu tinha ficado tão envolvida em manter os principais envolvidos felizes que esqueci de defender por completo as necessidades do usuário.** Agora, sempre que trabalho com os principais envolvidos, faço questão de começar com as necessidades do cliente antes de tentar chegar a qualquer conclusão para que tomemos a melhor decisão para o usuário, não para os egos das pessoas na sala.

Os Principais Envolvidos Também São Gente

Por último, mas não menos importante, lembre-se de que os principais envolvidos também são gente. Eles têm suas próprias preocupações mantendo-os acordados à noite, suas próprias lutas, esperanças, ambições e frustrações. Suas interações com eles podem parecer muito importantes e significativas para você, mas eles provavelmente estão preocupados com *muitas outras coisas*.

Lembre-se disso quando sentir que não está recebendo o reconhecimento ou a validação que deseja dos principais envolvidos, ou quando ficar convencido de que eles estão escondendo informações de propósito. Há chances de estarem só muito ocupados e as informações que você acha que eles escondem talvez possam ser informações que eles mesmos simplesmente não têm.

Jogando Pôquer na Prática: Três Cenários Comuns para a Gestão do Principal Interessado

Vejamos três cenários comuns que provavelmente você encontra quando trabalha com os principais interessados. São variações do temido "surge do nada e critica", em que um dos principais envolvidos entra no trabalho em andamento e faz alguma crítica, uma demanda do nada ou insiste em ficar no curso independentemente do que aconteça. Todo gerente de produto que conheço vivenciou pelo menos um "surge do nada e critica". Como nos cenários de exemplo no Capítulo 4, reserve um momento para refletir sobre como lidar com a situação antes de continuar lendo.

CENÁRIO UM

Executivo: Acabei de ver o trabalho que o designer está fazendo. Não gosto das cores e não parece em nada com o produto que aprovei! (Figura 5-1)

Figura 5-1. O clássico "surge do nada e critica"

O QUE REALMENTE ESTÁ ACONTECENDO

O executivo, nesse caso, sente que está fora do ciclo. Algo está avançando e ele não reconhece, o que ameaça implicitamente seu senso de autoridade e controle. Voltando às nossas habilidades COPE, um gerente de produto preocupado com a organização pode reconhecer isso como um sinal de que algo está fundamentalmente avariado no modo como a equipe se comunica com os principais envolvidos e deve buscar meios expansíveis de corrigir a desconexão.

O QUE VOCÊ PODE FAZER

Primeiro, você pode querer pedir desculpas diretamente. Se o executivo vê algo que parece novo para ele, então algo no modo como você tem as ideias e os designs do produto aprovados não funciona tão bem quanto poderia. Explique ao executivo que você nunca quis que fosse uma surpresa ou que o pegasse desprevenido. Pergunte o que você pode fazer para assegurar que ele possa ver os trabalhos em andamento dentro de um prazo que faça sentido para ele. Ele deseja fazer uma reunião semanal permanente? No processo, em que ele sente que perdeu contato com a direção do produto? Busque meios de lidar com o problema fundamental, em vez de tentar se esquivar desse momento de desconforto.

PADRÕES E ARMADILHAS A EVITAR

É exatamente isso que você assinou. As únicas diferenças são puramente estéticas!
Como você está falando com alguém cujo poder e autoridade excedem em muito os seus, provavelmente você não deseja entrar em disputa. Qual é o real problema aqui? São as mudanças em si ou o fato de que o executivo está vendo algo que parece novo para ele?

Enviei a você modelos atualizados semana passada e perguntei se tinha algum comentário, e você nem respondeu!
Qualquer coisa que não seja afirmativa e uma adesão específica realmente não é uma adesão. Caso seus modelos atualizados sejam uma das 10 mil mensagens chegando na caixa de entrada de alguém e você não recebeu resposta, ou mesmo uma resposta genérica do tipo "parece bom", talvez você não tenha enviado os modelos no final das contas. Tentar vencer por um detalhe técnico não ajudará.

Certo, mudaremos as cores para o que você deseja.
Se você ler o comentário do executivo com cuidado, poderá notar que ele não está pedindo de fato para mudar nada no produto. Basicamente está descrevendo um problema de comunicação, não no produto, e tentar mudar o último não corrigirá o primeiro.

Sim, bem, é apenas sua opinião, cara.
Mesmo que "todas as cores estejam erradas" é só uma opinião, é melhor não seguir nesse caminho. Entrar em uma batalha de opiniões com alguém, especialmente com um principal envolvido, é uma jogada ruim na melhor das hipóteses, e fazer isso nesse contexto raramente resultará em um resultado positivo.

CENÁRIO DOIS

Executivo: Sei que sua equipe já está trabalhando em algo esta semana, mas realmente estou empolgado com o outro recurso que discutimos alguns dias atrás. Você acha que podemos encontrar um tempinho para trabalhar nisso também? (Figura 5-2)

Figura 5-2. Uma executiva aparecendo com uma nova solicitação de recurso

O QUE REALMENTE ESTÁ ACONTECENDO

Na superfície, pode parecer que uma executiva está tentando entrar com seus próprios projetos pessoais no plano de trabalho da equipe com escopo apertado. Mas se você acredita nas palavras dela, a motivação é *empolgação*, não a sabotagem. Se um executivo reserva um tempo para vir até você e expressar sua motivação por um recurso específico, mesmo que seja um que você não planeja criar atualmente, essa é uma ótima oportunidade para entender melhor as prioridades dele e como elas se alinham com as prioridades de sua equipe.

O QUE VOCÊ PODE FAZER

Tenha uma conversa aberta e transparente sobre o que torna esse recurso específico tão empolgante para a executiva *e* por que ele não foi priorizado por sua equipe como parte do trabalho da semana atual. Talvez a executiva tenha participado de uma conversa de alto nível que mudou potencialmente as metas da organização e você simplesmente não sabe sobre a conversa. Ou talvez a executiva realmente esteja muito empolgada com essa ideia e não conhece as metas específicas pelas quais sua equipe está trabalhando. Esteja aberto à possibilidade de que o recurso que essa executiva está sugerindo pode realmente ser mais importante para a organização do que aquilo que sua equipe está criando. Mas em vez de anular manualmente o trabalho que a equipe está priorizando atualmente, converse com a executiva sobre como vocês podem mudar a abordagem geral para a priorização e assegurar que o trabalho mais importante seja priorizado em sequência.

Padrões e Armadilhas a Evitar

Sim!

Concordar imediatamente com uma solicitação dessas não apenas mina os processos existentes que sua equipe usa para priorizar o trabalho, como também prepara a executiva para a decepção quando a coisa real entregue não estiver à altura da ideia abstrata na cabeça dela. A menos que tenha tempo para entender bem por que o recurso está sendo solicitado, você não está em posição de prometer nada.

Não!

Se uma executiva reservou tempo para vir até você e compartilhar sua empolgação sobre um recurso específico, é quase certo de que há um motivo importante. Mesmo que, no fim, você planeje permanecer firme nas prioridades originais de sua equipe, aproveite a oportunidade para entender por que a executiva está tão empolgada com o recurso.

Talvez. Veremos quanto tempo temos.

A questão fundamental aqui não é se a equipe terá tempo para trabalhar no novo recurso, mas por que a executiva está tão empolgada com ele em primeiro lugar. Se for apenas uma questão de capacidade para você, então perderá uma oportunidade crítica de entender melhor as metas e as motivações de um principal envolvido em sua organização.

CENÁRIO TRÊS

Executiva: Ouça, venho fazendo isso há tempos, e só preciso que você confie em mim quando digo que sei que o recurso será um grande sucesso. Tudo bem? (Figura 5-3)

86 | GESTÃO DE PRODUTO NA PRÁTICA

Figura 5-3. Uma executiva insistindo que um recurso terá sucesso

O QUE REALMENTE ESTÁ ACONTECENDO

Executivos também são gente e às vezes ficam tão defensivos e exasperados quanto você. A diferença é que eles conseguem mostrar uma versão mais disfarçada de "porque eu mandei", ao passo que você certamente não. Haverá ocasiões em sua carreira em que você conversará com um executivo que preferiria lhe dar ordens obscuras a encontrar um terreno em comum, em especial ao lidar com um executivo fora de sua equipe imediata que talvez não esteja familiarizado com seu trabalho diário ou experiência.

O QUE VOCÊ PODE FAZER

No momento em que alguém chega na posição de executivo, provavelmente a pessoa tem muitas vitórias na bagagem, e essas vitórias modelaram sua experiência e expectativas de tal maneira que sempre será uma boa ideia para você entendê-las. Uma abordagem que acho particularmente útil é dizer algo de efeito: "Estou muito empolgado por você achar que esse recurso será um sucesso para nós, me ajude a entender seu raciocínio aqui para eu poder assegurar a execução e continuar consolidando o sucesso que tivemos até então." Faça perguntas de continuação abertas e curiosas, fique interessado e engajado. E se você sentir que a conversa não está chegando a lugar algum e pegou o executivo em um dia ruim (o que é muito possível), veja se consegue um tempo na agenda dele para fazer as perguntas em uma data posterior.

Padrões e Armadilhas a Evitar

Como queira, chefe!

Se o recurso que você cria fracassa, é bem improvável que o executivo diga: "Fui eu quem insistiu dizendo que o recurso seria um sucesso, portanto o fracasso é minha culpa somente." É muito mais provável que o executivo encontre uma falha menor na execução e insista que "a coisa toda teria sido um enorme sucesso se eles tivessem feito como eu disse!"

Bem, acho que esse recurso fracassará.

A menos que você tenha desenvolvido uma relação muito forte com esse executivo em particular, é bem improvável que consiga muito com uma batalha de opiniões. Mesmo que ache que o recurso fracassará, é quase certo que você e o executivo estejam trabalhando com informações incompletas. Seu trabalho é colocar o máximo possível de informação na mesa para que todos os envolvidos possam tomar decisões melhores.

Sinto muito, mas não criarei algo só porque você está me pedindo.

Da posição do executivo, provavelmente ele não está pedindo para você criar algo "só porque está pedindo". É quase certo que ele tenha seu próprio raciocínio e é seu trabalho entender isso da melhor forma possível, mesmo que não concorde totalmente. Como sempre, manter a mente aberta o levará muito mais longe do que a defensiva.

Resumo: Isso Faz Parte do Seu Trabalho, Não É um Impedimento a Ele

Trabalhar com os principais envolvidos é um aspecto particularmente desafiador e arriscado da função de um gerente de produto. Pode haver ocasiões em que esses envolvidos, sobretudo fundadores e executivos, parecem ter um controle incrível sobre sua sorte e destino. Mas lembre-se: os executivos também são gente, e eles podem cair nas mesmas armadilhas da dúvida e da defensiva que você. Ajude-os a tomar as melhores decisões, aprenda com suas experiências, tenha paciência e mostre curiosidade.

Sua Checklist

- Ao trabalhar com os principais envolvidos, não vise a "vitória". Ajude a fortalecê-los para que tomem ótimas decisões, e demonstre que você pode ser um parceiro reflexivo, valioso e prestativo.

- Aceite o fato de que nem sempre você terá a resposta que deseja dos principais envolvidos, e isso não reflete em você pessoalmente.

- Não tente "proteger" a equipe dos principais envolvidos falando sobre como eles são ignorantes, arrogantes ou incomunicáveis. Ao contrário, reconheça abertamente os limites dentro dos quais vocês trabalham e maximize o impacto que você pode ter dentro dessas restrições.

- Nunca surpreenda um principal envolvido com uma grande ideia em uma reunião importante. Socialize as ideias lenta e deliberadamente em reuniões individuais se possível.

- Não deixe a política corporativa abafar as necessidades do usuário. Permita que as necessidades dele orientem sua tomada de decisão e dê vida à perspectiva do usuário nas reuniões com os líderes seniores.

- Aproveite cada oportunidade para conectar as metas comerciais e as necessidades do usuário, reforçando o valor comercial da centralidade do usuário.

- Quando os principais envolvidos perguntarem "Isso pode ser feito até terça-feira?", veja a pergunta como um questionamento real, não como uma demanda implícita.

- Quando confrontado com uma pessoa que surge do nada e critica, não tente pleitear os detalhes das últimas conversas. Busque oportunidades para diagnosticar e lidar com as questões subjacentes para que o crítico não se sinta fora do ciclo ao avançar.

- Se, de repente, um principal envolvido desejar que a equipe trabalhe em algo diferente, descubra o motivo. Pode haver uma conversa importante de alto nível da qual você não está ciente.

- Lembre-se de que os principais envolvidos podem ficar na defensiva e cansados também. Continue exibindo uma mente aberta, curiosidade e paciência.

Falando com os Usuários
(ou "O que É um Jogo de Pôquer?")

Agora imagine que esteja em um jogo de pôquer muito diferente. Está trabalhando em uma startup de jogos online e perguntou a um grupo de jogadores de pôquer se você pode entrar no jogo para entender melhor suas necessidades fundamentais e comportamentos com carteados. Após uma rodada de apresentações, o anfitrião pergunta com muita generosidade:

— Não sei o quanto você está familiarizado com o pôquer. Gostaria que eu lhe explicasse as regras?

Você pode não perceber, mas, nesse momento, seria possível se abrir para algumas informações reveladoras sobre seus usuários ou ficar calado.

Você para por um segundo. Quer que as pessoas confiem em você. Se elas o acharem um completo ignorante, por que compartilhariam qualquer coisa particularmente interessante ou perspicaz? Com um ar de quem sabe o que está dizendo, você responde:

— Ah sim, gosto de jogar pôquer! Jogaremos o pôquer Omaha ou Texas Hold'em?

A resposta cordial é:

— Hold'em! — e o jogo começa.

Ufa. Eles engoliram. Dessa vez o tempo gasto na Wikipédia noite passada valeu a pena. Quando a primeira mão inicia, você vai direto ao que interessa:

— Muito obrigado por me convidarem para o jogo da noite. Como vocês sabem, estou aqui fazendo uma pesquisa sobre jogos de carta online. Do que vocês gostariam em seu app de pôquer online ideal?

As pessoas em volta da mesa demoram para responder. Ninguém parece muito empolgado com a pergunta. Após um momento de calmaria, a pessoa ao lado interrompe com:

— Certa vez, acho que instalei um app de pôquer em meu celular, há alguns anos. Mas acabei não usando muito.

Isso. Você está fazendo um progresso.

— Do que não gostou nele?

— Não lembro muito bem, para ser honesto. Acho que só não me interessou.

Quase lá.

— Por que você acha que não o interessou?

— Uhh, não sei. Acho que ele não tornava o jogo muito empolgante.

Você concorda com a cabeça vigorosamente. *Mandei bem.*

No caminho para casa, você pega seu notebook e anota a seguinte frase:

> As pessoas precisam que um app de pôquer online seja empolgante.

Você já pode ver: gráficos de alta resolução, música alta, explosões... o jogo de pôquer online mais cheio de ação já criado. Na verdade, esse slogan é muito bom. Espera aí, quando você fez a pesquisa "O que você quer em um app de pôquer?" há alguns meses, "gráfico" e "som" apareceram como prioridades relativamente altas. Você criará o app de pôquer online mais bem-sucedido de todos.

Agora, imaginemos que você escolheu seguir por outro caminho.

Após uma rodada de apresentações, seu anfitrião pergunta com muita generosidade:

— Não sei o quanto você está familiarizado com o pôquer. Gostaria que eu lhe explicasse as regras?

Você para por um segundo. Não quer as pessoas pensem que você é um completo ignorante, mas também não quer que suas suposições sobre o jogo atrapalhem a aprendizagem do que o jogo significa para *elas.* Com timidez, você responde:

— Sabe, eu realmente estou meio enferrujado. Você poderia me explicar?

FALANDO COM OS USUÁRIOS (OU "O QUE É UM JOGO DE PÔQUER?") | 91

Algumas pessoas reviram os olhos. Você começa a ficar corado de vergonha. Mas seu anfitrião está pronto e começa explicando as regras como se você não soubesse nada sobre pôquer. Conforme ele continua mostrando o jogo, algumas pessoas na mesa começam a trocar olhares e riem.

— Sinto muito — você diz —, deixei passar algo?

— Não, não — responde a pessoa ao lado —, como estamos jogando isso juntos há tempos, acho que criamos algumas regrinhas próprias no processo. Se você experimentasse jogar como jogamos com outra pessoa, provavelmente ela o expulsaria!

Todos riem.

No caminho para casa, você pega seu notebook e escreve a seguinte frase:

> *Os jogadores mudaram as regras do jogo para atender às necessidades particulares e expectativas de seu grupo social.*

Você franze a testa por um momento. É muito diferente do que ouviu quando fez a pesquisa "O que você quer em um app de pôquer?". Você descobriu algo muito surpreendente, e algo que pode ter implicações maiores no produto que está criando. Surgiram muitas perguntas que não tinha considerado antes. Que papel as regras informais têm nos jogos de carta? Como jogar cartas com estranhos difere de jogar com amigos? Você não sabe ao certo aonde essas perguntas o levarão, mas com certeza está contente por saber fazê-las.

Principais Envolvidos (Stakeholders) e Usuários São Diferentes

De muitos modos, falar com os usuários parece ser a parte mais fácil da função do gerente de produto. Digo, qual é a dificuldade? Encontrar alguns usuários, conversar com eles e, antes que perceba, você tem o "foco do usuário" em suas mãos. Mas conversar com usuários pode ser a coisa mais difícil para um gerente de produto aprender. Por quê? Muitos comportamentos que podem ajudar um GP a trabalhar com sucesso com os interessados são exatamente os comportamentos errados para aprender com os usuários.

Ao trabalhar com seus principais envolvidos, você deseja fazer conexões fortes entre os detalhes da estratégia de alto nível e da execução. Quer apresentar opções, explicar as concessões e fortalecer os envolvidos para que tomem as melhores decisões possíveis. E ao chegar o momento de tomar essas decisões, deseja um comprometimento específico e afirmativo com o caminho a seguir.

Ao conversar com os usuários, seus objetivos são muito, muito diferentes. Seu trabalho não é explicar, alinhar ou mesmo informar. Ao contrário, é aprender o máximo possível sobre as metas, as necessidades e o mundo *deles*. Voltando ao nosso terceiro princípio orientador, isso significa imersão na realidade dos usuários, não arrastá-los para a realidade da empresa. Colocar essa ideia em prática envolve menos "parecer inteligente" e mais "se fingir de bobo".

Para muitos gerentes de produto, pode ser uma transição chocante. Em geral, espera-se que esses gerentes tenham um amplo conhecimento de seu produto, negócio *e* usuários. Conversar com sucesso e aprender com os usuários requer que eles resistam ativamente à tentação de dar respostas concretas e soluções específicas. Como um gerente de produto me disse com sinceridade após fazer sua primeira rodada de entrevistas com usuários: "Eu me senti muito idiota e entendo porque tantos gerentes de produto não querem fazer isso."

O Perigo de "Apresentar" Sua Ideia em uma Sessão de Feedback do Usuário

T. R.
Gerente de produto, startup de entretenimento em estágio inicial

No início da carreira, trabalhei como primeiro gerente de produto em uma startup de entretenimento em estágio inicial que estava criando uma ferramenta para ajudar os podcasters a aperfeiçoar o processo de colaboração e publicação. Era uma ideia muito legal com um público muito específico e engajado, e fiquei empolgado em fazer parte disso.

Mas assim que peguei o protótipo do produto inicial, fiquei muito confuso. Eu tinha muita experiência com podcasts e os fluxos de trabalho apresentados simplesmente não faziam muito sentido. Para ser franco, eles pareciam mais fluxos de trabalho de desenvolvimento de software do que fluxos de criação de podcasts. Curioso sobre como o produto tomou essa forma em particular, perguntei aos fundadores da empresa se eu poderia participar da próxima sessão de feedback do usuário.

Em minutos, entendi exatamente o que estava acontecendo. Antes que nosso usuário tivesse a chance de se apresentar, o fundador já estava explicando como o produto *revolucionaria* o espaço dos podcasts. Em vez de deixar o usuário percorrer sozinho o protótipo, o fundador o guiava em cada passo, explicando exatamente o que aconteceria, terminando cada passo com um radiante "Muito legal, não é?" Nem é preciso dizer que a sessão de feedback do usuário foi considerada um grande sucesso.

Sabendo que eu não iria muito longe estourando a bolha do fundador, perguntei se poderia fazer uma sessão de feedback do usuário e gravá-la em vídeo para a equipe analisar. Durante a sessão, dei pouca orientação ao usuário; apenas me sentei com ele na frente do protótipo e pedi que me guiasse em suas expectativas e ações. Desde o início, ele realmente não tinha ideia sobre como interagir com o produto; na verdade, levou alguns minutos para entender o que o produto deveria *fazer*.

Assistir ao vídeo da sessão com o fundador *não* foi fácil. No começo, ele foi rápido em sugerir que eu não tinha explicado bastante o produto ou ajudado o usuário a entender seu valor. Mas, no fim das contas, **não se pode assistir alguém olhando para seu produto em silêncio, desnorteado por quase uma hora sem sentir os efeitos.** Esse momento fez com que o fundador abrisse a mente para reavaliar as coisas fundamentais sobre o produto que ele *nunca* teria considerado se tivesse vindo de um gerente de produto, não do usuário real.

Sim, Você Precisa Aprender a Conversar com os Usuários

Até que ponto um gerente de produto tem a tarefa explícita de fazer a pesquisa com usuários pode variar muito entre organizações e equipes. Mas uma pesquisa informal com os usuários pode acontecer em qualquer lugar, desde conversas amistosas em conferências do produto até ligações de "suporte técnico" para os membros da família. Por isso, é útil que todo gerente de produto passe um tempo aprendendo sobre a pesquisa com usuários. Isso o preparará para tirar o máximo de cada interação com usuários atuais e futuros, quer essas interações sejam ou não formalmente consideradas como "pesquisa com usuários".

Nos últimos anos, tive a sorte extraordinária de trabalhar com alguns pesquisadores de usuários e etnógrafos fantásticos. Minha parceira de negócios, Tricia Wang, teve a generosidade de me orientar na jornada de fazer pesquisas com usuários ruins ("MINHA EQUIPE INCRÍVEL CRIOU ESTE PRODUTO SUPERLEGAL. VOCÊ GOSTA DELE?") para fazer pesquisas *menos ruins*. Sua orientação me mostrou, repetidas vezes, que o único modo de melhorar na pesquisa com usuários é com a prática frequente e reflexão sincera, ou seja, eu nunca melhoraria na pesquisa com usuários se não tivesse feito muita pesquisa *ruim* em primeiro lugar.

Este livro não foi feito para ser usado como um guia completo para a pesquisa com usuários, embora eu tenha recomendado tais guias na seção "Sua Checklist" no final deste capítulo. Mas quanto à reflexão sincera, fico feliz por compartilhar algumas das lições mais notáveis de minha própria experiência ao fazer a pesquisa com usuários:

Pergunte sobre situações específicas, não generalizações.

Isso aparece em muitos livros e cursos sobre pesquisa com usuários, e continua sendo a técnica mais útil e prática que absorvi. Na realidade, significa que em vez de perguntar "O que você costuma comer no almoço?" ou "Qual é sua comida favorita?", você poderia fazer um pedido como "Me conte como foi a última refeição que você fez". A ideia aqui é que um exemplo concreto refletirá com mais precisão a *realidade* do usuário do que uma resposta sintetizada e abstrata. Achei essa tática particularmente útil ao falar com usuários sobre coisas como música e comida, para as quais pode haver julgamentos de valor importantes associados a certos gostos e preferências. Por exemplo, as pessoas normalmente são muito rápidas em falar sobre situações específicas ao ouvir música ("Eu coloquei o álbum da Dua Lipa na minha última corrida"), mas congelam logo quando você pergunta sobre seu "gosto musical" ou "artistas favoritos".

Não fique muito empolgado se você ouvir o que achou que queria ouvir.

Por vezes, um usuário dirá sem rodeios exatamente o que você espera que ele diga logo no início da conversa. Quando começava a conversar com os usuários, em geral eu usava logo "Uau, sabe, é exatamente isso que estamos fazendo! INCRÍVEL! MUITO obrigado!" Levou um tempo, e algum reajuste gentil da minha instrutora, para ver como isso me impedia de ter uma compreensão mais profunda das necessidades reais do usuário. É muito possível que um usuário venha a descrever justamente a solução que você planeja criar, mas por motivos muito diferentes. Se você não entender esses motivos, poderá acabar criando um produto que falha em entregar valor.

Não peça aos usuários para eles fazerem o trabalho em seu lugar.

A história do copo de medida "lido de cima" da OXO é muitas vezes citada nos workshops de design thinking, e é apresentada no fenomenal livro de Mark Hurst, *Customers Included* [sem publicação no Brasil]. Quando os pesquisadores da OXO perguntaram aos clientes "O que você deseja em um copo de medida?", eles fizeram uma lista de recursos bem razoáveis: "Quero que seja robusto! Quero que tenha uma alça confortável! Quero que tenha um bico com fluxo suave!" Quando os pesquisadores pediram aos usuários para realmente interagirem com o copo, eles viram um padrão consistente: após encher o copo, o usuário se abaixava ao lado dele para que seus olhos ficassem no nível da leitura na lateral. E assim nasceu o copo de medida "lido de cima" (Figura 6-1).

Essa história mostra as armadilhas de pedir aos usuários para fazerem o trabalho em seu lugar. Se você pede para eles fazerem uma lista de recursos, poderá se sentir encorajado a voltar para a equipe dizendo: "Sei que é uma boa ideia. Nossos usuários pediram isso especificamente!" Mas seus usuários não são responsáveis por conectar as metas e as necessidades deles com as oportunidades específicas de sua empresa para lidar com essas metas e necessidades. É seu trabalho, não deles.

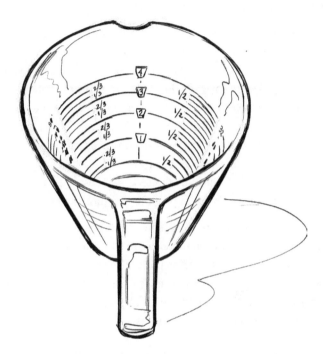

Figura 6-1. O copo de medida "lido de cima"

Resumindo: você sempre pode aprender mais sobre como falar com seus usuários. Deve ler livros e artigos sobre a pesquisa com usuários. Deve procurar os pesquisadores de usuários em sua organização e perguntar se eles poderiam instruí-lo e orientá-lo. Continue praticando a pesquisa com usuários, mesmo que não seja fácil para você. Mantenha a mente aberta e alimente sua curiosidade não só para aprender com os usuários, mas também para descobrir como aprender com eles.

Personae Non Grata

Ao começar a aprender com seus usuários, é quase certo se perguntar: "Quais usuários devo considerar em primeiro lugar?" Ao examinar essa pergunta, é provável acabar trabalhando com "personas de usuários": perfis generalizados de diferentes tipos de usuários que muitas vezes recebem nomes e histórias pregressas próprios. Por exemplo, entrevistas com dez donos de pequenos negócios diferentes podem produzir duas personas de usuários nomeadas (as chamaremos de "Beto" e "Ênio") que representam dois grupos diferentes de necessidades e comportamentos que surgiram com a pesquisa.

No início de minha carreira como gerente de produto, embirrei quando um designer UX com quem eu trabalhava sugeriu criar algumas personas de usuários: *Sim, ahmm, não preciso criar um monte de usuários falsos porque entendo nossos usuários reais, muito obrigado.* Em todas as minhas tentativas de sabotar e minar os esforços do colega vendedor de personas, realmente acabei achando essa ferramenta bastante útil. Sim, estávamos criando para pessoas "de mentirinha" (compostas a partir de entrevistas com pessoas reais). Porém, ter em mente uma pessoa diferente de nós mesmos e ter a capacidade de diferenciar bastante entre os variados conjuntos de necessidades do usuário nos ajudou a tomar melhores decisões e entregar produtos melhores como consequência.

Claro, isso não significa que as personas não possam ser usadas de *modos muito ruins*. Talvez mais do que qualquer outra ferramenta ou técnica no mundo dos produtos, as personas de usuários podem se tornar um modo de codificar nossas suposições e tendências em ficções realmente prejudiciais, portando uma autoridade sem controle de "melhor prática". Veja algumas dicas para assegurar que você não está caindo nessas armadilhas:

Verifique se suas personas são baseadas em pesquisas reais.
Tenho um amigo que é dermatologista em uma cidade de tamanho médio nos EUA. Recentemente, descobri que ele também toca cosmic jazz e já usou uma capa de Sun Ra no palco. Pessoas reais são complicadas e surpreendentes assim. Se você cria suas personas sem conversar com uma pessoa real, então é possível que esteja criando estereótipos, não personas. Quase todo gerente de produto tem uma história da persona mais notoriamente misógina, racista ou profundamente problemática já encontrada no trabalho. E, de fato, quando suas personas se baseiam apenas em suposições demográficas, não em informações reais das metas, necessidades e comportamentos do usuário, tudo que você tem são estereótipos.

Atualize suas personas com regularidade.
Os produtos mudam, os mercados mudam e as pessoas mudam. Por experiência própria, as equipes que não se comprometem em atualizar suas personas com regularidade não as atualizam de modo nenhum. Há muito pouca desvantagem nas atualizações frequentes e planejadas das personas; mesmo que uma rodada grande de pesquisa o convença a deixar as personas inalteradas, você poderá avançar confiante

de que essas personas estão atualizadas. Como um bônus extra, uma nova pesquisa realizada certamente oferecerá outras informações de valor (e atuais!).

Use antipersonas para deixar claro para quem você está criando.

Em geral é mais justificável criar personas amplas do que específicas, ou seja, você pode muito bem acabar com um conjunto de personas que, quando vistas como um todo, são pouco mais do que um substituto para "todo mundo". Para as equipes e organizações que realmente querem focar seus esforços, as "antipersonas" (compor perfis das pessoas para quem *não* criamos) podem ser uma função forçada poderosa para chegar a um nível mais produtivo de especificidade na tomada de decisão diária. Por exemplo, se você está criando um recurso para "Ênio, o proprietário ambicioso de um pequeno negócio que investe em seus sonhos", poderá decidir *não* criar explicitamente esse recurso para "Beto, o proprietário avesso a riscos do pequeno negócio que evita cuidadosamente despesas gerais".

Dadas as armadilhas das personas de usuários, há muitos que agora defendem abordagens alternativas, como Jobs to Be Done (Trabalhos a Fazer), que você pode ler mais no livro *The Jobs to Be Done Playbook* [sem publicação no Brasil] de Jim Kalbach. Mas as mesmas armadilhas descritas acima, ou seja, codificar suposições, deixar seu trabalho estagnar e ser amplo demais, podem comprometer tal abordagem.

O Canto da Sereia dos "Usuários Avançados"

Jonathan Bertfield
Gerente de produto, startup do mercado editorial em estágio inicial

Quando trabalhei em uma ferramenta de desenvolvimento de público para autores, ficamos muito empolgados para colocar os protótipos e os modelos iniciais diante dos usuários reais. Parecia que estávamos em boa posição para tanto: tínhamos ótimos contatos no mercado editorial, uma equipe de liderança respeitada e um produto que resolvia um problema real para uma base de usuários pequena e bem definida.

Começamos contatando pessoas em nossas redes profissionais e ficamos muito encorajados com a resposta obtida de alguns autores bem conhecidos. As redes sociais estavam começando, e eram pessoas na vanguarda do uso de plataformas como Twitter e Facebook acessando diretamente os fãs. Em geral, elas tinham seus próprios funcionários ou equipes de funcionários gerenciando sua presença online e estavam ansiosas por novas ferramentas. Tínhamos um claro sinal de que o produto estava destinado ao sucesso.

No entanto, ao mesmo tempo, começamos a ouvir algumas vozes divergentes bem claras vindo de autores menos conhecidos e de profissionais na indústria editorial. Muitos autores nos disseram claramente: "Não farei isso." E muitos profissionais na indústria falaram: "Os autores não farão as coisas que vocês esperam deles." Mas não quisemos ouvir; afinal, tínhamos mais autores bem-sucedidos que estavam empolgados para usar nosso produto. Acreditamos que os autores que achavam que não queriam o produto mudariam seu comportamento quando vissem o que estávamos oferecendo.

Essa história não tem um final feliz: a startup fracassou. Não conseguimos clientes suficientes. **Tínhamos ouvido apenas as pessoas que já tinham sucesso, e elas não eram os clientes-alvo reais que buscávamos.** Esses usuários estavam nos dizendo claramente que não tinham tempo, recursos ou compreensão para fazer o que queríamos que eles fizessem. Mas escolhemos ouvir apenas as pessoas que nos diziam o que queríamos ouvir e, quando o produto chegou ao mercado, pagamos o preço.

Produto e Pesquisa: De Rivais a Melhores Amigos

Em algumas organizações, um gerente de produto pode ser a única "voz do usuário" designada. Em outras, um GP pode trabalhar com uma grande equipe de designers e pesquisadores com a tarefa de realizar entrevistas de exploração, desenvolver as personas de usuários ou supervisionar os testes de uso. Na teoria, gerentes de produto e pesquisadores devem estar muito alinhados; afinal, qualquer produto de sucesso deve fornecer valor aos usuários, e a pesquisa com usuários é uma ferramenta essencial para descobrir o que pode ser exatamente esse valor. Na prática, a relação entre gerentes de produto e pesquisadores costuma ser mais difícil e controversa.

Grande parte dessa tensão vem do simples fato de que os gerentes de produto devem equilibrar as informações do usuário com as metas comerciais, os desejos do executivo, os prazos de entrega e todas as outras coisas que tornam o "foco do usuário" tão desafiador na prática. Do ponto de vista de um pesquisador, isso faz com que os gerentes de produto pareçam bajuladores corporativos que ignoram os clientes e são obcecados por prazos.

Na verdade, os gerentes de produto nem sempre reagem bem quando as informações do usuário são apresentadas e não se alinham bem com seus planos e comprometimentos existentes. Veja algumas dicas para manter a pesquisa e o produto mais bem alinhados.

FALANDO COM OS USUÁRIOS (OU "O QUE É UM JOGO DE PÔQUER?") | 99

Explique as restrições com calma e sem medo.

Os pesquisadores muitas vezes apresentarão informações de usuários valiosas para os gerentes de produto, apenas para os gerentes as descartarem como "fora da estratégia", "impossíveis" ou simplesmente ser "tarde demais" para orientar qualquer ação significativa. Essas dispensas costumam se basear na atitude defensiva; quando um gerente de produto se compromete com um plano, qualquer informação que questione a idoneidade desse plano pode ser considerada uma ameaça.

Em vez de descartar uma informação potencialmente disruptiva, os melhores gerentes de produto explicam com calma e sem medo as restrições dentro das quais trabalham, e colaboram com os pesquisadores para explorar as oportunidades dentro desses limites. Experimente usar uma abordagem direta e aberta dizendo, por exemplo: "Muito obrigado por compartilhar isso comigo. Vejo que essa informação poderia mudar nossa direção, mas nos comprometemos em entregar este recurso no próximo mês. Quais oportunidades você vê para incorporar o que aprendeu com nossos usuários no plano de lançamento?"

Não esconda as informações críticas em uma grande pilha.

É nas pilhas que as informações morrem. Quando pesquisadores e gerentes de produto reclamam comigo sobre as informações sendo ignoradas pelos executivos, em geral elas estão escondidas debaixo de uma grande pilha. Se uma informação é muito essencial, toque no assunto diretamente e faça o melhor para explicar aos principais envolvidos como ela poderia ajudá-los a atingir suas metas. Uma equipe de pesquisa com a qual trabalhei fazia um "compartilhamento de informações" de porta aberta todo mês no Zoom para facilitar a colaboração direta com um grupo de principais envolvidos distante. Essa reunião envolvia uma leitura rápida da pesquisa do último mês, seguida de uma conversa aberta sobre como ativar a pesquisa e que nova pesquisa deveria ser priorizada em seguida. Com o tempo, essas reuniões mensais se tornaram um meio não só para GPs e pesquisadores trabalharem juntos, mas também para os gerentes de produto entenderem melhor as prioridades e as metas dos *outros gerentes de produto,* alinhando-se em torno das necessidades do usuário e das informações em comum.

Envolva toda a equipe.

Muitas vezes, os pesquisadores hesitam em convidar os gerentes de produto para seu trabalho, por medo de que eles façam perguntas capciosas, pressionem em busca de soluções predeterminadas ou inúmeras outras coisas chatas que *eu fazia* quando tinha menos experiência. Do mesmo modo, os gerentes de produto costumam hesitar em convidar engenheiros e designers para a pesquisa *deles* com usuários por medo de que eles utilizem jargão técnico, defendam o trabalho existente ou várias outras coisas chatas que eles podem *muito bem fazer* conforme ganham experiência. Fazer uma pesquisa com sua equipe pode ser frustrante e um teste de paciência, mas tem o duplo benefício de aumentar as habilidades de pesquisa de todos os envolvidos e diminuir a distância entre seus usuários e as pessoas que realmente criam soluções para elas. As pessoas que participam ativamente da pesquisa com usuários têm mais probabilidade de realmente *fazerem* algo com ela.

Gerentes de produto e pesquisadores podem acabar em lados opostos da tensão entre as necessidades do usuário e as metas comerciais. Porém, quanto mais vocês trabalharem juntos, maior será a probabilidade de controlar essa tensão com eficiência. Como sempre, mantenha a mente aberta, seja honesto e não leve para o lado pessoal.

Resumo: Não, É Sério, Você Precisa Aprender a Falar com os Usuários

Como todos os exemplos mostram, falar com os usuários não é algo fácil nem natural para todo gerente de produto. Desenvolver as habilidades necessárias para "viver a realidade de seu usuário" muitas vezes significa desaprender comportamentos específicos que o ajudaram a gerenciar com sucesso os interessados internos. E *sempre* significa adotar uma abordagem aberta e curiosa para qualquer pessoa e qualquer coisa que possa ajudá-lo a ver melhor o mundo da perspectiva dos usuários.

Sua Checklist

- Fale com seus usuários!
- Aceite e reconheça que falar com os usuários é uma habilidade real que leva tempo para desenvolver.
- Lembre-se de que falar com os usuários e trabalhar com os interessados são coisas diferentes e requerem abordagens diferentes.
- Leia os livros *Continuous Discovery Habits*, de Teresa Torres; *Customers Included*, de Mark Hurst; *Interviewing Users*, de Steve Portigal; *Just Enough Research*, de Erika Hall; *It's Our Research*, de Tomer Sharon; e qualquer outro que possa ajudá-lo a melhorar suas habilidades de pesquisa [todos esses sem publicação no Brasil].
- Não tente impressionar os usuários com seu conhecimento e expertise. Crie o máximo de espaço que puder para eles explicarem sua realidade, mesmo que você pareça estar "se fingir de bobo".

FALANDO COM OS USUÁRIOS (OU "O QUE É UM JOGO DE PÔQUER?") | 101

- Se há pesquisadores de usuários em sua organização, entre em contato com eles e peça ajuda para explicar as ferramentas e as abordagens que eles usam.

- Ao falar com os usuários sobre sua experiência, pergunte sobre situações específicas, não sobre grandes generalizações.

- Não peça aos usuários para fazerem o trabalho em seu lugar! Faça tudo que puder para entender suas necessidades e, *então*, pense sobre produtos e recursos específicos que poderiam satisfazer melhor essas necessidades.

- Certifique-se de que todas as personas de usuários (ou "jobs to be done") que sua equipe usa se baseiam em pesquisa real e atualize--as regularmente.

- Não oculte as informações essenciais em grandes pilhas, onde com certeza perecerão!

- Ao trabalhar com pesquisadores, descreva com calma e especificamente as restrições com as quais você trabalha (como orçamentos, prazos e comprometimentos com recursos), em vez de afastar as informações que poderiam ameaçar tirar os planos existentes dos trilhos.

A Pior Coisa Sobre as "Melhores Práticas"

Quando treino gerentes de produto em organizações de grande e pequeno portes, a primeira coisa sobre a qual eles normalmente perguntam são as "melhores práticas". "Como a Netflix faz a gestão de produto?" "Como o Google define a diferença entre gerente de produto e gerente de programa?" "Que coisas podemos fazer para assegurar que estamos administrando um produto como uma organização de primeira classe?"

São ótimas perguntas e é ótimo saber as respostas para elas. Mas implícito nessas perguntas costuma estar um adendo silencioso e pouco produtivo: "Como a Netflix faz a gestão de produto... porque se fizermos a mesma coisa, é certo que seremos uma empresa de enorme sucesso."

O apelo desse raciocínio não é difícil de entender. Dada a ambiguidade em torno do trabalho da gestão de produto, faz muito sentido buscar orientação nas empresas que, de muitos modos, definiram a disciplina em sua forma atual.

Mas os perigos de pensar assim são um pouco mais traiçoeiros. Veja três modos em particular de focar as melhores práticas e que podem realmente dificultar que os gerentes de produto profissionais tenham sucesso:

Focar as melhores práticas leva a uma mentalidade de apatia.

Reduzir a gestão de produto a um conjunto de melhores práticas replicáveis significa se distanciar de toda a confusa, imprevisível e realmente inevitável complexidade humana que necessita ser considerada na função. Os gerentes de produto que contam muito com melhores práticas se tornam profundamente apáticos em relação às pessoas com quem trabalham e, por vezes, até com o produto no qual trabalham. Quaisquer pessoas e coisas sem conformidade com as melhores práticas se tornam uma ameaça à abordagem universal que eles esperam que os levará ao sucesso.

As melhores práticas dão a falsa promessa de finais de contos de fada.

Quase todo estudo de caso publicado sobre "melhores práticas" conclui com um equivalente comercial de "e eles viveram felizes para sempre", "e o negócio foi vendido por um zilhão de dólares", "e a empresa ultrapassou sua meta de receita no 4° trimestre em US$700 mil" ou "e a equipe conseguiu 100% de adoção de uma estrutura Ágil em escala". Mas, nas organizações reais, não há "felizes para sempre". O negócio que foi vendido por um zilhão de dólares pode ser totalmente desmontado pelos novos proprietários, a empresa que ultrapassou sua meta de receita pode sair do negócio em um ano e a equipe que conseguiu 100% de adoção de uma estrutura Ágil em escala pode estar usando a estrutura para entregar recursos totalmente sem valor. A vida continua, a mudança é inevitável e nenhuma "melhor prática" é uma correção permanente.

O pensamento mágico em torno das melhores práticas leva inevitavelmente à tristeza e ao desapontamento.

Conversas iniciais sobre melhores práticas costumam estar cheias de otimismo e esperança. Porém, conforme essas práticas se deparam inevitavelmente com os hábitos e os ritmos existentes de uma organização, isso dá lugar ao fatalismo e à frustração. Por que as melhores práticas não funcionam conosco? De quem é a falha? Quem não *entendeu*? Em geral, essas perguntas terminam com uma conclusão sombria e bem inútil como "Nossa organização é hierárquica demais para ser boa na gestão de produto" ou "O resto da organização não nos deu o suporte necessário para fazer as mudanças". As mesmas coisas que tornam uma organização única acabam sendo vistas como impedimentos inevitáveis para mudar, em vez de orientar os meios pelos quais a mudança é implementada.

Nada disso significa que conversas sobre melhores práticas devam ser evitadas, afinal, este livro está repleto delas! Mas é importante lembrar que muitos fatores entram nas histórias de sucesso invejáveis de qualquer empresa, incluindo (mas não se limitando a) seus processos, pessoas e uma enorme sorte grande e momento certo. Vejamos algumas coisas importantes para lembrar ao aprender e comunicar as melhores práticas, garantindo que se tornem recursos valiosos, não promessas quebradas.

Não Acredite no Hype

Por vezes, quando estou respondendo a uma série de perguntas sobre como a Empresa X consegue ser tão boa na gestão de produto, peço que as pessoas façam um exercício simples:

Passe cinco minutos usando o produto da Empresa X e anote todos os problemas dele que parecem óbvios para você, aqueles que você gostaria de corrigir no primeiro dia, caso acabasse trabalhando nela.

As próximas palavras que ouço normalmente são "Posso ter mais cinco minutos?" ou, se faço o exercício pessoalmente, "Você tem mais papel?" O objetivo aqui não é deixar as pessoas se sentindo desiludidas e derrotadas, ou mesmo sugerir que as empresas "de primeira linha" não veem as falhas óbvias em seus produtos. Ao contrário, é lembrar às pessoas que *toda* empresa tem suas próprias lutas políticas, restrições de recursos e desafios de logística. Não importa quantas histórias você ouviu sobre gerentes de produto no Google ficando presos em um ciclo de aprovações constante com lanches de graça junto aos seus colegas desenvolvedores ou como os gerentes de produto no Facebook têm liberdade para *literalmente enviar qualquer alteração de código para um bilhão de usuários sempre que sentem vontade porque as startups, caaaara*, os desafios diários que os gerentes de produto nessas organizações enfrentam provavelmente lembram muito os desafios diários que os gerentes de produto enfrentam em sua organização.

Para ser franco, a maioria dos estudos de caso sobre empresas "de primeira linha" é propaganda para recrutar. As empresas que competem por produto ou talento da engenharia têm poucos motivos para pintarem um quadro preciso das situações de seu local de trabalho, o que dirá com uma remota inclinação negativa. Se você deseja ter uma compreensão mais sutil e real de como as pessoas percorrem as "melhores práticas", converse com os gerentes de produto profissionais em sua rede. É possível que as histórias deles se alinhem muito mais com os desafios que você enfrenta em sua organização, e certamente fornecerão mais informações para as inconveniências e as limitações em potencial das ferramentas e das técnicas escolhidas por eles.

Priorizando o Produto, a Equipe e a Saúde Mental Quando a Empresa "Faz do Jeito Errado"

Rachel Dixon
Diretora de produto, empresa de mídia

No início da carreira, tive o prazer de participar de uma equipe de produto distribuído que tinha muita confiança e alta colaboração. Compartilhávamos as responsabilidades, trabalhávamos juntos para resolver os problemas e conseguíamos nos comunicar com abertura e dizer coisas como "Esse requisito ainda não está bem claro" sem culpas nem recriminações. Nós nos sentíamos empoderados e autônomos, e eu sentia que era uma gerente de produto de verdade.

Quando fui para uma função parecida em uma empresa diferente, fiquei um pouco horrorizada ao descobrir uma situação muito diferente. Mesmo que compartilhássemos um espaço físico, havia pouca colaboração acontecendo. Os engenheiros eram tratados como porteiros, não como parceiros estratégicos. Usávamos ferramentas diferentes que, segundo minha experiência anterior, eu acreditava muito serem "as ferramentas erradas". Resumindo: estava muito claro para mim que a empresa simplesmente não sabia como fazer o desenvolvimento do produto ou a gestão dele do modo "certo".

Passei muito tempo me estressando com isso e o estresse teve um sério impacto sobre mim. Fiquei muito frustrada, tendo conversas sem fim com a liderança da empresa sobre como as pessoas precisavam fazer grandes mudanças no modo como pensavam sobre o desenvolvimento do produto. Mas, em retrospectiva, nada disso tornou nosso produto melhor ou nossa equipe mais forte. Eu estava passando muito tempo protestando contra a organização geral e quase nada trabalhando nela para fazer o certo por minha equipe e nossos usuários.

Se eu pudesse voltar no tempo e me dar um conselho, seria: "Foque o produto, a equipe e a saúde mental, e não se preocupe muito se a organização está fazendo a gestão de produto 'do jeito certo'." Pode haver ocasiões em sua carreira em que você vai de um ambiente mais empoderado para um mais limitado. Pode haver ocasiões em sua carreira em que você precisará reconstruir por completo a confiança da equipe. E pode haver até ocasiões nas quais o que parece uma "promoção" no papel realmente é um passo para trás em termos de suas responsabilidades. É natural ficar perdido no lado negativo de vez em quando, mas geralmente é onde a parte sorrateira e divertida da gestão de produto acontece. Tempos depois desses momentos imperfeitos em sua carreira, você verá seu impacto, mesmo quando sentia não estar empoderado para operar em sua total capacidade.

Apaixonando-se pela Realidade

Se estou conversando com a primeira contratação do produto em uma nova startup ou com um gerente de produto sênior em uma multinacional gigante, raramente leva muito tempo para a conversa passar a abordar as muitas formas pelas quais a empresa realmente não está fazendo a gestão de produto do jeito certo ou, em muitos casos, não está *realmente* fazendo a "gestão de produto". Esse tipo de desabafo coletivo pode ajudar os gerentes de produto a reconhecer que toda empresa tem suas próprias lutas, mas também pode desviar-se para uma indignação ofendida e paralisante. Afinal, se a empresa nem sabe o que é gestão de produto, por que tentar fazer isso? É muito raro que as "melhores práticas" vençam as melhores desculpas e não há uma desculpa melhor do que "Minha empresa *simplesmente não entende*".

A verdade é que todas as organizações têm algumas restrições fixas dentro das quais trabalhar. Essas restrições podem derivar do modelo do negócio, da escala ou atitudes e experiências de seus líderes. E quanto antes você reconhecer e entender essas restrições, mais cedo poderá fazer seu melhor trabalho dentro delas. Reconhecer que as restrições fixas de determinada organização provavelmente não mudarão ou, ao menos, que provavelmente *você* não as mudará, permite focar de novo sua atenção em todas as coisas que você e sua equipe *podem* fazer para entregar valor aos usuários. Penso nesse processo como "apaixonar-se pela realidade".

Considere a seguinte metáfora visual que acho útil (Figura 7-1): imagine sua organização com piso e teto. O teto pode não ser tão alto quanto você gostaria. Pode fazer com que sinta claustrofobia e desconforto. Às vezes, talvez você sinta estar se contorcendo para fazer coisas que deveriam ser fáceis. Então decide focar seus esforços em elevar o teto para ter um pouco mais de espaço para esticar as pernas e fazer seu melhor trabalho. Você começa a *pressionar* sua organização para fazer o produto do "jeito certo", até seus braços doerem e você ficar profundamente exausto.

Qual o problema nessa imagem? Toda a energia gasta elevando o teto é uma energia que você *não* aplica para entregar valor a seus usuários. Embora o teto baixo possa muito bem significar que você não consegue entregar tanto valor com a rapidez e eficiência que gostaria, é possível que haja espaço para entregar muito *mais* valor antes de você ficar totalmente encurralado.

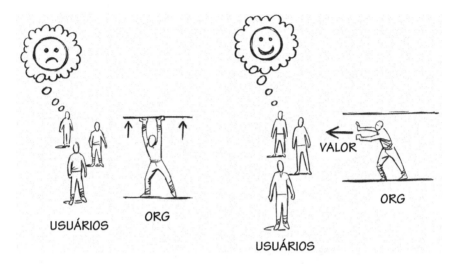

Figura 7-1. Empurrar o simbólico teto da organização versus trabalhar embaixo dele para entregar valor para os usuários. Qual tem mais probabilidade de entregar resultados positivos?

Nada disso significa que nunca vale a pena desafiar os limites de sua organização ou que as restrições e as limitações devam ser aceitas sem críticas. Contudo, por experiência própria, o melhor caminho para começar a expandir as restrições e as limitações é fazer *o melhor trabalho possível* dentro delas. Quando você esbarrar de forma consistente nos limites do que consegue realizar em nome de seu negócio e dos usuários, estará em uma posição muito melhor de ajudar os outros a entenderem e questionarem esses limites.

E eis a melhor parte: assim que você se apaixonar pela realidade, o trabalho da gestão de produto se tornará *muito mais fácil*. Ao desistir da ideia de que há uma gestão de produto "perfeita" ou mesmo uma gestão de produto "certa", você começa a focar como faz a gestão de produto com eficácia dentro de seu próprio contexto e restrições únicos (e sim, sempre há restrições).

Estruturas e Modelos como Ficções Úteis

No início de minha carreira com produtos (inclusive algumas vezes na primeira edição deste livro), vi que estava descartando direto algumas ferramentas fundamentais, estruturas e conceitos da gestão de produto como sendo abstratos, teóricos e inadequados demais para as realidades da função. Quanto mais me apaixonava pela realidade da gestão de produto, menos paciência tinha por qualquer coisa que parecesse uma simplificação excessiva dessa realidade. Quando as pessoas me perguntavam sobre as ferramentas comuns da gestão de produto, como quadros do modelo de negócio, respondia com um rápido: "Sei, quando foi a última vez que um gerente de produto profissional realmente usou um 'quadro do modelo de negócios'* para propor um novo modelo de negócio do zero?" Então eu me cumprimentava e seguia com meu dia.

Em retrospectiva, era um jeito próprio de atitude defensiva que não me ajudou a ser um gerente de produto, coach ou líder melhor. Com certeza, nenhum gerente de produto profissional que conheço já usou um quadro do modelo de negócio para inventar totalmente um novo produto do zero em uma organização real. Mas muitos gerentes que conheço *usaram* as ideias de tal quadro para focar e aprimorar seu pensamento antes de uma sessão de ideação do produto. Do mesmo modo, nenhum gerente de produto profissional que conheço me disse que a organização dele adota uma abordagem tradicional perfeita para um "produto viável mínimo" [ou seja, que tem atributos e funcionalidades mínimas], um conceito central no livro de Eric Ries, *A Startup Enxuta*, que se tornou presente no mundo do desenvolvimento de produto. Mas muitos me *disseram* que a conversa gira em torno de o "produto viável mínimo" ter ajudado a organização a fazer algumas perguntas realmente importantes sobre com que frequência eles aprendem com seus clientes e como definem o "feito o bastante".

Recentemente, achei útil pensar sobre a maioria das estruturas e dos modelos da gestão de produto como *ficções úteis*, com uma ênfase igualmente generosa nas duas palavras. O conceito de "ficções úteis" vem da escola filosófica do ficcionalismo, definido na Wikipédia [https://oreil.ly/JpDZ8, conteúdo em inglês] como a crença de que "as declarações que parecem ser uma descrição do mundo não devem ser interpretadas como tal, mas entendidas como casos de 'faz de conta', fingindo tratar algo como literalmente verdadeiro (uma 'ficção útil')." Você pode ler mais sobre o conceito do ficcionalismo na Stanford Encyclopedia of Philosophy [https://oreil.ly/mazeG, conteúdo em inglês].

Com essa estrutura em mente, é possível não ter que perguntar: "Esta estrutura ou modelo é uma representação precisa do trabalho diário da gestão de produto?" (Alerta de spoiler: a resposta sempre será alguma versão de "Talvez, tipo isso".) Ao contrário, você pode começar entendendo que *qualquer* modelo ou estrutura é necessariamente um trabalho de ficção e, então, perguntar: "O que dessa ficção pode ser útil para *mim*?" Essa pergunta me ajudou a ter uma

---

* Trata-se do "Business Model Canvas", uma ferramenta de gerenciamento estratégico. [N. da RT]

relação mais aberta e produtiva com algumas estruturas e modelos da gestão de produto que eu já tinha ignorado automaticamente. Por exemplo, acho a ficção das "estruturas do ciclo de vida do produto" muitíssimo útil para facilitar uma conversa muitas vezes difícil sobre quais produtos e recursos não atendem mais suas metas e devem ser reavaliados fundamentalmente.

As ficções úteis podem nos ajudar a avançar quando a ambiguidade e a complexidade da gestão de produto se tornam esmagadoras. E reconhecer que são de fato *ficções* nos ajuda a adaptar as "melhores práticas" para atender certas necessidades de nossas equipes e organizações.

Escalando e Sistematizando Pequenos Passos para Ter um Grande Impacto

Jared Yee
Gerente de produto, órgão público

Uma das coisas mais importantes que aprendi fazendo a gestão de produto nas funções em setores privado e público é que sempre há um espaço de manobra para melhorar como você trabalha, mesmo que em uma organização que não faz a gestão de produto "tradicional". E quando você orienta seus colegas com paciência e generosidade, eles começam a entender que sempre existe um passo para frente e um passo para trás seguros se surgirem desafios imprevistos.

Em um contexto público, não é possível ter uma situação em que uma pessoa sai e a coisa toda desmorona. A questão não é ser o herói visionário que traz inovação para o governo, mas encontrar meios de escalar e sistematizar cada oportunidade para o governo atender melhor seus eleitores. **Nesse sentido, passos pequenos e aparentemente óbvios podem, de fato, ter um impacto enorme.** Por vezes, é tão simples quanto criar um sistema de gestão de conteúdo padronizado que vários órgãos públicos possam usar. Em outras ocasiões, é tão direto quanto trabalhar com terceirizados para aplicar um conjunto simples de princípios de design. Sempre há uma concessão entre velocidade e escala, e, embora o trabalho público possa obrigá-lo a ir mais devagar, com passos de bebê, esses passos podem ter um impacto significativo na vida de muitas pessoas.

Algumas pessoas que trabalham com produto verão o órgão público e dirão: "Estão fazendo errado! Não estão empoderando as equipes! Ainda estão usando a metodologia Waterfall!" [ou "Em Cascata", conceito tradicional baseado em etapas predeterminadas]. Mas caso seu objetivo maior seja criar uma tecnologia que realmente ajuda as pessoas, então vale muito a pena percorrer esses desafios operacionais. Nem sempre você consegue fazer as coisas exatamente como gostaria, mas as coisas que *consegue* fazer têm um impacto significativo e duradouro na vida das pessoas.

Você Está Aqui

Dependendo da equipe e da organização, talvez você esteja trabalhando em um processo de desenvolvimento de produto bem compreendido e documentado, repleto de "melhores práticas" ou talvez esteja começando do zero. Ou pode *achar* que está começando do zero. De muitos modos, a falta de processo formal é muito de um processo por si só. Equipes com zero estrutura formal costumam resistir a mudanças pelo mesmo motivo que as equipes com *muita* estrutura formal: elas se acostumaram a fazer as coisas de certo modo e não querem algo perturbando o status quo.

Independentemente de se você trabalha em uma organização com um processo de desenvolvimento de produto formal ou uma que usa um sistema específico, sempre acho útil reservar um tempo para sentar e mapear como os produtos são desenvolvidos em sua organização no momento. Como vocês decidem no que trabalhar em seguida? Como estimam quanto tempo algo levará? Como dividem algo no roadmap [roteiro] em tarefas reais que podem ser concluídas? E como sabem quando algo está *terminado*?

Muitas vezes, pedi para pessoas com quem trabalho para pegarem caneta e papel e *desenharem* literalmente como funciona atualmente o processo de desenvolvimento de produto delas. Esses desenhos (Figura 7-2) podem revelar observações profundas e sem filtro que seriam mais difíceis de expressar com palavras, como um rosto com raiva representando um executivo, uma grande lacuna entre o engenheiro e o designer ou a ausência notável de qualquer usuário ou cliente. Se você, como eu, tem medo de pegar uma caneta para fazer qualquer coisa diferente de rabiscar algumas palavras incompreensíveis em uma página, recomendo o excelente livro *Pencil Me In* [sem publicação no Brasil], de Christina Wodtke.

Mesmo que sua organização não tenha um processo formal, criar alguma representação visual ou textual da maneira como vocês trabalham juntos ajudará a comunicar para a equipe que há, de fato, um modo de como as coisas estão sendo feitas no momento, facilitando a avaliação de como a abordagem atual ajuda ou não a atingir suas metas. Você nunca deve fazer nenhuma alteração no processo sem ter uma ideia clara de onde está e para onde vai.

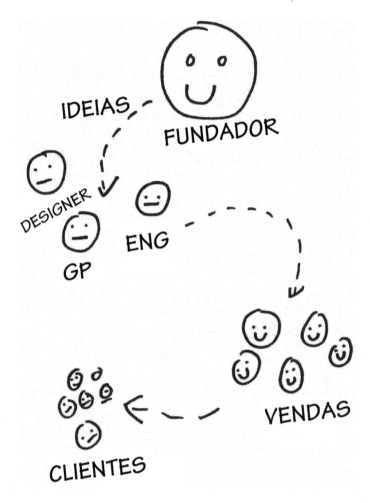

Figura 7-2. Um desenho fictício de como uma equipe de produto "sem processo" trabalha junta, desenhada pela mão muito amadora do autor. O que você consegue deduzir dessa obra-prima visual?

Para Quem Você Está Resolvendo?

Se você deseja "melhores práticas" para entregar resultados reais, sempre é melhor começar com as necessidades e as metas específicas de sua organização e, *então*, considerar as práticas que poderiam ajudá-lo a atingir essas metas. Na falta dessa abordagem, você corre um grande risco de implementar uma mudança que é mal compreendida, atendida com ceticismo e resistência e, enfim, destinada ao fracasso.

É claro que entender um conjunto complexo de problemas humanos leva tempo e, quando os gerentes de produto sentem pressão para "demonstrar resultados" rápido, há uma infeliz tendência de correr para adotar e implantar ferramentas e estruturas. Em um excelente artigo de Ken Norton chamado "The Tools Don't Matter" [As ferramentas não importam, em tradução livre; disponível em https://oreil.ly/PUblu, conteúdo em inglês], que muitas vezes brinquei dizendo que seria uma tatuagem grande e perfeita, no qual o autor recomenda algumas perguntas para mudar a conversa de ferramentas e estruturas para as questões humanas inerentes:

- "Quais ferramentas você recomenda para os roteiros?" → "Como comunica o que está por vir para públicos internos e externos?"
- "Qual ferramenta você usa para as visões do produto?" → "Como motiva a equipe em torno de uma visão de futuro compartilhada?"
- "Qual é a melhor ferramenta para rastrear os OKRs? [Objetivos e Resultados-chave na sigla em inglês]" → "Como você decide e comunica o que é importante ou não para a empresa?"
- "Qual você recomenda: Scrum ou Kanban?**" → "Como decide o que criar ou não?"
- "Pode recomendar uma ferramenta de modelo para compartilhar os conceitos?" → "Como você comunica as ideias iniciais do produto?"

Ao trabalhar com equipes e organizações para entender melhor seus desafios e oportunidades únicos, achei útil começar com exemplos específicos de como essas perguntas foram respondidas antes. Por exemplo, todos em certa equipe podem ter opiniões fortes sobre como *devem* decidir o que criar ou não. Mas quando você pergunta "Como vocês decidiram o que criar ou não *durante a última reunião de planejamento*", é muito provável que descubra problemas reais que afetam a capacidade da equipe em cumprir suas metas.

"Mas Funcionou no Último Local!"

Conforme os gerentes de produto passam por diferentes organizações, eles tendem a acumular suas próprias "melhores práticas" das antigas empresas. Muitas vezes, essas práticas são as histórias que eles contam nas entrevistas

---

** Scrum: versão mais comum do Ágil, é um método interativo e incremental no desenvolvimento de produto; Kanban: versão do Ágil para desenvolvimento de produto just in time. [N. da RT]

de emprego: "Implementamos este novo processo Ágil e conseguimos atingir todas as metas de lançamento do ano seguinte" ou "Começamos definindo metas trimestrais rigorosas e conseguimos aumentar a receita mais rápido que as projeções". Quando um gerente de produto inicia em uma nova organização, em geral ele traz consigo a expectativa de que o que deu certo da última vez também funcionará no novo local.

Essa expectativa esconde a realidade de que qualquer "melhor prática" terá sucesso ou falhará por motivos que são únicos da organização na qual são implementadas. Há chances de que haja muita tentativa e erro ao levar essas melhores práticas para um lugar onde poderiam até ser descritas como tais no primeiro local. E, gostando ou não, o mesmo processo de tentativa e erro, testando e aprendendo, falhando e ajustando precisa acontecer em *toda* a organização.

Um dos maiores erros que vi gerentes de produto cometerem é aparecer e tentar imediatamente fazer a nova organização trabalhar exatamente como a última organização deles. Eles implementam tantas mudanças de uma só vez que fica impossível observar e medir o efeito de cada uma individualmente. E, no conjunto, todas essas mudanças novas e grandes criam problemas novos e grandes.

Por exemplo, pressuponha que você acabou de ser contratado como vice--presidente de produto para uma equipe distribuída que está tentando ganhar confiança e alinhamento (um desafio sobre o qual você lerá mais no Capítulo 13). Em sua primeira conversa com a CEO no novo trabalho, ela pergunta se você tem ideia de como montar uma equipe de produto distribuída mais saudável e colaborativa. Pensando em sua última organização, você lembra de como uma "reunião do produto" presencial anual ajudou no alinhamento e no companheirismo entre as pessoas acostumadas a se comunicar por chamadas de vídeo e janelas de bate-papo. Ansioso para demonstrar sua grande experiência e causar impacto o mais rápido possível, sugere agendar uma "reunião do produto" parecida para o próximo trimestre. A CEO, que sempre preferiu fazer o planejamento do produto presencialmente e o contratou em grande parte por sua experiência liderando equipes distribuídas, concorda.

Um mês depois, você envia um e-mail divulgando GRANDE REUNIÃO DO PRODUTO DA EMPRESA, que será realizada por uma semana em um hotel chique em um local interessante. Você espera as boas-vindas de um herói da parte dos colegas, que reclamavam sobre falta de alinhamento e burnout desde sua primeira rodada de entrevistas. Para sua grande surpresa, as respostas que recebe variam de silêncio a fúria total. "Obrigado por agendar isso, mas acho que o próximo trimestre será muito movimentado para mim e prefiro ficar de fora se puder." "Este é o melhor uso do nosso orçamento? Pediram para eu dispensar um de meus melhores desenvolvedores no ano passado." "É obrigatório? Sem ofensas, mas aceitei esse trabalho especificamente para não ter que viajar." Algumas pessoas parecem vagamente empolgadas, outras parecem frustradas e a maioria parece confusa e desconfiada. Um executivo de outra parte da organização escreve um e-mail furioso para a CEO perguntando por que o "produto" está tentando consolidar mais o seu poder e influência às custas do marketing e das vendas, ambos já na geladeira para decisões críticas do roteiro. Você começa a ouvir rumores de que tudo é apenas um pretexto para a CEO, que muitas vezes compartilhou sua nostalgia pelos "dias quando todos nós descobríamos coisas em uma sala juntos", reverter a política de "trabalhar de qualquer lugar" da equipe de produto. Para simplificar, a situação é uma grande confusão.

O que deu errado? Você reconheceu um problema, sugeriu uma solução que viu funcionar em outra organização e ofereceu a uma equipe que trabalha demais uma semana de viagem gratuita também! No entanto, entre duas organizações o mesmo sintoma pode ser causado por uma doença muito diferente, e a cura para uma doença pode tornar a outra muito pior. Talvez o problema que essa equipe distribuída em particular está enfrentando não tenha nenhuma relação com a falta de tempo presencial, mas tenha origem em um desalinhamento fundamental das metas e dos incentivos. Pode ser que a cultura de "trabalhar de casa" seja mais nova e frágil aqui do que em sua última organização. Talvez agora você tenha que ter muito cuidado até sobre usar a palavra *produto* sem algumas pessoas na organização ouvindo-a intencionalmente como "não fazer marketing ou vendas".

Se você não reservar um tempo para realmente entender o problema que está tentando resolver, então qualquer melhor prática implementada é um tiro no escuro. Os melhores gerentes de produto sempre param para aprender sobre o que torna uma organização única *antes* de começar a implementar ou mesmo sugerir melhores práticas específicas. E quando tentam implementá-las, começam pequeno e criam de modo incremental. Por outro lado, os piores gerentes de produto em geral acabam culpando seus colegas quando uma enxurrada rápida e furiosa de "melhores práticas" falha em entregar os resultados prometidos. Veja um fato engraçado: os gerentes de produto que ficam frustrados porque "Os idiotas na empresa não entendem como fazer as coisas do jeito certo" são muitas vezes os mesmos que reclamavam sobre os idiotas em sua *última* empresa quando estavam sendo entrevistados. Os gerentes de produto que colocam as melhores práticas abstratas acima das pessoas com quem trabalham tendem a repetir esse padrão inúmeras vezes.

Uma Abordagem Lenta e Constante para Criar o Processo da Equipe

Ashley S.
Diretora da gestão de produto, empresa de tecnologia para publicidade

Quando comecei meu trabalho em uma empresa de tecnologia para publicidade em expansão, estava ansiosa para aplicar as melhores práticas que tinha usado em meu trabalho anterior. Apareci cheia de entusiasmo, pronta para começar logo e transformar um grupo desorganizado de colaboradores individuais de alto desempenho em uma verdadeira equipe de produto de software. Contudo, a equipe não parecia compartilhar minha empolgação. As pessoas reconheciam que tinham muito espaço para melhorar, mas pareciam profundamente céticas quanto às mudanças que eu sugeria, mudanças que eu tinha visto funcionar em outra empresa. Qual era o problema?

Tive muita sorte por ter alguém na minha equipe para se sentar comigo e dizer: "Pense assim: talvez a gente queira começar pequeno, ver o que funciona e, então, seguir desse ponto." Eu travei e me dei conta de que "Puxa, sei que sou melhor que isto". Eu estava com tanto entusiasmo genuíno, querendo melhorar as coisas e estava pronta para implantar tudo que tinha visto funcionar na última empresa. Mas tudo era diferente agora; a equipe era diferente, as necessidades eram diferentes, a comunicação da empresa era diferente.

Em vez de tentar recriar a abordagem que usei no último trabalho, recuei e tentei descobrir onde estavam os problemas de comunicação na nova empresa. Trabalhei com minha equipe para descobrir o que precisava ser corrigido e quais passos poderíamos dar para melhorar as coisas. Introduzimos as mudanças de forma lenta e constante, sempre refinando nossa abordagem com base no que funcionava ou não. Em um sprint, introduzimos "scrums diários" [mais a respeito no Capítulo 8]. No sprint seguinte, ajustamos como fazíamos nossas notas de lançamento. De forma lenta e constante, criamos um processo que ajudou a equipe de produto a colaborar e entregar produtos melhores.

Grande parte de ser gerente de produto é passar pelas partes que você acha que funcionarão e, então, sentir a dor de quando elas não saem como o esperado. Assim que você sabe onde ficam os pontos críticos, pode começar a fazer ajustes. Não significa mudar tudo de uma só vez, e não é forçar uma equipe a trabalhar em certa estrutura nem adotar determinados rituais. **Trata-se realmente de iterar no processo constantemente. Quando não funciona, você descobre o motivo para não ter dado certo e tenta outra coisa. Sempre é um processo para chegar a seu processo.**

Trabalhando com a "Aversão ao Processo"

Como visto antes neste capítulo, realmente não existe algo como "nenhum processo", mas com certeza *existem* pessoas que se autoidentificam como "avessas ao processo" ou, para ser mais específico e generoso, "não muito empolgadas com o processo a ponto de parecer indevidamente pesado ou arbitrário". A sabedoria popular entre os gerentes de produto é que essas pessoas tendem a ser os engenheiros, mas encontrei o mesmo grau geral de aversão ao processo autodeclarada em designers, profissionais de marketing e até outros gerentes de produto.

Na prática, uma aversão ao processo geral ou "processo demais" costuma ser assim: você identifica uma mudança que acha que valeria a pena fazer, propõe a mudança a um grupo de pessoas, e um ou mais membros desse grupo cita(m) uma lista convincente de todos os motivos de sua mudança proposta levar a *coisas terríveis, horríveis* (certa vez propus para minha equipe uma pequena mudança no modo como lidávamos com as solicitações que chegavam dos gerentes de conta, e fui informado que essa mudança certamente resultaria em *nada menos que a total destruição de nossa autonomia e autodeterminação*). Após alguns minutos pleiteando as coisas, você acha mais fácil apenas desistir e se afastar de boa vontade da equipe (espera-se) que fica intacta. Talvez você até fique pensando "Bem, eu *tentei* e se as pessoas na equipe não querem melhorar as coisas, agora é oficialmente um problema *delas*".

É outra situação em que evitar a defensiva pode levá-lo a resultados muito melhores. Se você começa a "defender" as mudanças do processo propostas daqueles que as "atacariam", está se colocando em uma situação intrinsecamente adversa, uma em que "apenas continuar fazendo o que sempre foi feito" normalmente parece a conclusão mais segura e fácil.

Veja algumas abordagens que usei em meu trabalho para lidar com mais sucesso com pessoas que podem resistir ou atacar automaticamente qualquer mudança no modo como a equipe trabalha junto:

Conte com os mais avessos ao processo como seus primeiros conselheiros e deixe que eles modelem suas ideias.

Se você propõe mudanças no processo para um grupo que envolva um ou mais indivíduos avessos ao processo, está se preparando para um mundo de dor, *a menos que* já tenha conversado com esses indivíduos e os convidado para examinar e modelar suas ideias. Gosto de marcar uma hora com essas pessoas antes de escrever qualquer coisa definitiva ou mesmo me comprometer com qualquer linguagem ou terminologia em particular. Por mais óbvio que possa parecer, dar a oportunidade de alguém modelar a nomenclatura e estruturar uma "melhor prática" pode contribuir muito para ajudá-la a se sentir valorizada e reconhecida.

Reconheça e documente abertamente todas as coisas terríveis e horríveis que poderiam acontecer.

Quando você opera na posição defensiva, seu impulso pode ser desconsiderar os medos e as preocupações dos colegas como alarmistas e sem sentido. Mas quando interage abertamente com esses medos e preocupações, talvez descubra que tem muito a aprender com eles. Afinal, as experiências específicas de seus colegas sempre serão diferentes das suas. É bem possível que alguém com quem você trabalhe tenha visto sua "melhor prática" sair pela culatra por um motivo que você ainda precisa vivenciar, e entender esse motivo será muitíssimo útil para você e a equipe. Nas conversas com os primeiros conselheiros avessos ao processo, muitas vezes compilo uma FAQ de colaboração em que as preocupações da equipe podem ser documentadas e abordadas abertamente.

Estruture tudo como um experimento, não uma certeza.

Um dos modos mais poderosos de redirecionar os medos da equipe em relação às mudanças em seu processo compartilhado é reconhecer que ninguém tem realmente *ideia* do que acontecerá, até que aconteça. Simplesmente dizer "Sim, isso pode acontecer mesmo! Vamos tratar como um experimento e ver como se desenrolará em algumas semanas" pode ajudar as pessoas a se sentirem seguras para experimentar coisas novas. Caso sua equipe trabalhe em um ambiente Ágil e faz uma retrospectiva com regularidade (falaremos mais sobre isso no próximo capítulo), talvez vocês já tenham tempo e espaço reservados para avaliar os resultados desses experimentos juntos.

Foque as coisas que você pode fazer "na próxima vez", em vez de tentar fazer mudanças "desta vez".

Raras são as vezes no mundo do desenvolvimento de produto em que as pessoas não estão estressadas com o prazo, um lançamento de produto próximo ou outra coisa surgindo no horizonte de curto prazo. Por mais tentador que possa ser propor mudanças no processo para um trabalho em andamento — afinal, o que poderá ser mais relevante e impactante do que melhorar como a equipe aborda *o trabalho que está fazendo no momento* — você não irá muito longe quando as pessoas estão lutando para lançar algo. Em geral, acho mais proveitoso expandir o horizonte e começar a pensar sobre como posso propor novas ideias para o *próximo* sprint, lançamento ou projeto.

Quando você parar de ficar na defensiva e contar com a aversão ao processo como parceiro ao lidar com os desafios da equipe, talvez fique surpreso com o quanto podem ser úteis as informações e as experiências dessas pessoas. As exatas preocupações e hipóteses que antes pareciam desafios para seus melhores planos poderão muito bem ajudar a equipe a evitar os erros que você nem pensou em considerar.

A Melhor Coisa Sobre as Melhores Práticas

Há algo particularmente ótimo nas melhores práticas que pode servir como um primeiro passo fundamental para fazer uma mudança positiva na organização: como as melhores práticas costumam vir com a auréola de autoridade de uma organização muito respeitada, é muito mais fácil fazer as pessoas experimentarem. Dizer "Vamos experimentar essa coisa estranha, escrevendo de três a cinco metas para o trimestre, também medindo algumas coisas e chamando as coisas medidas de 'resultados' mesmo que realmente sejam mais como 'indicadores'", provavelmente não o levará muito longe. Mas dizer "Vamos experimentar a estrutura Objetivos e Resultados-chave [OKR], que usamos com muito sucesso no Google" parece bem razoável.

Resumo: Um Lugar para Começar, Não uma Garantia

Apenas lembre-se: as melhores práticas são um lugar para começar, não uma garantia de sucesso. Fique de olho no que funciona para você e no que pode ser melhorado e refinado. E, acima de tudo, tenha os objetivos de qualquer melhor prática usada em mente para que você tenha uma ideia clara do que "funciona" significa em primeiro lugar.

Sua Checklist

- Aborde as melhores práticas como um lugar para começar, não uma solução universal prescritiva.
- Pergunte a si mesmo como certa melhor prática pode ajudar sua equipe a entregar valor para o negócio e usuários, em vez de apenas como ela mudará o modo como vocês trabalham.
- Se estiver curioso sobre como certa empresa aborda a gestão de produto, tente encontrar algumas pessoas que trabalharam de fato nela e pergunte.

- Reserve um tempo para entender bem os objetivos e as necessidades de sua organização antes de correr para implementar qualquer melhor prática em particular.

- Quando encontrar uma estrutura abstrata ou melhor prática, trate-a como uma "ficção útil" e pergunte: "Como essa ficção poderia ser útil para qualquer equipe em particular neste determinado momento?"

- Reformule as perguntas relacionadas à ferramenta e à estrutura como perguntas mais amplas e orientadas a resultados. Então comece com exemplos específicos de como elas foram respondidas recentemente.

- Use uma abordagem "lenta e constante" para implementar as melhores práticas para que possa testar e medir o impacto de cada mudança incremental.

- Evite a tentação de resolver os problemas que parecem mais familiares a você, em oposição aos problemas que têm mais impacto em sua equipe e usuários.

- Conte com pessoas "avessas ao processo" em sua equipe no início, trabalhando com elas para lidar e documentar abertamente medos e preocupações.

- Aborde qualquer melhor prática nova como experimentos com tempo limitado, não como mudanças permanentes.

- Expanda o horizonte para focar a mudança no futuro, não para tentar ajustar o trabalho em andamento.

- Utilize o efeito de "auréola organizacional" das melhores práticas para ter adesão ao experimentar coisas novas, mas esteja preparado para ajustar continuamente o curso com base no que funciona ou não.

A Verdade Maravilhosa e Terrível sobre a Metodologia Ágil

Primeiro: um "olá" caloroso e sincero para aqueles que escolheram este livro e vieram direto para este capítulo. Para muitos gerentes de produto, em especial aqueles cuja descrição da função se inclina mais para scrum master ou proprietário do produto ["Owner Product", o representante do cliente na equipe] Ágil, percorrer os pontos mais sutis dos processos Ágeis pode ser a soma total do trabalho de alguém. Há incontáveis livros, manuais e guias passo a passo por aí para implementar a estrutura Ágil de sua escolha, quer essa seja Scrum, XP ou uma estrutura escalada, como SAFe ou LeSS.

Este livro não é um deles. Não importa o quanto você seja ortodoxo, prescritivo e tradicional em sua implementação da metodologia Ágil, não é possível eliminar a complexidade humana da gestão de produto através do processo. Independentemente de quais processos e práticas Ágeis (ou não Ágeis) você escolha implementar, ainda precisará conectar, comunicar e colaborar. A verdade maravilhosa sobre a metodologia Ágil é que ela gira em torno de um conjunto de valores que reforça e fortalece o trabalho conectivo da gestão de produto. A verdade terrível é que o trabalho de implementar esses valores nunca é realmente feito, requerendo constantes reflexão e refinamento.

Este capítulo foca as estratégias e as abordagens que ajudarão a orientá-lo na implementação bem-sucedida de *qualquer* prática, processo e estrutura que possa ficar na ampla faixa da metodologia Ágil. E se você não trabalha para uma equipe ou uma organização que escolheu operar sob essa bandeira, poderá ajudar a trazer algumas das melhores ideias do movimento Ágil para seu ambiente ostensivamente não Ágil.

Desmentindo Três Mitos Comuns sobre a Metodologia Ágil

Nas últimas duas décadas, a palavra *Ágil* deixou de ser uma distinção tática entre os desenvolvedores de software e se transformou em uma parte inevitável do jargão de negócios. Antes de falarmos sobre a história específica da Ágil e de como podemos usar seus valores e princípios centrais em nosso trabalho, vejamos alguns mitos e equívocos comuns sobre a metodologia que encontrei muitas e muitas vezes:

A metodologia Ágil é rígida e prescritiva.

Fato engraçado: a metodologia Ágil não é realmente uma metodologia. Como veremos, Ágil é um *movimento* que iniciou quando pessoas que tiveram que trabalhar juntas em várias estruturas e metodologias de desenvolvimento de software se reuniram para discutir os valores comuns expressos em suas respectivas abordagens. Muitas práticas implementadas sob o pretexto de "aplicar a metodologia Ágil" de fato eram fundamentalmente contra esses valores.

A metodologia Ágil é um modo de fazer mais trabalho, mais rápido.

Em várias ocasiões, participei de reuniões nas quais executivos descreviam a metodologia Ágil como um modo de "aumentar nossa produção" ou "fazer as coisas mais rápido". Se eu pudesse pegar os rostos dos engenheiros experientes durante essas reuniões, ficaria feliz em simplesmente apresentá-los neste capítulo inteiro e encerrar o dia. A metodologia não é uma questão da quantidade ou rapidez do trabalho, mas de trabalhar de modo diferente. Na verdade, seguir os valores essenciais da metodologia Ágil costuma significar ir devagar, pelo menos momentaneamente, para refletir sobre como trabalhamos atualmente e como podemos trabalhar melhor.

A estrutura/abordagem Ágil usada por sua organização determina a forma (e muitas vezes o impacto) de seu trabalho como gerente de produto.

Diferentes metodologias e estruturas Ágeis muitas vezes têm títulos, estruturas de equipe e práticas diárias diferentes. Mas, como vimos no Capítulo 1, nenhum título ou descrição do trabalho pode resolver em definitivo a ambiguidade intrínseca do trabalho com o produto. Embora a estrutura em particular usada possa mudar *como* fazemos nosso trabalho diário, ela não nos exime de forma alguma da responsabilidade de entregar valor para nosso negócio e usuários, mesmo quando, como logo veremos, a empresa parece mais focada em "aplicar a metodologia Ágil do jeito certo" do que em realmente fazer a coisa certa.

Recorrendo ao Manifesto Ágil

O movimento Ágil teve início de fato em 2001, quando um grupo de dezessete desenvolvedores de software se reuniu em uma estação de esqui em Utah para discutir alternativas para os "processos de desenvolvimento de software pesados e baseados em documentação" do dia. O Manifesto Ágil [disponível em https://oreil.ly/hsYOO, conteúdo em inglês] resultante é o seguinte, na íntegra:

> *Estamos descobrindo modos melhores de desenvolver software aplicando-o e ajudando outras pessoas a aplicá-lo. Com esse trabalho chegamos ao valor:*
>
> *Indivíduos e interações acima de processos e ferramentas*
>
> *Trabalhar no software acima de uma documentação completa*
>
> *Colaboração do cliente acima da negociação do contrato*
>
> *Responder à mudança acima de seguir um plano*
>
> *Ou seja, embora haja valor nos itens à direita, valorizamos mais os itens à esquerda.*

Vale a pena lê-lo com calma. Tive que colar isso em minha mesa mais de uma vez quando uma equipe com a qual trabalho começava a explorar os princípios e as práticas Ágeis. Basicamente, a metodologia Ágil não é seguir um conjunto prescritivo de regras; antes, significa planejar e implementar práticas que se alinham com um conjunto de valores. No centro desses valores está a adoção da exclusividade e da complexidade do ser humano. Valorizar realmente os indivíduos significa ver além dos títulos e dos gráficos organizacionais para entender as pessoas reais com quem você trabalha. Processos e ferramentas podem ajudar a facilitar a conexão com essas pessoas, mas não podem *substituí-la*.

Também vale a pena notar que o preâmbulo do Manifesto Ágil afirma enfaticamente que seus autores *estão descobrindo* modos melhores de desenvolver software, não que eles *já descobriram* esses modos e agora estão pensando em compartilhar conosco, almas menos evoluídas. Em um sentido bem real, todos nós que desenvolvemos software e ajudamos outras pessoas a fazê-lo (com o último sendo uma definição bem concreta de *gestão de produto*) somos participantes ativos no processo de descobrir meios novos e melhores de trabalhar, não recipientes passivos de um texto sagrado sonhado em um fim de semana na estação de esqui duas décadas atrás.

Do Manifesto ao Monstro

As pessoas que passaram muito tempo navegando o mundo do desenvolvimento de software Ágil e da "transformação comercial Ágil" podem notar a ironia da chamada explícita do Manifesto Ágil para valorizar "indivíduos e interações acima de processos e ferramentas". Nos anos desde a assinatura do Manifesto Ágil, o ecossistema Ágil se transformou em um vertiginoso turbilhão lovecraftiano de estruturas, práticas, ferramentas e certificações. Essa ironia não se perdeu nas muitas pessoas que realmente escreveram o Manifesto. Voltando a 2015, o signatário do Manifesto, Andy Hunt, escreveu no blog "The Failure of Agile" [disponível em https://oreil.ly/HuwWb, conteúdo em inglês], estabelecendo sua perspectiva sobre como um conjunto de ideias inspiradoras se tornou uma ideologia prescritiva que viola fundamentalmente seus próprios valores essenciais:

> Nos quatorze anos desde [o Manifesto Ágil], ficamos perdidos. A palavra "ágil" se tornou um slogan; sem sentido na melhor das hipóteses e nacionalista na pior. Temos inúmeras pessoas fazendo uma "metodologia ágil flácida", uma tentativa hesitante de seguir poucas práticas de desenvolvimento de software escolhidas, e mal. Temos um monte de fanáticos pelo ágil eloquentes — segundo a definição de que um fanático é alguém que redobra seu esforço após ter esquecido seu objetivo. E pior ainda, os métodos ágeis em si não eram ágeis. Que ironia.

Hunt continua descrevendo por que sente que a metodologia Ágil foi tão mal interpretada:

> Os métodos Ágeis pedem que os praticantes pensem, e para ser franco, isso é difícil de vender. É bem mais confortável simplesmente seguir as regras dadas e declarar que você está "aplicando as normas". É fácil, evita o ridículo ou a recriminação; você não será demitido por isso. Embora possamos condenar publicamente os limites estreitos de um conjunto de regras, existe segurança e conforto nelas. Mas, claro, ser ágil, ou eficaz, não significa conforto.

Minha intenção em compartilhar isso não é insistir que "eu gostei mais do primeiro álbum da Metodologia Ágil", mas notar que até as pessoas que propuseram essa coisa têm muita consciência de que simplesmente "aplicar a metodologia Ágil" não é nenhuma garantia de sucesso. De novo, voltamos ao nosso primeiro princípio orientador: clareza acima de conforto. Sempre vale a pena lembrar que clareza não significa certeza absoluta e inabalável. Conseguir e manter a clareza é um trabalho contínuo, difícil e, por vezes, profundamente desconfortável. No máximo, a metodologia Ágil fornece um modo de valorizar e proteger esse trabalho. Mas não nos levará muito longe se recorremos a ela apenas para ter certeza, absolutismo, para "o jeito certo de fazer as coisas", sem levar as pessoas específicas envolvidas em consideração.

Redescobrindo a "Essência do Ágil" de Alistair Cockburn

A tragédia do "slogan" da metodologia Ágil é que muitas das práticas usadas no desenvolvimento de software Ágil realmente podem nos ajudar a aplicar seus valores declarados. Alistair Cockburn, outro signatário do Manifesto Ágil, respondeu ao que ele chamou de estado "decorado em excesso" do Ágil moderno, separando a totalidade das práticas e dos processos Ágeis em quatro ações em "Heart of Agile" [sem publicação no Brasil; disponível em https://oreil.ly/sUyhQ, conteúdo em inglês]:

- Colaborar
- Entregar
- Refletir
- Melhorar

Cockburn explica como a simplicidade dessas quatro ações fornece um contraponto necessário para o discurso cheio de jargão em torno das práticas Ágeis modernas:

> *O bom dessas quatro palavras é que elas não precisam de muita explicação. Não precisam de muito ensinamento. Com exceção de "Refletir", algo feito muito pouco nos tempos atuais, as outras três são conhecidas pela maioria das pessoas. Você sabe se está fazendo ou não. Então, dizer simplesmente "Colabore. Entregue. Reflita. Melhore" já mostra grande parte do que você precisa dizer e fazer.*

Essas quatro ações são uma ponte entre os valores do Manifesto Ágil e as práticas que vêm com as estruturas e os métodos Ágeis específicos. Elas chegam bem na essência do que torna uma abordagem Ágil verdadeira diferente de outros modos de trabalhar, sendo esses modos ostensivamente chamados de "Ágeis", "Waterfall" ou uma combinação dos dois. E, o mais importante, fornecem um lembrete simples e claro para as equipes avaliarem se realmente estão vivendo segundo os princípios inerentes do movimento Ágil.

Uma das minhas coisas favoritas na metodologia Ágil, e sobre a "Essência do Ágil" de Cockburn em particular, é que ela tem em si o esquema de seu sucesso. Se você reserva um tempo para realmente refletir e melhorar, onde quer que inicie acabará em outro lugar melhor. O maior erro que vi as organizações cometerem ao implementar qualquer processo Ágil é adotar uma abordagem de "tudo ou nada", na qual uma estrutura ou um conjunto de práticas é implementado e, então, declarado um fracasso total quando não funciona perfeitamente de imediato. Se, pelas ações de Cockburn, você não parar e refletir sobre como trabalha e como pode melhorar as coisas que não funcionam, então *qualquer* prática Ágil ficará estagnada, cairá no desespero e acabará fracassando.

Ágil e a "Apropriação do Bom Senso"

A coisa mais reveladora que já li sobre a metodologia Ágil não foi, de fato, sobre ela; antes, foi em um livro sobre a história do charlatanismo na Medicina. No livro *Bad Science* [sem publicação no Brasil], o jornalista Ben Goldacre descreve um conceito que ele chama de "apropriação do bom senso":

> *Você pode se referir a uma intervenção bem normal, como beber um copo de água e fazer um intervalo nos exercícios físicos, mas adicionar absurdos faz com que isso pareça mais técnico e que você pareça mais inteligente. Isso aumenta o efeito placebo, mas você também pode ficar se perguntando se o objetivo principal disso não é algo mais cínico e lucrativo: tornar o bom senso autoral, único e patenteado.*

Em outras palavras, é difícil vender muitos livros falando para as pessoas beberem bastante água e se exercitarem regularmente, e é difícil vender muitas horas de consultoria dizendo para as equipes de produto ajustarem o curso com mais frequência e trabalharem mais de perto.

O mais importante sobre a metodologia Ágil, e o motivo para eu me sentir atraído consistentemente por abordagens simples e claras, como as de Cockburn, é que grande parte do que ela nos pede para fazer é basicamente de bom senso. Você deseja mudar como sua equipe trabalha? Reflita e faça a mudança em conjunto. Quer colocar mais valor nas mãos dos usuários? Entregue um software funcional com mais frequência.

A VERDADE MARAVILHOSA E TERRÍVEL SOBRE A METODOLOGIA ÁGIL | 127

Do mesmo modo, os motivos para a metodologia Ágil *não* funcionar costumam ter mais relação com o bom senso do que com as diferenças complicadas entre as estruturas. Para os executivos acostumados com o controle e a previsibilidade, a noção de "responder à mudança acima de seguir um plano" pode ser assustadora. Para as equipes que desfrutam historicamente do trabalho em grandes projetos com um mínimo de análise diária, os lançamentos frequentes podem parecer algo terrível. São questões do ser humano, e falar com sinceridade e sem dogmas sobre elas sempre será mais proveitoso do que repreender os outros por não "entenderem".

Definindo Expectativas na Transação de Waterfall para Ágil

Noah Harlan
Fundador e sócio, Two Bulls [https://www.twobulls.com]

Antes de adotarmos a metodologia Ágil, trabalhávamos do modo "Waterfall", iniciando cada projeto com planilhas enormes listando cada recurso que pretendíamos criar. Quando criávamos assim, a tendência de nossos clientes era se sentirem ótimos no primeiro dia do projeto. Tudo parecia muito certo e com prazo: "Em quatro meses, teremos o produto e sabemos exatamente como será!" Para alguns produtos maiores, podia até ser um ou dois anos. Mas muita coisa pode mudar em um ou dois anos, ou mesmo em um mês. Os concorrentes mudam, a tecnologia muda, os ambientes regulatórios mudam. A Apple pode lançar uma nova versão de iOS que invalida um produto acabado logo depois de você lançá-lo. O sentimento de conforto e certeza começa a diminuir naturalmente quando você passa a criar produtos no mundo real.

Adotar as práticas Ágeis significou que as conversas iniciais com os clientes tinham que mudar drasticamente. Em vez de negociar quantos recursos poderíamos criar dentro do orçamento do cliente, explicamos para eles que iniciaríamos em certo caminho, controlaríamos nossa velocidade, mostraríamos a eles o trabalho a cada duas semanas e permitiríamos que eles trabalhassem *conosco* na alteração, no acréscimo ou na subtração dos recursos conforme o produto ganhasse forma. Tivemos muitas respostas do tipo: "Sim, mas quanto custa e quando o teremos?" No começo, tentamos responder. Porém, agora que trabalhamos na metodologia Ágil por alguns anos, temos uma ideia muito mais clara do que pode ser conseguido em certo intervalo de tempo e podemos oferecer alguns marcos ao longo do caminho. Com a metodologia, você aprimora e explora constantemente o delta entre sua velocidade estimada e a realidade do trabalho, que é realmente muito mais poderoso do que tentar prever tudo no início (Figura 8-1).

Trabalhando na metodologia Ágil, nossa equipe se sente mais como *sua* equipe. Conforme o projeto avança, fica cada vez mais claro que nossos interesses estão realmente alinhados. Com a metodologia, nosso lucro é maximizado por você ser bem-sucedido e continuar desenvolvendo o produto, ao passo que, no final de um projeto Waterfall, tentamos manter nosso lucro limitando-nos às coisas que podemos espremer, limitando a garantia. **Embora os projetos Waterfall possam fornecer aos clientes uma sensação sedutora de certeza no começo do projeto, eles os levam a um caminho inerentemente adverso.** Trabalhando com a metodologia Ágil, conseguimos colaborar muito mais com nossos clientes e entregar produtos melhores.

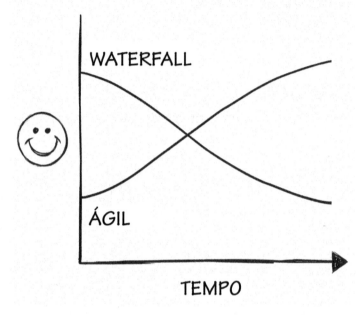

Figura 8-1. Felicidade acima do tempo nos projetos Ágeis e Waterfall

Quando Fazer a Metodologia Ágil "Certa" Piora as Coisas

Dependendo das particularidades da função, um gerente de produto pode ter mais ou menos autoridade direta sobre as estruturas, métodos e práticas Ágeis usados por sua equipe e organização. Mas é essencial se lembrar de que refletir e melhorar as práticas Ágeis é, em si, uma prática Ágil. Mesmo que você se veja como sendo apenas um praticante passivo da metodologia Ágil, verificar se a equipe trabalha bem em conjunto sempre fará parte de seu trabalho.

Por sorte, a maioria das metodologias e das estruturas Ágeis inclui um procedimento para ajudá-lo a fazer exatamente isso: uma "retrospectiva" em que a equipe reflete sobre como trabalha em conjunto e se compromete com as mudanças à frente. Vários livros foram escritos unicamente sobre o tópico de realizar retrospectivas eficientes, e recomendo, como um ponto de partida, o livro *Agile Retrospectives: Making Good Teams Great* [sem publicação no Brasil], de Esther Derby e Diana Larsen.

Em teoria, conversar com sua equipe sobre o que funciona bem ou não deve ser muito simples. Na prática, fiquei surpreso com quantas equipes, inclusive as minhas, nunca se importavam, em primeiro lugar, em debater o que significa "funcionar bem", além de "fazer a coisa Ágil do modo como achamos que devemos fazer a tal coisa". Se você as incorpora ou não em uma retrospectiva formal, acho que as duas perguntas a seguir são um ótimo ponto de partida para qualquer conversa sobre certo procedimento ou ritual da metodologia Ágil em particular:

- Quais são as metas desse procedimento ou ritual Ágil em particular?
- Em uma escala de 1–10, até que ponto consideramos que esse procedimento ou ritual atinge suas metas?

Muitas vezes, implantei o estilo "pôquer scrum" da segunda pergunta, pedindo que todos na equipe escrevessem em particular sua resposta e, então, compartilhassem com o grupo depois de contar até 10. Essa abordagem minimiza o pensamento de grupo e costuma revelar uma faixa de respostas bem alarmante, em especial em torno de rituais como o "scrum diário" ["daily scrum"], uma pequena e curta reunião que pode ser muito mais valiosa para aqueles que recebem informação do que para aqueles que apresentam a informação.

Sem nenhuma surpresa, perguntar "por que" sobre certo ritual Ágil pode ser como abrir uma lata de vermes escorregadios e perturbadores. Certa vez, trabalhei com um gerente de produto em uma financeira que foi informado que sua responsabilidade básica era manter e "cuidar" de um backlog de histórias do usuário (descrições curtas das coisas que a equipe de produto poderia criar para entregar valor para seus usuários). Mas, com o tempo, o gerente de produto começou a suspeitar que o backlog estava se tornando um despejo de ideias velhas, centradas na empresa e totalmente não testadas. Com certeza, a equipe dele, tecnicamente, estava escrevendo as histórias de usuários, mas elas começaram a parecer menos com descrições dos problemas reais do usuário e mais com os planos de projeto de anos de mandato do executivo, dos quais a equipe tentava se afastar.

Após meses de um desconforto crescente, o gerente de produto perguntou à equipe:

— Achamos que o backlog está realmente ajudando a nos deixar centrados no usuário?

Os designers e engenheiros na equipe congelaram. Eles tinham permissão para dizer o que pensavam? Eles podiam questionar o conservadorismo da estrutura Ágil em escala que estavam usando? O gerente de produto era na verdade um agente de polícia? (Ele tem que dizer se é um "tira"!) Sentindo que a equipe precisava ver alguma ação rápida e decisiva, o gerente *destruiu fisicamente* o backlog da equipe e declarou:

— Se não estamos ouvindo de nossos usuários, não quero perder nem mais um segundo pensando nisso aqui.

Reconheço que essas ações extremas nem sempre são possíveis ou aconselháveis. No entanto, criar e proteger o tempo para fazer uma retrospectiva e, às vezes, fazer perguntas provocadoras é essencial se você quer que a equipe tenha uma sensação de real responsabilidade e controle sobre como vocês trabalham juntos. Vi muitos gerentes de produto fazerem uma retrospectiva meia-boca ou omiti-la porque ela não envolve de fato produzir o software. Muitas vezes, isso acontece porque a equipe foi designada para "fazer mais trabalho em menos tempo"; portanto, qualquer coisa que não envolva escrever códigos é vista como ineficiente. Isso pode parecer uma otimização justificável de curto prazo, mas tem sérias ramificações em longo prazo. Sem parar para refletir e refinar o processo, você pode acabar esvaziando o moral da equipe em deferência às cerimônias e aos rituais inventados que acabam entregando zero valor para o negócio e para os usuários.

Quando Fazer a Metodologia Ágil "Errada" Melhora as Coisas

Bem, você percebeu que fazer a metodologia Ágil "padrão" possivelmente leva sua equipe a sair do caminho ou, pelo menos, falhar em entregar por completo com as metas compartilhadas. Parabéns! Sempre que você descobre uma desconexão específica e identificável entre o que *tenta* fazer e o que *realmente acontece*, encontra uma oportunidade para melhorar como a equipe trabalha junto.

Por exemplo, muitas equipes com as quais trabalhei chegaram à conclusão, como o gerente de produto na última história, que as "histórias de usuários" escritas não as convenciam a realmente *falar* ou *aprender* com os usuários.

A VERDADE MARAVILHOSA E TERRÍVEL SOBRE A METODOLOGIA ÁGIL | 131

Equipes diferentes escolheram lidar com essa desconexão de modos variados. Algumas começaram formalmente, exigindo um link com uma entrevista de usuário ou um relatório de pesquisa em cada história de usuário. Outras decidiram que as histórias deveriam ser escritas pela equipe inteira, em conjunto, e imediatamente depois fazer as entrevistas com os usuários (novamente, recomendo o livro *Continuous Discovery Habits,* de Teresa Torres, para saber mais sobre como as equipes de produto podem realizar entrevistas de descoberta juntas). Algumas equipes chegaram à difícil conclusão de que o formato das histórias de usuários não é muito adequado para o trabalho feito atualmente e escolheram capturar o trabalho planejado de outro modo.

Ao mudar as práticas e cerimônias Ágeis da equipe, achei muito útil documentar o motivo por trás da mudança, a natureza da mudança em si e a finalidade pretendida com ela. Recomendo criar um modelo simples para capturar essas mudanças, que podem incluir os seguintes lembretes:

- Estamos fazendo a seguinte prática ou ritual Ágil:
- ... porque achamos que nos ajudaria a atingir as seguintes metas:
- Veja o que realmente aconteceu:
- Então, na próxima iteração de trabalho, mudaremos assim:
- Esperamos que fazer essa mudança nos ajude a atingir nossas metas das seguintes maneiras:

Esse modelo dá uma oportunidade para você vincular as mudanças feitas e as metas alinhadas com a equipe. Também permite controlar explicitamente a diferença entre o que você acha que uma nova prática ou ritual possibilitará e o que acontece quando a implementa. O modelo conta com o fato de que *nenhuma* prática ou ritual Ágil se desdobrará exatamente de acordo com o plano, abrindo espaço para você reavaliar continuamente sua abordagem.

Conforme embarca na jornada de melhoria contínua, talvez acabe mudando coisas que parecem um conservadorismo imutável do desenvolvimento de software Ágil. E está tudo bem. Quase todo gerente de produto com quem trabalhei fez, em algum momento, uma mudança maior nos sacramentos Ágeis, como "scrums diários" ou escrever histórias de usuários. Segundo o princípio orientador de viver na realidade do usuário, nossos usuários não sabem nem se importam se estamos seguindo bem as regras de uma metodologia Ágil ou o quão bem nosso backlog recebe atenção. Se nossos modos de trabalhar não nos ajudam a entregar resultados melhores para os usuários, então não devemos ser obrigados a trabalhar dessa maneira.

Acabando com o Scrum Diário

A. J.
Gerente de produto, startup de análise empresarial

Quando comecei a trabalhar como gerente de produto, não conhecia muito os processos Ágeis. Mas, quando a empresa cresceu, ficou claro que o sistema específico usado para criar os produtos não funcionava muito bem. Peguei alguns livros sobre a metodologia Ágil e Scrum, e procurei alguns desenvolvedores na organização que tinham experiência no desenvolvimento Ágil.

Algo que todo livro e pessoa pareciam concordar era que precisávamos ter uma reunião chamada "scrum diário". Para aqueles que nunca trabalharam com o desenvolvimento de software Ágil, trata-se de uma reunião, em geral no início do dia, em que todos na equipe de desenvolvimento do produto ficam de pé e dizem o que terminaram desde a última reunião, em que estão trabalhando no momento e quais são seus obstáculos atuais. Então, como o primeiro passo para desenvolver um processo Ágil, comecei fazendo essas reuniões diárias com minha equipe.

Essas reuniões não eram... grande coisa. Eram como relatórios de livros do ensino fundamental, com todos de pé e contrariados, lendo uma lista do que foi feito. Um dos desenvolvedores com quem trabalhei começava se referindo ao scrum diário como "O que você fez para a empresa recentemente?". Eu sabia que as reuniões não funcionavam bem, mas não tinha ideia do que fazer a respeito. Todos concordavam sobre a necessidade de "scrums diários" [mais sobre isso no Capítulo 8] para "aplicar a metodologia Ágil". E como um gerente de produto relativamente júnior, certamente não estava em posição de supor que podia fazer melhor.

Havia um desenvolvedor na equipe que sempre parecia bem avesso a essa reunião. Ele chegava tarde, virava os olhos e, em geral, mostrava aborrecimento. Por ironia, foi esse mesmo desenvolvedor que acabou me dando coragem para reavaliar se a reunião funcionava para nossa equipe. Durante uma delas, em certa manhã de segunda-feira particularmente monótona, ele observou que tinha ficado preso em algo "desde a tarde de sexta-feira". O desenvolvedor que tinha causado o bloqueio disse com sinceridade:

— Por que você não me disse?

Ele respondeu:

— Porque é para isso que serve esta reunião.

Essa interação me ajudou a entender que o scrum diário de fato fazia o contrário do que deveria fazer. E mais, me ajudou a entender, em primeiro lugar, que eu nunca tinha parado para falar com minha equipe sobre o que deveria ser feito. **A reunião que deveria ajudar a liberar as pessoas, na verdade tinha dado a elas uma desculpa para ficarem paradas.** Depois de falar com a equipe, decidimos acabar com tais reuniões; se alguém ficasse travado, era função da pessoa ir imediatamente ao chat da equipe e dizer o que a estava atrapalhando. Não era uma metodologia Ágil "tradicional", mas acabou fazendo o que a prática "tradicional" não tinha feito por nossa equipe específica.

A VERDADE MARAVILHOSA E TERRÍVEL SOBRE A METODOLOGIA ÁGIL | 133

Sete Conversas Sobre a Metodologia Ágil que Nunca Quero Ter de Novo

Na última década, perdi horas incontáveis na vida tendo discussões enlouquecedoras sobre a metodologia Ágil com pessoas de olhos tristes em salas de reunião sem janela. Não posso voltar no tempo, mas posso compartilhar essas conversas com você na esperança de que possa encurtá-las e seguir com sua vida:

"Os gerentes de produto que trabalham na [estrutura Ágil] não são gerentes de verdade!"
Conforme cada vez mais empresas vêm adotando as estruturas Ágeis em escala, ouço mais rejeições de gerentes de produto que trabalham nessas estruturas como "gerentes de projeto 'de fachada'", "não fazendo o trabalho estratégico" ou mesmo "não são gerentes de produto *reais*". Odeio isso, não só porque dá aos gerentes de produto uma desculpa para fazerem um trabalho ruim e culparem a estrutura, como também porque vi gerentes de projeto, gerentes de programa e outras pessoas em funções supostamente "não estratégicas" fazendo um trabalho *incrivelmente* valioso, importante e estratégico.

"Não podemos fazer realmente a metodologia Ágil porque somos [um setor regulamentado/uma empresa/uma startup/grandes demais/pequenos demais]."
Um motivo para eu continuar voltando à Essência do Ágil é que ela encurta (espera-se) algumas conversas muitas vezes sem sentido. Mesmo que não possamos fazer a "metodologia Ágil que parece um diagrama Ágil visto na estrutura Ágil da internet", quais oportunidades temos para colaborar, entregar, refletir e melhorar? Se você acredita nos princípios inerentes do movimento Ágil, sempre existe um caminho à frente (pelo que consta, descobri que, por vezes, é mais fácil introduzir esses princípios sem usar a palavra com A, para minimizar a quantidade de bagagem histórica colocada nessas conversas).

"Mesmo que [alguma parte do ritual Ágil que faz parte de uma estrutura Ágil] não funcione para você, não é possível mudar ou você não está mais aplicando [a estrutura Ágil] de fato."
Se um unicórnio perde seu chifre, é só um cavalo? Se um unicórnio alado não consegue voar, ainda é um unicórnio alado? Todas são coisas inventadas, e não sou particularmente simpático a nenhuma sugestão de que uma equipe deva continuar fazendo algo inventado que causa prejuízo no mundo real.

"A metodologia Ágil está desatualizada! Precisamos de um novo Manifesto Ágil. Ou temos que reestruturá-lo como o Manifesto [Sua Palavra Aqui] !"

Acredite, me aprofundei bastante nisso antes (minhas sinceras desculpas se falei muito sobre "O que realmente precisamos é de organizações *elásticas*" mais ou menos em 2018). Mas veja bem: qualquer ideia que se torna popular o bastante para desafiar o status quo acabará sendo acolhida pelo status quo. Se a "próxima coisa" se tornar popular como a metodologia Ágil, voltaremos a dizer que precisamos de *outra* "próxima coisa". Dito isso, dou total apoio para que qualquer equipe ou organização escolha rescrever o Manifesto Ágil para atender suas necessidades específicas ou refletir suas perspectivas únicas. Como você está "desenvolvendo software... e ajudando outras pessoas nisso", é *seu* Manifesto também.

"As certificações Ágeis são bobas e ridículas."

Tenho observado (e infelizmente fui cúmplice de) uma tendência entre tecnólogos de longa data em descartar as certificações e aqueles que as buscam. A ideia de ser "certificado" em um movimento fundamentado em 68 palavras sobre a necessidade de mudança parece um pouco ridícula? Com certeza. Mas as pessoas que buscam certificação tiveram um interesse genuíno e se comprometeram seriamente a aprender algo; é muito difícil ver isso como sendo negativo.

"A metodologia Ágil é a pior! Vamos falar sobre como ela é horrível!"

Pressupor que a metodologia Ágil piora tudo não é mais sutil nem útil do que pressupor que ela melhora tudo. Embora isso não fique evidente no texto deste capítulo, até uma bronca "Ágil fake" perdeu parte de seu brilho para mim nos últimos anos. Quanto menos atribuímos uma positividade ou uma negatividade intrínseca ao conjunto de coisas quase absurdamente amplo chamado "Ágil", mais espaço (e responsabilidade) teremos para realmente fazer tudo isso funcionar.

Sim, o amplo mundo da metodologia Ágil pode ser enorme e levar a debates irritantes, em círculos e sem sentido. No mínimo, espero que você possa reconhecer que esses debates não terão nenhum impacto notável na qualidade do trabalho que sua equipe entrega (ou no mínimo mesmo, espero que você possa fazer uma pergunta concreta sobre unicórnios alados em seu próximo debate sobre os pontos mais delicados dos métodos e das práticas Ágeis).

Resumo: A Ambiguidade Também Mora Aqui

Com todas suas estruturas, métodos e "melhores práticas", a metodologia Ágil pode parecer um modo de trazer padronização para uma função cheia de ambiguidade. Porém, em essência, o *intuito* da metodologia é aprender a respeitar e aceitar a exclusividade — de indivíduos, de interações e das inevitáveis rasteiras que o afastarão dos planos mais bem elaborados, levando ao grande desconhecido.

Sua Checklist

- Evite um jargão vago e enganoso em torno da metodologia Ágil; diga exatamente o que pretende e por que pretende fazer tal coisa.

- Passe um tempo digerindo (e socializando) os valores e os princípios essenciais do movimento Ágil, e lembre-se de que você é um participante ativo ao levar esse movimento adiante.

- Crie e proteja o tempo e o espaço para fazer um retrospecto com a equipe, mesmo — e especialmente! — quando tempo e espaço são difíceis de conseguir.

- Verifique se a equipe discutiu claramente a finalidade por trás de qualquer prática ou ritual Ágil que foi adotada e se ela reflete regularmente o quanto essa prática ou ritual está cumprindo seu objetivo.

- Documente as mudanças do processo junto com suas metas pretendidas para que fique claro o que as pessoas fazem e por quê.

- Não deixe que os rituais Ágeis centrados no usuário sejam um substituto para realmente falar com os usuários.

- Lembre-se de que seguir as regras de uma estrutura Ágil não é garantia de que você entregará valor para seu negócio ou clientes.

- Resista à tentação de buscar clareza absoluta da função e definição em qualquer estrutura Ágil; lembre-se de que o trabalho com o produto sempre envolve passar por certa ambiguidade.

- Desconfie de qualquer declaração de que certa estrutura ou prática é "sempre boa" ou "sempre ruim".

- Se você sente que sua organização está ficando entusiasmada demais com a metodologia Ágil, fique à vontade para imprimir algumas postagens em blogs de pessoas que realmente escreveram o Manifesto Ágil, descrevendo como o fanatismo com o Ágil deturpou o movimento que elas iniciaram.

9

A Droga da Documentação Infinita (e, Sim, Roadmaps [Roteiros] São Documentação)

Muitas das coisas mais impactantes que fazemos como gerentes de produto são também as menos tangíveis. As contribuições mais significativas que fazemos para nossa equipe são muitas vezes um manifesto das más comunicações que resolvemos, as conversas que redirecionamos para nossas metas de alto nível e as concessões táticas que explicamos para a liderança da empresa. Mas nenhuma dessas coisas dá uma resposta rápida, fácil e material para a pergunta que provoca ansiedade e que consideramos no começo deste livro: "O que exatamente *você* fez, afinal?"

É por esse exato motivo que, ao longo da carreira de gestão de produto, passei tanto tempo preparando especificações de produto completas e (espera-se) impressionantes, roteiros e muitos, muitos slides em PowerPoint. Cada documento especial que criei foi algo que eu poderia apontar e dizer: "Veja, eu fiz *esta coisa!*" Mas muito poucos documentos especiais realmente ajudavam minha equipe a atingir suas metas.

Nada disso quer dizer que a documentação é intrinsecamente ruim. Ao contrário: escrever uma boa documentação faz parte essencial do trabalho de um gerente de produto. Para início de conversa, o desafio diário é entender o que exatamente torna a documentação "boa" e reconhecer que "boa" e "impressionante" nem sempre são a mesma coisa. Neste capítulo, veremos como tornar uma documentação mais útil gastando *menos* tempo nela. E começaremos com o chefão da documentação: o roteiro.

"O Gerente de Produto É o Dono do Roteiro!"

Recentemente, tomei um café com um amigo com quem comecei a trabalhar como gerente de produto em uma grande empresa de educação. Algumas semanas antes, ele tinha feito um treinamento para novos gerentes de produto com a intenção de ter mais clareza sobre o que seria esperado dele em sua nova função. Ao ver as responsabilidades de alto nível que os participantes poderiam esperar ter sobre seus ombros, o treinador declarou:

— O gerente de produto é o dono do roteiro.

Meu amigo, cuja vontade de fazer uma pergunta desconfortável atesta sua habilidade como gerente de produto, interrompeu:

— E as funções do gerente de produto em que você não tem o roteiro?

O treinador, muito confuso com a pergunta, respondeu:

— Não. O gerente de produto é o *dono* do roteiro.

Meu amigo parou de pressionar.

Sim, na teoria, o gerente de produto costuma ser o "dono" do roteiro. Mas na prática, essa posse nunca é fácil, absoluta nem incontestável. De fato, os gerentes de produto que buscam uma "posse" absoluta e unilateral do roteiro *como um documento* são exatamente aqueles que se mostram menos eficazes em ajudar sua equipe a entregar o *software* real descrito nesse roteiro.

Veja um exemplo de como isso pode se desenrolar. Você começou a trabalhar recentemente como gerente de produto em uma empresa de software de médio porte e está ansioso para assumir todas as grandes responsabilidades listadas na descrição do trabalho. Então, começa a montar um novo roteiro para a equipe. Sabe que é um momento decisivo para você e está realmente preocupado com o fato de que se deixar muitas pessoas colaborarem com o roteiro, não demonstrará o nível de absoluta responsabilidade que é esperado de você. Assim, toma *muito* cuidado com quem acessa o roteiro como um trabalho em andamento, incorporando lenta e seletivamente sugestões e ideias até ter montado algo que parece... bem, perfeito.

Enfim, chegou a hora de apresentar sua obra-prima. Você reúne a equipe e revela o roteiro belamente formatado e impecavelmente pesquisado que preparou meticulosamente no último mês. Quando termina a apresentação, você está radiante. "Tenho certeza de que este roteiro nos ajudará a atingir, ou até ultrapassar, as metas da equipe no próximo trimestre. Dúvidas?"

Para sua surpresa, você recebe um silêncio tenso e frustrado. Uma das engenheiras na equipe entra na conversa, com um tom cansado na voz:

— Hum, sim, há algumas coisas nesse roteiro que provavelmente levariam mais de um trimestre para criar. Como abordamos isso?

Você faz uma pausa.

— Oh, hum, sim, bem, hum, tenho certeza de que descobriremos como!

Outro silêncio tenso. Outro engenheiro entra na conversa:

— Você conversou com outros gerentes de produto sobre isso? Já consigo ver várias dependências com as quais precisaríamos lidar para entregar isso.

De novo você faz uma pausa.

— Uhhhh... não ainda, mas de novo, tenho certo que descobriremos como!!

Mais um silêncio tenso e algumas sobrancelhas levantadas. Uh-oh.

Nas semanas seguintes, você faz o que pode para ajustar o roteiro com base no feedback da equipe, mas muito dano já foi feito. Você perdeu a credibilidade dos engenheiros que precisam *criar* as coisas que colocou rápido em seu belo documento. E, para piorar ainda mais, agora está na posição de reenviar constantemente seu roteiro para uma equipe cada vez mais cética. Você começa a cair em um padrão tortuoso e exaustivo: apresenta a versão mais recente do roteiro, sua equipe diz por que não funcionará e você volta para a prancheta. Esse ciclo certamente o mantém ocupado, mas, nesse meio tempo, a equipe realmente não está entregando grande coisa.

Os melhores gerentes de produto tratam os roteiros do mesmo modo como tratam toda a documentação: como um início de conversa útil para a equipe, não como um monumento sagrado do trabalho dedicado e importante deles.

Não É o Roteiro, É Como Você o Utiliza

Um dos melhores conselhos que já recebi como gerente de produto foi pensar nos roteiros como um documento de comunicação estratégico, não como um plano rígido para o que será executado e quando. Infelizmente, interpretei mal esse conselho de imediato, achando que *todos já entendiam* que o roteiro não era um plano rígido para o que será executado e quando. Isso me deixou em maus lençóis várias vezes, pois eu tinha que explicar para diversos interessados (variando desde engenheiros a [limpando a garganta] membros do conselho) que o roteiro que tinha fornecido realmente não refletia o que minha equipe de produto planejava criar, mas era um início de conversa útil para ela. Afinal, alguém realmente inteligente me disse que um roteiro não é uma promessa, mas um documento de comunicação estratégico. Ninguém avisou?

Se meu erro ilustra uma lição importante, é esta: sua equipe e sua organização precisam ter uma compreensão explícita e compartilhada do que significa um roteiro e como ele será usado. É uma promessa rígida? Um conjunto de ideias "hipotéticas" de alto nível? Os próximos quatro anos do roteiro do produto são tão inalteráveis quanto os próximos seis meses? A menos que você não tenha tempo e esforço para lidar com essas questões, os roteiros poderão criar mais faltas de comunicação do que resolver.

Veja algumas perguntas orientadoras que ajudam ao começar a criar uma ideia clara de como sua organização pretende usar o roteiro:

- Até que ponto no futuro nosso roteiro deve ir?
- Nosso roteiro diferencia os planos de "curto prazo" e "longo prazo"?
- Quem tem acesso ao roteiro? Está voltado para o cliente? Para o público?
- Com que frequência o roteiro é revisado e por quem?
- Como as mudanças no roteiro são comunicadas e com que frequência?
- O que uma pessoa na organização poderia esperar se visse um recurso no roteiro daqui a três meses?
- O que poderia esperar se visse um recurso no roteiro daqui a um ano?

As respostas para essas perguntas variarão com base no produto, na organização e nos interessados. O mais importante não é como responder, mas se você pergunta e responde a todas elas.

Um passo útil que vi muitas equipes darem é escrever um "leiame do roteiro", que serve como a primeira página de qualquer documento de roteiro que percorre a organização. Esse "leiame do roteiro" lida com as perguntas listadas acima e ajuda os interessados a compreenderem melhor o que esperar do roteiro e como ele será usado. Muitas vezes, peço que as equipes criem esse "leia-me" *antes* de começarem a trabalhar no roteiro em si para que o formato e o conteúdo possam ser ajustados ao uso pretendido.

Indo de 0 a 1 com os Roteiros Organizacionais

Josh W.
Executivo de produto, startup de tecnologia de publicidade

Quando comecei a trabalhar como líder de produto em uma empresa de tecnologia de publicidade, não tínhamos um roteiro. Eu sabia que precisávamos de um, mas também sabia que o roteiro pode ser um documento muito perigoso. Tinha trabalhado antes com vendas e sabia que, quando os vendedores júnior têm acesso a um roteiro, eles o utilizam para vender. Isso não é ruim de forma alguma, eles *devem* usar tudo que podem para vender. Mas em uma organização que nunca tinha usado um roteiro antes, havia um perigo significativo associado aos vendedores enxergarem o roteiro como um conjunto de promessas quando ainda estávamos descobrindo como deveria ser o documento.

Então, a primeira coisa que fiz foi perguntar se eu poderia fazer uma apresentação sobre "pensar como uma pessoa do produto" para a equipe de vendas fora da empresa. Sei que as vendas externas podem parecer um pesadelo para muitas pessoas do produto, mas são essas situações que realmente dão uma oportunidade para se relacionar com pessoas fora do seu papel ou função. Em vez de tentar lhes dizer que o modo como abordavam as coisas está errado, queria ajudá-los a entender por que as pessoas do produto podem parecer frustradas quando as solicitações vêm das vendas. Queria assegurar que soubessem em que ponto estava a equipe do produto e por que o roteiro no qual trabalhávamos era um trabalho em andamento, não uma série de promessas.

Quando finalmente criamos um roteiro, e é claro que o primeiro foi confuso, eu tive muita certeza de que o título seria "VERSÃO 0". Sempre uso versões bem visíveis para comunicar quando algo é um trabalho em andamento, e quase tudo é assim. Quando compartilhei esse documento com o diretor de vendas, comuniquei muito claramente que o documento não seria usado pelos vendedores como um conjunto de promessas. Fiz com que ele se responsabilizasse por gerenciar como o documento era comunicado para sua equipe e por quaisquer problemas que surgissem caso fosse usado incorretamente. Isso ajudou a garantir que os vendedores soubessem que eles seriam diretamente responsabilizados por seu gerente se usassem o roteiro de modo errado. Como alguém do lado do produto, eu não tinha autoridade direta, mas o diretor de vendas certamente tinha.

Todo trimestre eu me reunia com a equipe da liderança e fazia uma retrospectiva sobre o roteiro em si e como o estávamos usando. No terceiro trimestre, todos podiam ver claramente o valor de ter um roteiro e que tínhamos avançado muito na compreensão de qual informação dele precisávamos e qual eram estranhas ou equivocadas. **Não acho que teríamos conseguido se não tivéssemos reservado um tempo para fazer uma verdadeira retrospectiva não só do roteiro em si, mas também de como e por que o estávamos usando.**

O Gantt Sempre Mostra O que Você Deseja

Um Gráfico de Gantt é uma forma de visualização dos dados que usa linhas horizontais para representar a quantidade de trabalho entregue (ou a ser entregue) em um período. Em algum momento em sua carreira, é certo que você lerá um artigo que mostrará exatamente por que um gráfico de Gantt é o *pior modo possível* de entregar um roteiro do produto. Você examinará opções muito melhores, inclusive roteiros baseados em resultados e no espaço do problema. Você apresentará um caso com paixão explicando por que os gráficos de Gantt criam uma falsa noção de certeza e limitam a capacidade da equipe de ajustar o curso e priorizar os resultados acima da produção (veremos mais sobre isso no próximo capítulo).

No entanto, é quase certo você acabar entregando um roteiro que lembra muito um gráfico de Gantt.

Digo isso não para tirar o crédito das opções muito melhores nem para desencorajar os gerentes de produto quanto a apresentar casos com paixão. Contudo, a maioria das pessoas em grande parte das organizações está acostumada a ver as informações dispostas em um gráfico de Gantt, e é possível que você tenha mais sucesso tentando criar gráficos de Gantt *melhores* do que tentando convencer as pessoas a abandoná-los. Pode haver motivos perfeitamente válidos — como verba publicitária que requer meses de planejamento antecipado — para seus envolvidos em particular precisarem de uma ideia geral de quais recursos exatos serão entregues em quais datas exatas. Faça o melhor para entender os motivos, seja direto e não tenha medo de comunicar coisas que possam ser incertas ou sujeitas a alterações.

Para ter um guia completo e visualmente interessante para fazer os roteiros funcionarem para você e sua equipe, recomendo o livro *Product Roadmaps Relaunched* [sem publicação no Brasil], de C. Todd Lombardo, Bruce McCarthy, Evan Ryan e Michael Connors.

A Especificação do Produto Não É o Produto

Cada produto e recurso no roteiro provavelmente será registrado em um ou mais documentos conhecidos como especificações do produto. Esses documentos ajudam a estruturar, facilitar e priorizar a criação do seu produto. Mas *eles não são o produto*. Até sua equipe de fato criar algo, a especificação do produto entrega absolutamente zero valor para os usuários.

A DROGA DA DOCUMENTAÇÃO INFINITA (E, SIM, ROADMAPS [ROTEIROS] SÃO DOCUMENTAÇÃO) | 143

Gerentes de produto ruins consideram essas especificações como oportunidades para exibir seus pontos fortes individuais e expertise. Tais especificações tentam responder toda possível pergunta e abordam todo possível detalhe da implementação — *tudo* sem nenhuma informação da equipe. Esses gerentes esperam que as pessoas que criam o produto sigam em frente e *executem* a especificação perfeitamente montada sem questionar muito ou fazer muita confusão. E não falha: os produtos ficam piores e, como consequência, os usuários são prejudicados.

Os bons gerentes de produto consideram as especificações do produto como um modo de captar e sintetizar os pontos fortes e expertise compartilhados de sua equipe. Suas especificações costumam ser trabalhos confusos, em andamento e cheios de perguntas não respondidas que eles podem desenvolver mediante estreita colaboração com seus colegas. Eles asseguram que as pessoas que criam o produto estejam envolvidas e investidas em como e por que o produto é criado. Se alguém questiona a especificação do produto, vê isso como uma oportunidade para melhorar o produto, não como um ataque pessoal.

Assim que os gerentes de produto percebem que as especificações não precisam ser perfeitas, conseguem se concentrar mais em torná-las úteis e, em alguns casos, até *lúdicas*. Jenny Gibson, uma líder de produto fenomenal com quem tive o prazer de trabalhar nos últimos anos, pede à sua equipe para descrever as versões "Yugo," "Toyota" e "Lamborghini" de cada produto ou recurso proposto. Li muitas especificações do produto, e posso dizer com confiança que essas são mais esclarecedoras que a maioria (é possível aprender muito comparando e contrastando várias soluções para o mesmo problema) *e* mais divertidas também.

Assim como as especificações do produto não são o produto, lembre-se de que as "histórias dos usuários" não são os usuários. Como vimos no Capítulo 8, apenas escrever as coisas que você planeja criar em um formato ostensivamente centrado no usuário não significa que está criando algo que seus usuários querem ou precisam. Se você não tem certeza sobre os objetivos do usuário, ou o que seus usuários querem *fazer* para atingir essas metas, leve essas questões para a equipe e conversem juntos sobre elas.

Ramificações Inesperadas da Especificação do Produto Complexa

Jonathan Bertfield
Produtor executivo, grande editora

Cerca de 15 anos atrás, aceitei um trabalho grande em uma editora de Nova York. Minha função era a de produtor executivo, algo como chefe da gestão de produto na época. Eu estava trabalhando em um projeto realmente importante na empresa; foi lançada uma versão beta inicial que estava na fase piloto, mas não era escalável. O trabalho era "Entre e transforme isso em um negócio real". Entendi essa diretiva como "Reescreva as especificações do projeto nos mínimos detalhes". Os documentos que tínhamos estavam espalhados aleatoriamente por toda parte, e eu presumi que *esse* era o motivo para o produto não ser escalável. Como a equipe do produto poderia agir com essa visão se não havia um passo a passo para seguir?

Então eu disse:

— Vamos nos reunir em meu escritório com um especialista e passar quatro meses trabalhando juntos em uma especificação do produto detalhada.

Como resultado dessa abordagem, aconteceram duas coisas desastrosas. Primeiro não falamos com um cliente durante todo esse tempo. O que acabamos produzindo era mais complexo do que o necessário, pois realmente paramos de aprender com os nossos clientes o que ele precisava ser. Segundo, como escrevemos uma especificação do produto complexa, decidimos que precisávamos de uma equipe de desenvolvimento muito sofisticada. Assim, contratamos uma agência de produto sofisticada e passamos a responsabilidade de fazer a especificação para ela. E a partir daí, dei a mim mesmo muitos motivos para não lidar com o trabalho diário de criar o produto; afinal, havia escrito tudo na especificação.

Terminamos o produto, e foi uma tragédia. Levou dezoito meses a mais do que deveria, e foi um completo desastre. Mas as lições que aprendi fundamentaram tudo que faço desde então. Escrever coisas é uma faca de dois gumes. Quanto mais você escreve, mais tempo leva e mais distante você pode ficar do trabalho real que precisa acontecer. **Escrever uma especificação longa e detalhada pode ajudar você a sentir que está fazendo muito trabalho para criar um produto, mas nem sempre é o trabalho certo.** Como gerente de produto, nunca pense que, só porque você faz o trabalho mental, está dispensado do trabalho de transformar isso em um produto real.

A Melhor Documentação Está Incompleta

Um modo de garantir que a especificação do produto e outros documentos sirvam como um início de conversa é deixá-los incompletos de propósito. Nos últimos anos, relutei em me sentir mais confortável em apresentar uma documentação confusa, inacabada e cheia de perguntas não respondidas. Sou perfeccionista por natureza e *ainda* me preocupo se a documentação incompleta que compartilho será vista por meus colegas como preguiçosa ou meia-boca. Mas fico me lembrando que *impressionar* meus colegas é bem menos importante do que *interagir* com eles.

Sem dúvida, sou a primeira pessoa a notar que os documentos incompletos de propósito podem alinhar e acelerar a colaboração da equipe. Em um documento de 2008 intitulado "Incomplete by Design and Designing for Incompleteness" [disponível em https://oreil.ly/JKMoH, conteúdo em inglês], Raghu Garud, Sanjay Jain e Philipp Tuertscher argumentam: "Em vez de ser uma ameaça, o estado inacabado age como um gatilho para a ação. Mesmo quando os atores tentam completar o que ficou incompleto, eles geram novos problemas, além de novas possibilidades que orientam continuamente o design." Em outras palavras, levar coisas incompletas para sua equipe não só significa que vocês estão trabalhando juntos para resolver um problema, mas também que estão remodelando o problema continuamente e em colaboração conforme trabalham juntos para resolvê-lo. Não é legal?

Houve muitos momentos em minha carreira quando passei semanas criando um documento completo e "perfeito", só para minha equipe fazer algumas perguntas (justas, reflexivas, construtivas) que me levaram a passar semanas *re*trabalhando o mesmo documento. Por outro lado, quando compartilhei um documento "incompleto de propósito", as perguntas e as contribuições da minha equipe foram *literalmente uma necessidade para nosso avanço*. O nível e a qualidade da participação que você tem com "preciso de sua ajuda para transformar essa coisa inacabada em algo incrível" são exponencialmente maiores do que o nível e a qualidade da participação conseguida com "Criei isto, está acabado e perfeito. Alguma dúvida?".

Portanto, desafio você a levar algo incompleto para a próxima reunião da equipe. Em vez de mostrar slides elegantes em PowerPoint, leve uma página de resumo confusa. E quando a equipe sugerir alterações úteis para essa página, faça isso no local, juntos. Você ficará surpreso em ver que é muito mais fácil trabalhar em um documento juntos do que percorrer vários ciclos de apresentação, críticas e edição.

O Primeiro Esboço Não Deve Ter Mais de Uma Página e Levar Mais de Uma Hora para Fazer

Alguns anos atrás, meus parceiros comerciais me mostraram que, mesmo quando eu treinava equipes para reduzirem o tempo e o esforço gastos na documentação, eu ainda criava documentos e materiais elaborados, impressionantes e acabados para nossas reuniões internas. "Claro que sim", eu dizia, "vocês são os melhores e quero garantir que vocês pensem que estou fazendo bem meu trabalho." Todos faziam uma pausa no momento. "Oh."

Em um esforço para conter minhas tendências perfeccionistas, concordamos que eu trabalharia apenas em uma página no futuro próximo. Muito foi escrito sobre o valor de uma página para as equipes do produto (esse discurso de John Cutler [disponível em https://oreil.ly/FFzbq, conteúdo em inglês] é um clássico e vale a pena assistir). Mas para aqueles entre nós que são perfeccionistas incorrigíveis, criar uma página *perfeita* ainda pode levar horas, dias ou semanas. Mesmo depois de me comprometer em criar documentos menores, ainda passo *muito tempo* neles e, por consequência, os apresento aos parceiros comerciais como se eles fossem esculturas de mármore impecavelmente esculpidas, dignas de louvor e adoração.

Em um ato de autorrecriminação bem merecida, escrevi e compartilhei uma promessa simples com meus parceiros: "Não usarei mais de uma página nem passarei mais de uma hora trabalhando em *nenhum* documento ou material antes de compartilhá-lo com minha equipe." Imprimi, colei no notebook e falei para seus parceiros me lembrarem disso, *não importa o que aconteça*.

Nem é preciso dizer que não foi fácil para mim. Houve inúmeras vezes em que eu tinha tanta certeza de que meus parceiros comerciais e eu estávamos alinhados, que pulava direto para o plano do projeto final, o slide de treinamento final ou o esboço final de um capítulo (oops) sem compartilhar primeiro uma página com tempo limitado. E, toda vez, eu me arrependi, porque o resultado inevitável foi que tive que refazer os documentos "finais" *e* porque fez meus parceiros de negócio me perguntarem, de modo bem justo, por que eu havia quebrado minha promessa.

A pedido desses mesmos parceiros de negócios publiquei o One Page/One Hour Pledge [Compromisso de uma página/uma hora, em tradução livre], disponível em *onepageonehour.com*, [conteúdo em inglês] o qual foi assinado por dezenas de pessoas de organizações como Disney, Amazon, American Express e IBM. Se a ideia parece boa para você, espero que assine o compromisso também!

Usando a Abordagem "Uma Página/Uma Hora" para Criar Alinhamento em uma Grande Organização

B. E.
Gerente de produto, grande empresa de software de marketing

Trabalho em uma grande empresa de software de marketing com muitas equipes de produto operando em muitas partes interconectadas de forma vaga. Ficar coordenado com outros gerentes de produto é um grande desafio, que muitas vezes parece intransponível.

Há alguns meses, um gerente de produto de outra equipe me procurou perguntando se eu tinha algum documento que pudesse compartilhar para ajudá-lo a entender em que minha equipe estava trabalhando. Embora definitivamente tivesse muitas especificações do produto extensas e pilhas de tickets Jira [evento a ser investigado], eu não tinha nada que lhe desse uma visão geral do que estávamos fazendo e por quê. Mas sabia como seria importante para nossas equipes ficarem coordenadas, portanto me ofereci para passar uma hora criando uma página.

Essa página em si ficou bem direta: os objetivos da equipe no topo, uma lista de coisas que estávamos considerando criar para atingi-los e, por fim, algumas perguntas abertas e incógnitas na parte inferior. Para ser honesto, eu não tinha ideia se era o que o outro gerente de produto estava esperando, e fiquei preocupado se ele veria o documento simples que lhe dei como uma prova de que eu era um gerente de produto simplório. Ao contrário, ele me disse que era exatamente do que precisava, e isso acabou inspirando-o a montar um documento parecido que explicava o trabalho de sua equipe.

É isso. A história é essa: **fiquei desconfortável durante um curto período montando uma documentação para minha equipe, o que acabou sendo muito mais útil do que achei que seria.**

Transforme o Que Tiver em Modelos

Acredito muito em modelos leves e flexíveis: para tudo, desde especificações do produto até roteiros trimestrais e alterações no processo da equipe. Os modelos podem ajudar as pessoas e as equipes a começarem quando uma página em branco é intimidadora, e podem ajudar a assegurar que a informação mais importante seja priorizada com consistência.

148 | GESTÃO DE PRODUTO NA PRÁTICA

Ainda assim, os modelos também podem ser *muito frustrantes* se forem pesados, inflexíveis e difíceis de preencher, como infelizmente muitas vezes acontece. Veja algumas dicas para criar modelos úteis e valiosos para sua equipe:

Mantenha a estrutura do modelo "em ação", assim como seu conteúdo.

Os modelos podem ser um ótimo modo de estruturar seu pensamento, mas não devem limitá-lo nem ditar sua conduta. Esteja sempre disposto a mudar a estrutura se ela parece não estar ajudando a equipe a atingir seus objetivos. Para ganhar pontos adicionais, mude a estrutura do modelo *com a equipe*, e mostre para ela que a documentação sempre pode ser alterada na intenção de entregar melhores resultados.

Atualize e reveja os modelos regularmente.

Certa vez trabalhei com uma equipe que precisava concluir um detestável modelo de 10 páginas sempre que queria dados de seus colegas na análise. Ninguém na equipe conseguia lembrar qual era o formato inicial do modelo ou de onde ele veio, mas presumiam que a gerente o havia julgado necessário e não mudaria essa posição. Quando perguntei à gerente sobre o modelo, ela revirou os olhos e disse:
— Eca, odeio o modelo. Mas a equipe continua usando, então imagino que ela acha que precisamos dele.

Como em qualquer outro processo da equipe, os modelos podem ficar estagnados e ser frustrantes se você não os revê com regularidade para que sejam mais úteis. Uma ótima atividade a se realizar durante uma retrospectiva da equipe é perguntar: "Com o conhecimento que temos agora, como mudaríamos os modelos que usamos em nosso último sprint ou iteração?" Isso dá à equipe uma oportunidade para modificar os modelos em conjunto, focando as lições aprendidas com o uso dos modelos na última vez.

Sempre preencha um modelo pelo menos três vezes você mesmo antes de pedir para outra pessoa fazer isso.

Um fato sobre os modelos: por vezes, eles são muito fáceis de criar e muito difíceis de preencher. Uma pergunta aparentemente inocente que você coloca em um modelo "por precaução" pode ser algo que uma equipe passa semanas buscando, semanas que ela poderia ter gastado fazendo algo muito mais importante e impactante. Como regra, agora tento preencher qualquer modelo que compartilho com minha equipe *pelo menos três vezes* antes de ele sair da minha mesa, e compartilho esses três exemplos junto com o modelo em si.

Claro, o que seria exatamente um modelo "bom" variará muito entre as equipes e as organizações. Se você não tem certeza de onde começar, uma pesquisa rápida no Google retornará centenas de modelos para qualquer documento imaginado. Contanto que a equipe esteja aprendendo e fazendo uma retrospectiva em conjunto, *qualquer* modelo poderá representar um bom ponto de partida.

Nota Rápida sobre Ferramentas Patenteadas para Roteiro e Gestão de Conhecimento

Se você me permite um momento "velho gritando na nuvem" [um episódio dos Simpsons]... na minha época, as únicas ferramentas que tínhamos para criar uma documentação eram as velhas planilhas, slides e documentos Word. Hoje, há um universo crescente de ferramentas patenteadas para roteiro e gestão de conhecimento, cada uma prometendo ajudar as equipes a encontrar todas as informações necessárias em um único lugar acessível. Muitas delas integram plataformas como Jira, que as equipes usam para gerenciar suas tarefas diárias. Muitas cobram alguma taxa *por usuário*, o que costuma criar um incentivo perverso para as organizações usarem a documentação como um instrumento de transparência e visibilidade. E, por experiência própria, o tempo e o esforço usados ao implantá-las nem sempre justificam o benefício que elas oferecem em relação a ferramentas mais simples.

Sim, se você está tentando fazer a gestão da informação em uma grande empresa com toneladas de partes interconectadas, provavelmente é uma boa ideia dedicar muito tempo e energia na avaliação das possíveis ferramentas (se você faz a gestão da informação em uma grande empresa, também há muitas pessoas em sua organização *cujo trabalho* é avaliá-las). Mas para muitas equipes de trabalho com as quais trabalhei, "Qual ferramenta de roteiro devemos usar?" é uma conversa mais fácil e menos arriscada de ter do que "O que deve entrar em nosso roteiro?" ou mesmo "O que significa um roteiro para nós?"

Anos atrás, trabalhei com uma organização que investiu pesado em uma nova plataforma de gestão de conhecimento. Assentos foram comprados, treinamentos foram agendados e e-mails foram enviados notificando as equipes de que logo elas precisariam transferir sua documentação existente para essa plataforma simples, nova e multifuncional. Porém, em vez de consolidar o ecossistema de informações da empresa, a nova plataforma o fragmentava ainda mais. Algumas equipes recriaram por dever de ofício seus roteiros na nova plataforma, mas mantiveram os roteiros "reais" em documentos separados. Alguns executivos que não tinham tempo nem inclinação para aprender a nova plataforma continuaram pedindo documentos em outros formatos mais familiares. Por fim, a empresa teve que passar por um processo igualmente completo e caro para formalmente *parar* de usar sua nova plataforma de gestão de conhecimento depois de menos de um ano de sua implementação.

Assim como ferramentas patenteadas elegantes não garantem o sucesso, também não garantem o fracasso. Veja uma área na qual eu gostaria de ter aceitado meu próprio conselho alguns anos atrás: se você trabalha com uma equipe que já usa uma ferramenta para roteiro ou gestão de conhecimento patenteada, foque em *como* a ferramenta é usada, em vez de se revoltar com ela. A gestão de conhecimento é, acima de tudo, um desafio de comunicação. Em geral, as pessoas buscarão a informação que elas precisam, não importa se ela está armazenada em uma plataforma de roteiro elegante ou em um documento do Google criado em conjunto. O desafio é fazer as pessoas se comunicarem de forma aberta e direta o bastante para entenderem e identificarem a informação necessária e por que elas precisam dessa informação em primeiro lugar.

Hoje, costumo aconselhar que as equipes comecem com as ferramentas mais simples disponíveis para elas e, então, passem para as mais complicadas se e quando encontram limitações *específicas*. Se você ainda está aprendendo a andar de bicicleta, provavelmente não precisará investir em uma moto que dispara laser.

Resumo: O Menu Não É a Refeição

Alan Wilson Watts, autor do livro transformador *A Sabedoria da Insegurança* (Record), disse que "O menu não é a refeição". Vale a pena ter essa citação em uma nota adesiva em sua mesa. O roteiro não é a estrada, a especificação do produto não é o produto, as histórias do usuário não são os usuários. Foque em fazer uma refeição deliciosa, em vez de montar o menu mais impressionante e completo do mundo.

Sua Checklist

- Entenda que as partes mais impactantes de seu trabalho podem também ser as menos tangíveis. Não se estresse se não consegue apontar para algo e dizer "Eu fiz isso sozinho!"

A DROGA DA DOCUMENTAÇÃO INFINITA (E, SIM, ROADMAPS [ROTEIROS] SÃO DOCUMENTAÇÃO) | 151

- Lembre-se de que "O menu não é a refeição". Os documentos criados não são os produtos reais, e eles não necessariamente oferecem valor para os usuários.

- Não queira ser o único "dono" do roteiro, não importa o que está escrito em sua descrição de função.

- Evite fazer suposições sobre o que significam os roteiros para sua equipe ou organização. Tenha uma conversa aberta e clara sobre como os roteiros são usados e documente essa conversa junto com o roteiro em si.

- Aceite a realidade de que, sim, provavelmente você precisará fazer alguns gráficos de Gantt, e faça o que puder para que eles sejam úteis e valiosos para os principais envolvidos.

- Torne as especificações do produto e outros documentos "incompletos de propósito" para encorajar a participação e a colaboração da equipe.

- Não crie mais de uma página nem passe mais de uma hora no primeiro esboço de *nenhum* documento que esteja criando antes de compartilhá-lo com sua equipe.

- Use modelos leves e flexíveis para estruturar e padronizar seu pensamento e os reavalie com regularidade.

- Antes de compartilhar um modelo com sua equipe, certifique-se de preenchê-lo pelo menos três vezes.

- Pense com cuidado sobre os custos reais (inclusive custos no tempo e na energia das pessoas) que entram na implantação de ferramentas patenteadas para roteiro e gestão de conhecimento.

10

Visão, Missão, Objetivos, Estratégia e Outras Palavras Bonitas

Nada menos que três das palavras bonitas no título deste capítulo aparecem em quase todo anúncio de emprego no setor de produto, quer seja para um gerente de produto associado ou um diretor de produção. Entretanto, esses anúncios raramente são generosos ao informarem claramente o que elas significam com exatidão.

A boa notícia é que não faltam artigos de revistas bem escritos, diagramas em cascata elegantes e postagens com palavras agressivas dando uma opinião definitiva sobre o que esses termos significam e como eles se encaixam em um fluxo claro e com propósito.

A má notícia é que nenhuma dessas supostas fontes autoritárias realmente parece chegar a um acordo. Algumas insistem que "estratégia" e "objetivos" são conceitos totalmente distintos, ao passo que outras usam a palavra "estratégia" para incluir os dois. Há as que declaram que uma missão convincente está longe de ser a coisa mais importante que uma equipe de produto tem; e há as que descartam as declarações da missão como algo sem sentido. O que um gerente de produto deve fazer?

Esse coro de opiniões decisivas, mas conflitantes, gerou muita ansiedade em mim no início de minha carreira no produto. Sempre que a liderança da empresa me pedia para entregar uma estratégia do produto, eu ficava congelado de terror. Eu sabia como era uma boa estratégia do produto? E se eu me equivocasse de forma embaraçosa? Por medo de me revelar como um completo impostor, muitas vezes eu citava uma lista de razões justas e defensáveis que explicavam por que a empresa tinha me deixado sem posição para entregar uma estratégia viável: "Os objetivos da empresa simplesmente não são claros o bastante!" ou "Dados os prazos arbitrários que a liderança simplesmente passou para nós, para que montar uma estratégia?" Ou eu diria apenas: "Tudo bem, sim, parece bom", então me esquivava e esperava que todos esquecessem.

154 | GESTÃO DE PRODUTO NA PRÁTICA

Vi muitos gerentes de produto utilizarem manobras evasivas parecidas quando pressionados para desenvolver uma estratégia do produto, uma visão, objetivos ou qualquer outra coisa que parecesse importante. Também vi muitos desses gerentes reagirem com grande incredulidade quando sugeria que eles começassem simplesmente anotando o que esperavam que suas equipes conseguiriam no próximo ano e como pretendiam fazer isso de modo geral. Arregalavam os olhos quando eu sugeria que eles não dedicassem mais de uma página e uma hora trabalhando no documento importante antes de o levarem para a equipe e receberem um feedback.

Muitas das palavras grandes e bonitas da gestão de produto se resumem apenas a duas perguntas: o que vocês estão tentando fazer e como pretendem fazê-lo? Neste capítulo, veremos duas categorias amplas (em geral, a primeira inclui a "missão", a "visão", os "objetivos" e as "metas" e a última normalmente é descrita como "estratégia"). Quanto mais simples, direto e colaborativo você for ao responder a essas perguntas, em melhores condições sua equipe estará para tomar decisões. E é a qualidade dessas decisões que determinará o sucesso ou o fracasso da equipe.

Este capítulo é pequeno por um bom motivo: quanto menos tempo você passar pesquisando o modo "certo" de definir as metas e a estratégia, e mais cedo começar a trabalhar com sua equipe para articular a direção e como chegar lá, melhor.

A Gangorra do Resultado (Outcome) e da Saída (Output)

Em um nível alto, as palavras no título deste capítulo* existem para nos manter focados nos *resultados* reais para os quais trabalhamos: aquilo que entregamos para a empresa, os problemas que resolvemos para os clientes e (espera-se) o impacto positivo que queremos ter no mundo em geral.

Presume-se que esses resultados sejam o motivo de as empresas e as equipes existirem. Mas nem sempre estão na frente e no centro quando começamos a enviar recursos e atingir os prazos. Por esse exato motivo, "resultados acima da saída" se tornou o slogan de correção universal para as pessoas do produto. Também é o nome de um ótimo livro de Josh Seiden (*Outcomes over Output* — sem publicação no Brasil).

Como em muitas ideias que se tornaram slogans, "resultados acima da saída" também pode ser facilmente mal interpretado e usado como arma. Vi muitos

---

* Em negócios, "outcome" é o resultado desejado em consequência de uma ação, enquanto "output" é aquilo que se faz para obter um resultado. Em termos de produto, o resultado apresenta o sucesso ou insucesso das iniciativas realizadas por meio das saídas. [N. da RT]

gerentes de produto citarem essa frase para, corretamente, defenderem suas equipes de qualquer pergunta sobre o que exatamente eles pretendiam entregar e quando. Como visto no último capítulo, há motivos legítimos para os principais envolvidos nos fazerem perguntas específicas e irritantes sobre o que entregamos e prazos de lançamento. Entender esses motivos sempre nos levará mais longe do que levantar as mãos e dizer: "Veja, a empresa é uma fábrica de recursos total que só se importa com a produção e nunca focará realmente o resultado!"

Como em muitas declarações do tipo "isso acima daquilo", achei útil reformular o "resultados acima da saída" como "a saída *a serviço dos* resultados" (essa abordagem funciona igualmente bem para "software funcional acima da documentação completa" e "responder à mudança acima de seguir um plano", ambas do Manifesto Ágil). Assim que começamos a pensar sobre resultados e saída como um sistema conectado, não uma escolha entre os dois, podemos começar a pensar sobre como queremos planejar e manter o sistema, assegurando que a saída efetiva nos ajude a conseguir os resultados desejados.

Conforme trabalhava com equipes e organizações para entender melhor como elas conectam a saída e os resultados, surgiu um padrão interessante: as equipes que parecem mais hiperfocadas na produção costumam ser as mesmas equipes que trabalham para ter resultados mais amplos e menos específicos. Após fazer muitas retrospectivas com as equipes e seus líderes, vi isso como uma função de nosso desejo humano de ter certeza e previsão. A especificidade nas metas e nos prazos precisa vir de *algum lugar* e, se não for articulada na ordem dos resultados, será demandada na ordem da saída, ou seja, se as equipes realmente desejam flexibilidade e liberdade de ação, elas precisam ser *muito, muito específicas* sobre os resultados desejados. Assim, é possível imaginar os resultados [desejados] e a saída [ações] como um tipo de gangorra (Figura 10-1), em que descer um lado com datas e metas específicas eleva o outro lado para a ordem de temas e oportunidades abertos.

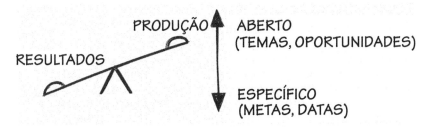

Figura 10-1. "Gangorra" dos resultados [desejados] e da saída [ações]. Para ser mais aberto em um, você deve ser mais específico no outro.

Essa tem sido uma compreensão chocante para pessoas que, como eu, procuram evitar a microgestão definindo metas abertas para suas equipes. Mas também me ajudou a entender por que sempre que tentei definir uma meta ampla, como "aumentar as conversões" ou "agradar aos clientes", minha equipe acabou se esforçando para enviar recursos específicos com prazos específicos.

Por isso, agora aconselho que os gerentes de produto trabalhem com suas equipes sendo o mais específicos possível — na verdade, desagradavelmente específicos — sobre os resultados que eles buscam ter e para quando exatamente buscam consegui-los. Por mais contraditório que pareça, "Aumentar a taxa de conversão de novos usuários em 10% nos próximos três meses" *muito* provavelmente dará à equipe liberdade para explorar várias abordagens e soluções. Quando os principais envolvidos conseguem ter uma imagem clara das metas específicas que vocês buscam conseguir, e o intervalo de tempo específico determinado para atingi-los, é possível que eles se tornem menos exigentes com recursos específicos em datas específicas. E, melhor ainda, sua equipe se sentirá motivada para explorar todos os modos diferentes de conseguir essas metas específicas e com tempo limitado, inclusive as que não se pareçam muito com "recursos" novos (veremos mais sobre isso no Capítulo 12).

Como a Falta de Metas Específicas Pode Criar uma Equipe de Mártires do Produto

M. G.
Responsável pelo produto, ONG

Recentemente, entrei para uma loja de produtos sem fins lucrativos que basicamente cria produtos para outras ONGs. Como muitas ONGs, temos grandes restrições de recursos. Quando me sentei pela primeira vez para conversar com os proprietários do produto que me prestavam contas diretamente, cada um deles estava trabalhando em pelo menos três produtos e pareciam estressados e cansados. Por sorte, consegui ter mais recursos alocados para contratar mais proprietários. Pensei que era a resposta para nossos problemas: mais proprietários do produto significava que cada proprietário poderia dedicar mais tempo e atenção a uma coisa por vez.

Para minha surpresa, meus subordinados diretos não pareceram muito empolgados com a novidade. Na verdade, as reações iniciais variaram de ceticismo a uma total defensiva. O que parecia para mim uma oportunidade para focar e aprimorar nossos esforços como empresa foi interpretado como um ataque pessoal: "Por que você está tirando meus produtos?" Essa reação foi muito confusa para mim, porque vinha das mesmas pessoas que tinham reclamado sobre o excesso de trabalho algumas semanas antes.

Levei um tempo para perceber, mas as reclamações iniciais sobre o excesso de trabalho não eram só um reflexo de nossa falta de recursos organizacionais. Eram o sintoma de um problema muito mais profundo e complexo: os proprietários do produto não conseguiam medir seu próprio sucesso além do quanto estavam trabalhando e quantos produtos possuíam. Por quê? **Porque não havia um senso comum das metas nas quais trabalhavam como organização. Na ausência dessas metas, cada proprietário do produto individual ficava com suas próprias suposições e métricas de sucesso específicas.**

O engraçado é que, se eu tivesse apenas ido em frente e contratado mais proprietários do produto sem lidar com a raiz do problema, teria piorado as coisas. Na ausência de metas claras em toda a organização, mais proprietários do produto teriam significado mais suposições concorrentes sobre o que é o sucesso. Assim que comecei a reunir todos os proprietários do produto para falar sobre as metas compartilhadas, muito da concorrência e defesa que vi iniciarem naturalmente acabou. Os proprietários do produto começaram a buscar meios de compartilhar recursos e conhecimento, sabendo que seu sucesso seria medido por como conseguiam entregar valor para os clientes, não com quantos produtos eles "possuíam" e até que horas estavam dispostos a ficar no escritório na noite de sexta-feira.

Metas SMART, Metas CLEAR, OKRs Etc.

Não faltam informações por aí sobre diferentes modos de ter especificidade nas metas escolhidas e definidas para seu produto, equipe e organização. Temos metas SMART (Específicas, Mensuráveis, Viáveis, Relevantes, de Tempo Limitado), temos metas CLEAR (Colaborativas, Limitadas, Emocionais, Significativas, Refinadas) e temos a estrutura OKR (Objetivos e Resultados-chave) — siglas em inglês. Qual funciona melhor dependerá muito do produto, da equipe e da organização específicos, além de sua preferência pessoal por abordagens baseadas em números versus histórias. Até uma pesquisa rápida de SMART versus CLEAR pode ajudá-lo a considerar se uma equipe em particular seria mais receptiva a metas "mensuráveis" ou a metas "emocionais", por exemplo.

Em meu trabalho, costumo preferir a estrutura OKR, basicamente porque ela permite uma palavra de ordem qualitativa (objetiva) e medições quantitativas que indicam se você está indo na direção certa (principais resultados). Para dar um exemplo rápido: uma startup fintech pode ter o objetivo qualitativo de "Democratizar o acesso a instrumentos financeiros complexos" e o resultado principal mensurável de "Integrar mil usuários novos no fim do trimestre" para indicar que estão no caminho certo para atingir esse objetivo.

Existem muitos recursos ótimos por aí para aprender mais sobre a estrutura OKR, mas gosto muito do livro *Radical Focus* [sem publicação no Brasil], de Christina Wodtke. Ela escreve uma narrativa detalhada e viva sobre as armadilhas comuns que as equipes encontram ao implementar os OKRs, defendendo o poder de subtração e foco em ter metas claras e bem compreendidas.

Claro, simplesmente articular suas metas como OKRs não garante que elas serão mais úteis para você ou sua equipe. O teste final das metas da equipe não é se elas se encaixam em um formato ou uma estrutura predeterminada, mas se elas, junto com a estratégia da equipe, ajudam a tomar decisões melhores.

Uma Boa Estratégia Está Inexoravelmente Ligada à Execução

Se considerarmos nossas metas e objetivos como um modo de obter os resultados que buscamos atingir, então podemos considerar nossa estratégia como o *modo* pelo qual pretendemos atingir esses resultados. (É a definição de estratégia mais específica que você terá de mim, mesmo que passível de debate!)

Minha opinião favorita sobre estratégia vem do líder de produto Adam Thomas. Para ele, a finalidade da estratégia é melhorar a adequação de decisão da equipe. Adoro essa descrição: ela abre espaço para o fato de que toda equipe e estratégia pode e deve ser diferente, mas, no fim das contas, se não ajudar as pessoas a tomar decisões melhores, não é uma "estratégia" de verdade.

Na verdade, o maior erro que um gerente de produto pode cometer quanto à estratégia é abordá-la como algo separado e desconectado da execução diária da equipe. Vi muitos gerentes caírem nessa armadilha ao finalmente receberem o grande prêmio de participação em conversas "estratégicas". Eles saíam de suas mesas, improvisavam tudo que podiam encontrar nos resultados do Google para uma "boa estratégia do produto" e tentavam juntar tudo na Apresentação da Estratégia Mais Completa do Mundo. Eles trabalhavam em sua apresentação por dias e, às vezes, por semanas ou meses. Quanto terminavam, ela parecia os "melhores momentos" de todas as coisas que um gerente de produto "estratégico" deveria fazer bem. Tem uma estrutura! E modelos financeiros! E personas de usuários! E até algumas concordâncias de "Jobs to Be Done"** dos *verdadeiros chefes* na sala. Com certeza, ninguém poderia dizer que essa apresentação ou seu apresentador deixaram passar algo importante.

E, com certeza, a apresentação é bem recebida pelos executivos, que, circunspectos, acenam com a cabeça em concordância, fazendo muitas perguntas sobre a "adequação do produto ao mercado" e sobre a "inovação". O feedback de cada executivo é bem incorporado e a estratégia inicial com dez slides rapidamente se

---

** "Jobs to Be Done" ["Trabalhos a Serem Feitos", em tradução livre] é um método de avaliação do que leva um consumidor a utilizar um determinado produto. [N. da RT]

torna uma com vinte. Quando os slides atualizados são apresentados na reunião de estratégia seguinte e superimportante, todos parecem satisfeitos.

O problema real ocorre quando os slides da estratégia aprovados pelos executivos deixam o ar rarefeito de uma reunião superimportante e chegam até as mãos proletárias e calejadas da equipe do produto. Afinal, é a equipe do produto — a mesma que interage com nosso gerente de produto hipotético que provavelmente esteve "ocupado demais trabalhando no slide da estratégia" — que coloca os produtos no mercado e, por sua vez, traz resultados para o negócio. E sob a luz fria de "O que realmente devemos fazer com isso?", a Apresentação da Estratégia mais Completa do Mundo pode começar a parecer muito com um monte de fragmentos de jargão comercial incoerentes e elaborados pelo comitê, diagramas confusos e raciocínio fantasioso.

Como gerente de produto, a visibilidade e a importância que vêm com um trabalho estratégico podem ameaçar tirá-lo da equipe. Mas é seu trabalho manter conectadas a estratégia e a execução o tempo todo. Os melhores GP reconhecem que essa estratégia e execução são dois lados inexoravelmente ligados da mesma moeda. Eles valorizam a estratégia como uma forma de alavancagem particularmente elevada para orientar as decisões diárias da equipe. Mas também entendem que essa estratégia, independentemente da abrangência e da impressão formal, é inútil se estiver desconectada das decisões do dia a dia.

Na prática, isso muitas vezes significa levar documentos da estratégia incompletos e inacabados para sua equipe e fazer um "test drive" juntos para ver se eles podem realmente ajudar a orientar a tomada de decisão diária. Talvez você ache que aquela estrutura elegante da estratégia realmente seja abstrata e complicada demais para ajudar sua equipe a responder às questões mais prementes do mundo real. De fato, talvez ache que a estratégia que sua equipe precisa seja mais simples e mais direta do que tinha considerado ou temia.

Estabelecendo uma "Hierarquia das Necessidades" para Priorizar as Camadas de Estratégia e Execução

J. W.

Gerente de produto, empresa SAAS com 1.000 funcionários

Há alguns meses, me vi lidando com um monte de conversas distintas, mas relacionadas, com meus colegas na engenharia e no design sobre o que devíamos criar e como deveríamos criar. As reuniões da liderança da equipe oscilavam entre perguntas de alto nível sobre metas e estratégias, e perguntas mais táticas sobre o pessoal e os processos da equipe. Esses tópicos pareciam combinar, até que ficou difícil avançar com as coisas.

Na esperança de ter clareza nas conversas, procurei o gerente de projeto na equipe que tem muita experiência com desafios complexos nas organizações. Trabalhando juntos, percorremos as decisões mais importantes que tínhamos tomado como equipe, que se resumiam sem nenhuma surpresa a "Em quais metas devemos trabalhar e o que devemos fazer para atingir essas metas?". A partir desse ponto, criamos uma "hierarquia das necessidades" visual (Figura 10-2), que exibia as informações específicas *mais* importantes para descobrirmos a resposta para as perguntas críticas da priorização.

Figura 10-2. Uma "hierarquia das necessidades" para a tomada de decisão do produto

Ter essa hierarquia das necessidades nos ajudou a focar a busca e a sintetização das informações mais importantes para desbloquear nossa equipe e avançar. Com nossa hierarquia visual, conseguimos suspender as conversas sobre roteiros, pessoal e processos enquanto focávamos a melhor compreensão das metas da empresa, desenvolvendo a estratégia do produto da equipe. **Visualizar e priorizar os diferentes níveis das informações necessárias para tomar decisões importantes nos ajudou a gerenciar melhor nosso tempo e esforços, colocando-nos em uma posição em que pudemos nos desbloquear e ganhar força.**

Uma Estratégia Boa é Simples e Óbvia

Bem no começo do livro clássico *Good Strategy/Bad Strategy* [sem publicação no Brasil], Richard Rumelt apresenta o que talvez seja minha afirmação favorita

VISÃO, MISSÃO, OBJETIVOS, ESTRATÉGIA E OUTRAS PALAVRAS BONITAS | 161

sobre estratégia: "Uma boa estratégia é quase sempre... simples e óbvia, e não requer muitos slides em PowerPoint para explicar."

Nesse sentido, recentemente fiz um exercício com uma equipe do produto que levou quase um mês para tentar definir a estratégia do produto. Ela tinha que reunir cerca de vinte slides de diagramas impressionantes e estruturas, mas ainda se achava reticente quanto a estar "executando a estratégia do produto do jeito certo". Então pedi para a equipe pegar a estratégia como estava escrita e tentasse usá-la para priorizar individualmente um backlog do trabalho que ela pensava em criar nas próximas semanas e meses. Se a estratégia fosse eficiente, expliquei, cada pessoa acabaria priorizando mais ou menos as mesmas coisas, mais ou menos na mesma ordem.

Dois padrões bem diferentes surgiram entre dez ou mais gerentes do produto, engenheiros e designers na equipe. "Sinto muito", disse um engenheiro, "mas acho que está bem claro quais coisas serão mais valiosas para os novos usuários." Um momento de silêncio. Timidamente, um gerente de produto respondeu: "Achei que estávamos criando basicamente para os usuários existentes?"

Você ficará surpreso com a frequência com que os gerentes de produto ficam tão preocupados se estão executando ou não a estratégia do produto "certa" que esquecem de perguntar e responder questões fundamentais com a equipe. Em minha experiência, as estratégias do produto mais viáveis tendem a focar a resposta de perguntas simples: "Quem é nosso usuário", "Qual problema o estamos ajudando a resolver?" e "Por que somos a empresa certa para ajudá-lo a resolver esse problema?".

Simplesmente responder essas perguntas juntos pode ajudar muitas equipes do produto a ter um bom ponto de partida. Por exemplo, imagine que você trabalhe na equipe de playlist algorítmica para uma empresa de streaming de música. O trabalho de sua equipe é fornecer playlists automáticas aos usuários utilizando dados amplos da empresa. No entanto, isso não diz necessariamente para *quais usuários* você cria as playlists ou, antes de mais nada, o que os fariam desejar as playlists. Na ausência de uma estratégia do produto mais específica, a equipe provavelmente terá dificuldades para tomar decisões diárias sobre o que e como criar e, talvez o mais importante, o que *não* criar.

Uma estratégia mais específica não precisa ser, e normalmente não deve ser, longa nem complicada. Provavelmente, sua equipe terá poderes para tomar decisões melhores com uma estratégia simples e direta como "Ajudar usuários comuns a descobrir seu próximo artista favorito analisando os dados dos usuários com perfis com gostos parecidos". Nesse caso, fica claro quem você deve focar:

usuários comuns, não usuários avançados (lembre-se da seção "O Canto da Sereia dos 'Usuários Avançados'", do Capítulo 6!) Está claro o que você os ajuda a fazer: descobrir o próximo artista favorito. E também porque são a empresa e a equipe certa para fazer isso: vocês têm dados suficientes de ouvintes parecidos para fazer recomendações muito boas. Dependendo das metas da equipe e da empresa (e de seu modelo de monetização), é possível que possam apresentar um bom caso para o motivo e como acreditam que essa estratégia ajudará a equipe a impactar as principais métricas, como receita e retenção.

Agora imagine que você trabalhe na equipe de playlist *editorial* na mesma empresa de streaming de música. O trabalho da equipe é selecionar manual-mente as playlists de alta qualidade que serão apresentadas com destaque no produto. Nesse caso, novamente, sua equipe pode utilizar uma estratégia simples, como "Dar aos usuários avançados playlists compartilháveis e de alta qualidade utilizando nossa expertise editorial". Mais uma vez, fica claro quem é o foco: usuários avançados (provavelmente definidos, nesse caso, como os usuários que achamos que possivelmente compartilharão as playlists em suas redes). Está claro o que você os ajuda a fazer: compartilhar playlists de alta qualidade (até que ponto eles *querem* ou *precisam* fazer isso é discutível e, espera-se, baseado em uma boa pesquisa com usuários). E está claro o motivo para vocês serem a empresa e a equipe certa para fazer isso: vocês têm grande expertise editorial. Novamente, dependendo das metas da equipe e da empresa, é possível que vocês tenham um bom caso para como e por que essa estratégia os ajudará a impactar as principais métricas, como inscrições de novos usuários.

Naturalmente, esses são exemplos teóricos. Veja alguns sinais de que sua própria estratégia está, de fato, ajudando a equipe a tomar decisões melhores:

Todos na equipe podem citar sua estratégia com uma ou duas frases.
Minha resposta menos favorita para a pergunta frequente "Qual é a estratégia da equipe?" é "Enviarei a você os slides!". Caso sua estratégia seja tão complicada a ponto de não poder ser resumida em uma ou duas frases, então há pouca chance de que sua equipe realmente pense nela quando toma decisões importantes de execução.

Sua estratégia o ajuda a decidir o que não criar.
Em muitos casos, uma estratégia sobrecarregada e supercomplicada indica uma relutância maior em aceitar qualquer persona ou problema específico do usuário. Caso sua estratégia possa justificar de fato a criação de *qualquer coisa* para *qualquer pessoa*, então provavelmente não é uma boa estratégia.

Sua estratégia começa a ficar desatualizada depois de um tempo.

Se a estratégia é orientada por uma compreensão dos clientes e dos mercados, e você trabalha com dedicação para se aproximar desses clientes e mercados conforme eles mudam, então chegará o momento em que sua estratégia claramente precisará ser atualizada. Isso não é ruim! Na verdade, se a estratégia permaneceu inalterada por um longo período, há chances de que esteja desconectada demais do grande público para ajudar sua equipe ou empresa a ter sucesso. Como nas personas de usuários, considere atualizar sua estratégia regularmente para assegurar que não fique estagnada.

Ao avançar em sua carreira do produto, você pode muito bem descobrir que se comprometer com um conjunto menor de personas e problemas de usuários é muito mais desafiador do que adicionar outra página ou estrutura. Porém, quanto menor, mais precisa e focada for sua estratégia, mais ela ajudará a equipe a entregar resultados significativos para o negócio e para os usuários.

Na Dúvida, Peça um Exemplo

É certo que haverá ocasiões em sua carreira em que alguém pedirá uma estratégia, uma visão, uma missão ou um conjunto de objetivos e você terá dúvidas sobre o que a pessoa deseja de você. Por experiência própria, o modo mais produtivo de lidar com essa situação é simplesmente pedir um ou dois exemplos. Em vez de correr para fornecer o que você acha ser uma resposta impressionante para uma pergunta ambígua, considere dizer algo como "Obrigado. Sim, na verdade estou feliz por trabalhar com minha equipe e montar juntos uma estratégia do produto para o próximo trimestre. Vi a estratégia abordada de muitos modos diferentes e por muitas organizações diferentes. Você tem algum exemplo do que achou particularmente útil que poderia compartilhar comigo?" Ter alguns exemplos específicos para trabalhar poderá ajudá-lo a desenvolver abordagens de sucesso comprovado na organização. E, se quem pede uma estratégia ou uma visão não tiver exemplos para compartilhar, ele pode estar em dúvida sobre o que está pedindo tanto quanto você; nesse caso, é possível fazer a ela um grande favor fornecendo algo específico e concreto.

Resumo: Mantenha Simples, Torne-o Útil

Para sua equipe ter sucesso, você deve ter uma ideia clara para onde vai e um plano de como chegar lá. Mas caso seu destino seja muito vago e seu plano complicado demais, você pode acabar chegando a lugar nenhum. Mantenha suas metas específicas e sua estratégia simples e, acima de tudo, trabalhe perto da equipe para assegurar que suas metas e estratégia sejam *úteis* para as pessoas que realmente criam coisas para seus usuários. Lembre-se de que um grande e elegante slide da estratégia pode fazer você se sentir importante, mas não ajudará necessariamente sua equipe a tomar decisões melhores.

Sua Checklist

- Pare de tentar encontrar a definição geral correta de termos como *visão, missão, estratégia* e *objetivos*.

- Lembre-se de que a finalidade de todas essas palavras bonitas é ajudar sua equipe a entender em prol de quais objetivos trabalhar e como pretende alcançá-los. Fique focado e se mantenha no simples.

- Pense nos resultados desejados e na saída como um sistema conectado, não uma escolha do tipo isso ou aquilo.

- Se deseja que sua equipe tenha mais espaço e liberdade quanto à saída, seja específico sobre os resultados que deseja atingir e o prazo para tanto.

- Experimente diferentes formatos de definição de metas e estruturas, como metas SMART e CLEAR e OKRs, e veja o que funciona melhor para sua equipe.

- Resista ao impulso de abordar a estratégia como algo separado da execução, e mais importante que ela. Mantenha a estratégia e a execução bem conectadas sempre.

- Faça um "test drive" das metas e da estratégia com a equipe o mais rápido que puder para ver se elas ajudam a equipe a tomar decisões melhores.

- Mantenha sua estratégia simples e direta a ponto de qualquer pessoa na equipe poder recitá-la rápido e com facilidade, sem precisar consultar um slide ou um documento.

- Se alguém lhe pedir uma "visão" ou uma "estratégia" e não souber o que isso quer dizer, peça para a pessoa dar exemplos.

- Pare de ler este capítulo e faça um esboço rápido das metas e da estratégia de sua equipe e, então, façam um workshop juntos. É sério!

"Dados, Assumam o Controle!"

Atualmente, parece que todos querem ser ou contratar um gerente de produto "orientado a dados" (ou pelo menos "informado por dados"). E por que não? Para um gerente de produto, "orientado a dados" pode ser uma abreviação útil de "nessa função definida com ambiguidade, repleta de complexidade humana frágil, sei como fazer *coisas sérias com os dados*". E, para um gerente de contratação, "orientado a dados" pode ser uma abreviação útil para "Não cometa erros, nunca". O que pode dar errado?

Falando sério, há muito a ganhar vendo os dados do usuário, do produto e do mercado. Se nossos objetivos nos ajudam a ver para onde vamos e nossa estratégia nos ajuda a decidir como chegaremos lá, então os dados podem nos ajudar a entender se estamos ou não realmente no caminho certo. Claro, isso requer saber o que significa "caminho certo" para seu produto e equipe em particular. Em sua carreira do produto, provavelmente haverá ocasiões em que você não terá acesso aos dados dos quais acha que precisa e ocasiões em que terá acesso a tantos dados que ficará impossível tomar uma decisão. Trafegar em meio a essas duas situações requer desenvolver um bom ponto de vista sobre quais dados são importantes para você, por que são importantes e para quais decisões *específicas* eles oferecerão informações relevantes.

Neste capítulo focaremos as abordagens de alto nível e independentes da ferramenta que o ajudarão a usar os dados a seu favor sem entregar o controle.

O Problema com a Palavra "D"

Comecemos com a palavra *dados* em si. Ela pode ser usada para descrever *muitas* coisas. Em teoria, os dados descrevem informações objetivas, qualitativas ou quantitativas. Na prática, muitas vezes vi a palavra *dados* sendo usada para descrever conclusões tiradas com base em informações, representações ou visualizações de dados filtradas e estruturadas ou "qualquer coisa que lembre um número ou um gráfico". Em seu uso comum e coloquial, a palavra *dados* pouco contribui para esclarecer o que realmente está descrevendo, assumindo um ar de certeza e rigor. A palavra *dados* é perigosa pelo mesmo motivo de ser útil: exerce autoridade sem especificidade.

Nesse sentido, muitas vezes aconselhamos que os gerentes de produto implementem uma regra aparentemente contraditória se desejam adotar uma abordagem orientada a dados de fato: não use a palavra *dados*. Se você estiver discutindo certo conjunto de informações, descreva as informações específicas. Se estiver discutindo as conclusões que chegou com base nas informações, descreva as conclusões específicas e como chegou nelas.

Por exemplo, veja esta frase hipotética: "Nossos dados mostram que os millennials são altamente receptivos à nossa proposta de valor." Agora imagine reformular isso como "A pesquisa por e-mail que fizemos mostra que os millennials são altamente receptivos à nossa proposta de valor." Ainda há muitos pontos aqui que precisam de esclarecimento. (Qual é a proposta de valor? Como a pesquisa por e-mail mostra isso?) Mas, no mínimo, essa reformulação abre espaço para uma conversa mais significativa sobre quais informações foram coletadas, como foram coletadas e como serão interpretadas.

Para usar um exemplo mais geral, imagine substituir as palavras "dados sociais", que são muito usadas e sempre mal aplicadas, por algo mais específico e descritivo, como "análise de opinião feita nos tuítes de nossos clientes". A última frase parece atrair outras perguntas, mas são essas mesmas perguntas que tornam as informações acessíveis e úteis. A ausência da palavra com "d" nos ajuda a diferenciar as informações das suposições e a definir expectativas claras e razoáveis.

Comece com a Decisão e, Então, Encontre os Dados

Como vimos no Capítulo 10, nossas metas e estratégia são tão boas quanto as decisões que elas nos permitem tomar. O mesmo acontece quando entramos no vasto mundo dos dados e das métricas. Um artigo de 2012 da *Harvard Business Review*, de Dominic Barton e David Court [disponível em https://oreil.ly/ RpgVO, conteúdo em inglês], faz uma pergunta que usei em muitos workshops e conversas de coach: "Quais decisões poderíamos tomar se tivéssemos todas as informações necessárias?"

Responder a isso costuma ser bem difícil (a melhor resposta que uma sala cheia de gerentes de produto e analistas de dados conseguiu propor em um workshop que fiz alguns anos atrás foi "Comprar um bilhete de loteria", que *não é como funciona*). Você ficaria surpreso com que frequência gerentes de produto me dizem: "Nosso maior problema é que não temos dados suficientes para tomar decisões", e, então, se esforçarem para citar uma decisão que realmente estão tentando tomar. A falta de acesso a dados importantes certamente é um problema real para muitos gerentes de produto profissionais. Mas quando você *começa* com a decisão que está tentando tomar, muito provavelmente encontrará fontes de dados alternativas, substitutos aproximados mas aceitáveis, e outros modos de você mesmo e sua equipe avançarem.

Por exemplo, imagine que você recebeu a tarefa de melhorar a experiência de fechar a compra em um aplicativo de e-commerce. O último gerente de produto da equipe estava tão focado em enviar novos recursos que não priorizou as ferramentas de instrumentação que permitiriam ver onde os usuários ficam presos. O que você deve fazer? Como priorizar as melhorias na experiência de fechamento da compra se você não sabe o que os usuários vivenciam?

Para começar, você poderia passar um tempo se aprofundando na(s) decisão(ões) real(is) que está para tomar. Você tem noção das melhorias específicas na experiência de fechar a compra que sua equipe está considerando? Se não, poderia percorrer a experiência por conta própria e documentar os momentos que parecem mais confusos ou desencorajadores? Talvez existam pesquisadores de usuários na organização que fizeram o passo a passo do fluxo de fechamento da conta com usuários reais e possam compartilhar suas descobertas.

Assim que você para um pouco para entender melhor a experiência de fechamento atual, consegue perceber que os dados de instrumentação ausentes estão mais para "bons de ter" do que "necessários". Uma ou duas partes da experiência podem ter uma necessidade tão óbvia de reestruturação que sua equipe poderá priorizá-las com muita confiança. Ou você talvez perceba que a oportunidade mais significativa para a equipe não é corrigir nenhuma parte individual da experiência de fechamento de um pedido, mas repensar como *todas* essas partes fluem juntas, e, nesse caso, um excesso de dependência dos dados de instrumentação granulares pode realmente levar pelo caminho errado.

Em sua carreira de gestão de produto, provavelmente haverá muitas vezes em que você não conseguirá ter os dados desejados. Mas sempre há um caminho a seguir e, em geral, é possível encontrá-lo reservando um tempo para entender melhor a decisão que você está tentando tomar e buscando qualquer informação (quantitativa e qualitativa) que possa ajudá-lo a tomar a decisão.

Confiando nos Instintos para Encontrar uma Evidência "Invisível"

Shaun R.
Gerente de produto, startup de software de publicidade B2B

Quando iniciei em meu primeiro emprego como gerente de produto, havia muitas coisas diferentes nas quais eu poderia trabalhar, mas pouca orientação sobre onde eu deveria iniciar. Mas o negócio em si me pedia para demonstrar que devíamos seguir por esse ou aquele caminho. Tive a sensação de que eles estavam procurando dados concretos para dar suporte a qualquer direção do produto ou decisão de priorização em particular.

Na época, tínhamos uma IU [interface do usuário] que era esquisita, mas funcionava. Se você parasse para aprender a usá-la, fazia sentido. Mas, fora isso, era muito confusa. Eu tinha uma grande suspeita de que tornar a IU simples, moderna e útil realmente diminuiria o tempo de treinamento e criaria mais afinidade com o produto. Mas não havia dados específicos que comprovassem que essa era a abordagem certa. Eu hesitei em sugerir que trabalhássemos nisso porque sentia que não estava vendo um sinal incontestável de que era a coisa certa a fazer.

Após uns três meses, a empresa aceitou minha sugestão com relutância para trabalhar no painel: "Certo, não há nenhuma outra oportunidade fácil, então vamos em frente e mão na massa." Contudo, quanto mais avançávamos, mais positiva parecia ser a resposta. Quando lançamos o novo painel e recebemos feedback dos usuários, a resposta de alguns dos principais líderes foi: "Estamos surpresos por isso ter um efeito tão bom!" Eu queria dizer: "Venho dizendo isso há tempos!" Mas percebi que... na verdade, não estava dizendo isso há tempos. Fiquei constrangido com o que parecia ser uma falta de provas e ainda não sabia como argumentar para convencer os demais a usar dados para medir as mudanças no futuro, em vez de usarmos os dados que já existiam.

Com essa experiência, aprendi como iniciar com uma suposição e dizer: "Sendo assim, esperamos que essas métricas sejam afetadas." Como você mede para saber se algo funciona? Você espera um aumento nas vendas? Um aumento nas conversões? Se considerar a ciência, que existe há muito mais tempo do que a gestão de produto, ela se baseia na suposição inicial para definir o experimento, aquela primeira hipótese ou julgamento. **Os verdadeiros experimentos baseados em dados costumam envolver seguir sua intuição e, então, estabelecer um ciclo de feedback para testar se a intuição está certa.**

Focando a Métrica que Importa

Assim como os gerentes de produto lutam com o acesso limitado aos dados, outros lutam para entender o *excesso* de dados. Com ferramentas de análise e painéis modernos fornecendo torrentes de informações atualizadas, sempre é possível encontrar um ponto alto ou baixo importante em alguma métrica aparentemente importante, e passar o resto do dia correndo atrás dela.

Passei grande parte do início da carreira de produto preso a tais painéis, pronto para examinar qualquer padrão ou tendência que parecesse interessante ou anômala para mim; afinal, a gestão de produto "orientada a dados" não é isso? Se eu percebia um ponto baixo nas novas inscrições do usuário, logo começava a pesquisar o material de marketing da última semana para saber se algo parecia estranho. Se notava um ponto alto em qualquer uma das muitas métricas específicas que pudesse ser descrito como "engajamento do usuário", passava para minha equipe junto com uma nota de encorajamento. Com o tempo, o painel parecia uma máquina caça-níquel, e eu a usava para vencer.

Levou muito tempo para eu perceber que tratar a gestão de produto como um jogo de azar provavelmente não era o melhor modo de ajudar minha equipe a atingir suas metas. Mas foi difícil encontrar uma abordagem melhor quando eu não tinha ideia da *relação* real de todos os números e gráficos no painel com as metas da equipe. Como eu não tinha descoberto quais métricas em particular eram importantes para minha equipe, passava muito tempo buscando o que o autor do livro *Startup Enxuta*, Eric Ries, descreve como "métricas da vaidade". Muitas vezes, essas métricas são estruturadas como "qualquer coisa que vai para cima e para a direita", ou seja, qualquer coisa que faça sua equipe parecer estar fazendo um bom trabalho. Mas as métricas de tendência negativa também podem ser métricas da vaidade quando os gerentes de produto passam um tempo injustificado se preocupando com elas (por mais de uma vez desempenhei o papel do Gerente Herói do Produto, que resgatou com coragem sua equipe de uma piora perceptível em uma métrica *totalmente irrelevante*). Se você não desenvolveu um ponto de vista bom e específico sobre qual métrica é importante para sua equipe e por que, então *todas* suas métricas são basicamente métricas da vaidade.

Veja um exemplo clássico para mostrar isso: imagine que você seja um gerente de produto trabalhando em um produto de busca. De repente, você vê uma queda nas visualizações da página diárias. O que isso significa? E o que você faz?

Essa é uma pergunta muito usada no Google nas entrevistas do gerente de produto, e por um bom motivo. Se você trabalha em um produto para o qual o objetivo é dar às pessoas a informação certa o mais rápido possível, uma diminuição nas exibições da página pode ser algo *bom*. Se trabalha em um produto cuja receita é diretamente proporcional às exibições da página, uma diminuição nessas exibições pode ser algo muito, muito ruim. A mesma métrica pode significar coisas muito diferentes dependendo de como ela se alinha com as metas gerais e a estratégia de sua equipe e organização.

Assim que começamos a pensar sobre métricas em relação a nossas metas e estratégia específicas, percebemos que há algumas métricas que esperamos, ou até *queremos*, que tenham uma tendência negativa. Por exemplo, imagine que sua equipe receba a tarefa de avaliar um aumento no preço de um serviço de assinatura. Há uma boa chance de que esse aumento resulte em um aumento proporcional na receita principal geral. Há também uma boa chance de que esse aumento faça certos clientes cancelarem suas assinaturas. Identificar essa "métrica oposta" no começo pode ajudar a iniciar uma conversa importante com os interessados sobre quantos clientes queremos perder, e o que fazer se virmos esse número indo além de nossas expectativas.

Resumindo: não há uma resposta universal para a pergunta "O que devemos medir?" Veja suas metas e estratégia, faça o melhor para descobrir quais sinais mensuráveis podem ajudá-lo a entender onde você está e aonde quer chegar.

Usando Métricas da Sobrevivência para Ter Expectativas Claras

Talvez a pergunta que me vejo fazendo aos gerentes de produto com mais frequência seja: "O que você esperava que acontecesse?"

Em geral, essa pergunta é feita em resposta a declarações entusiasmadas como "Integramos duzentos novos usuários esta semana!" ou "Vemos um grande aumento no uso de nosso novo recurso!".

Dependendo do tempo e do esforço usados nas tentativas de integração, duzentos novos usuários poderiam ser uma grande vitória ou um completo desastre. E, dependendo de quantas horas de engenharia altamente compensadas foram gastas no novo recurso, um "grande aumento" no uso ainda poderia representar uma grande perda para o negócio. É praticamente impossível declarar se certo resultado é "bom" ou "ruim", a menos que você tenha coragem suficiente para obter proativamente o resultado que espera ver.

"DADOS, ASSUMAM O CONTROLE!" | 171

Este é outro exemplo da gangorra dos resultados e da produção que vimos no Capítulo 10. Se não somos específicos quanto aos resultados que esperamos ver, é quase certo que não conseguimos medir o sucesso do nosso trabalho em função das métricas da vaidade, sendo elas "Veja, algumas pessoas estão usando o produto!" ou "Veja, enviamos o recurso no prazo!"

Os melhores gerentes de produto estão dispostos não apenas a se comprometer com antecedência em como é o sucesso, mas também a ter uma conversa desafiadora, mas de importância crítica, sobre como é o *fracasso*. O líder de produto Adam Thomas defende uma abordagem para essa conversa, chamada "métrica da sobrevivência". Essa métrica representa o pé no chão real para o céu azul de suas "métricas do sucesso". Por exemplo, você pode ter decidido que seu novo recurso será considerado um sucesso se tiver mil usuários ativos dentro dos próximos três meses. Mas qual é o *número mínimo de usuários ativos* que você esperaria ver para assegurar mais investimento no recurso? Cem? Cinquenta? Dez? E o que fará se não atingir esse número?

Essas conversas nunca são fáceis, mas sempre é melhor tê-las antes de lançar um novo produto ou recurso, em vez de tentar descobrir se os 150 novos usuários são um resultado bom ou ruim após o fato.

Quando a Gestão de Produto "Orientada a Dados" nos Afasta dos Nossos Usuários

Myrtle P.
Diretora de produto, startup SAAS com 400 pessoas

Há alguns anos, recebi a tarefa de melhorar a performance de um recurso que é carregado nos sites dos usuários. Meu colega da engenharia tinha uma hipótese interessante: ele descobriu uma análise sobre como as taxas de abandono aumentam muito a cada milissegundo do tempo de resposta. Demonstramos um caso interessante de que se pudéssemos reduzir o tempo de resposta para nosso recurso carregar, poderíamos aumentar as interações do usuário em uma quantidade impressionante. Era um cenário do tipo "fazer uma mudança, mover uma métrica, entregar uma grande vitória para o negócio" com o qual os gerentes de produto sonham.

O problema era que esse recurso se tratava de um programa bem antigo, e mudanças incrementais para o tempo de carregamento significavam esforços de desenvolvimento maiores. Meu colega engenheiro, com quem trabalhei por anos e em quem confiava, foi muito claro: "O único modo de fazer isso é criar a coisa toda do zero." Então defendi essa abordagem e estimamos que levaria cerca de quatro meses. Seria um grande compromisso de tempo, mas dado o enorme impacto que achávamos que teria, parecia valer a pena. Algumas pessoas me disseram que era uma ideia ruim, mas eu vi uma grande vitória no horizonte e achei que poderíamos fazer dar certo.

Sem surpresa, os quatro meses se tornaram dois anos. Fazer uma reescrita lado a lado de um produto essencial não é uma tarefa fácil e havia muitas coisas que não tínhamos considerado até estarmos bem avançados. E a pior parte é que durante os dois anos em que trabalhamos nisso, não conseguimos entregar *nada* que realmente ajudasse nossos clientes. **Seguimos por um caminho que parecia certo, mas nos perdemos quanto ao que os usuários realmente tentavam realizar.** De fato, não validamos que os milissegundos do tempo de carregamento eram realmente um problema para os usuários, apenas descobrirmos algo fácil de medir com um impacto teoricamente enorme e decidimos trabalhar para otimizar isso.

Pensando bem, essa abordagem foi tão sedutora precisamente porque não tínhamos que fazer o que a maioria dos GPs provavelmente não admitiria que não quer fazer, ou seja, falar com muitos clientes. Pegamos o caminho que envolvia a *menor* aprendizagem real com nossos clientes, e não acho que foi por acaso. Em vez de trabalhar para entender os outros problemas do usuário disponíveis que poderíamos ter resolvido e, então, avaliar as possíveis soluções, como a Árvore da Solução de Oportunidades de Teresa Torres, pulamos muitas etapas quando descobrimos algo nos dados que parecia atraente e justificável. Se tivéssemos falado antes com nossos usuários, poderíamos ter economizado muito tempo e evitado problemas.

A Experimentação e os Descontentes

A ideia da "experimentação orientada a dados" é central na gestão de produto moderna, e por um bom motivo. Antes de investirmos muitos recursos e tempo ao criar algo, vale a pena fazer o que for preciso para aprender se a tal coisa terá ou não sucesso com clientes reais em um mercado real.

Na teoria, a experimentação deveria resolver objetivamente os problemas que poderiam ter sido respondidos de outra forma com opiniões ou com uma política organizacional infundada. Na prática, vi muitas vezes que ela exerce justamente o efeito contrário. Em vez de usar a experimentação para resolver as discussões, muitas equipes acabam *questionando a experimentação*, entrando em debates sobre se os experimentos serão realizados corretamente, se os resultados dos experimentos são realmente significativos e se valem a pena ser feitos.

Por muitos anos, tentei entender por que isso acontecia e o que poderia ser feito em relação a isso. Então, na sempre ótima newsletter de Tim Casasola, *The Overlap* [disponível em https://oreil.ly/oJNk3, conteúdo em inglês] li seis palavras simples que realmente mudaram meu mundo: "Não prove o valor. Crie-o." [disponível em https://oreil.ly/3dXpM, conteúdo em inglês] Em outras palavras, não faça experimentos com o objetivo de provar para seus colegas que algo pode *teoricamente* fornecer valor para os usuários; faça os experimentos com o objetivo de fornecer valor para os usuários.

Intrigado com a revelação dessas palavras, procurei alguns gerentes de produto cujos experimentos recentes mudaram com sucesso o curso do trabalho de sua equipe, assim como alguns cujos experimentos não deram certo. Com certeza, um padrão claro surgiu: os experimentos mais impactantes foram orientados por uma motivação clara para *realmente criar valor para os usuários*. A motivação por trás dos experimentos bem-sucedidos não era "enviar algo pequeno e, então, fazer muitos cálculos para ver se poderíamos tentar convencer os demais quanto a se isso teria ou não valor para nossos usuários em algum ponto no futuro", mas "enviar algo pequeno que achamos que será valioso para nossos usuários e ver se é, de fato, valioso para eles."

Voltemos ao nosso exemplo anterior de uma equipe com a tarefa de melhorar a experiência de fechamento da compra para um aplicativo de e-commerce. Como gerente de produto nessa equipe, você deseja assegurar que a equipe siga na direção certa antes de fazer qualquer grande mudança no fluxo de trabalho crítico da empresa. Você está *muito* certo de que pode aumentar as conversões simplificando duas etapas do processo de fechamento da compra em uma. Mas, para tanto, precisa mover a área de "produtos recomendados", que atualmente é exibida para os usuários nessas duas etapas existentes — uma área que, para sua decepção, é supervisionada por outro gerente de produto. Esse gerente não está, para dizer o mínimo, muito empolgado com a ideia. Então vocês concordam em fazer um experimento para ver se o fluxo de trabalho simplificado resulta em mais conversões, *e* se isso afeta o engajamento do usuário com a área "produtos recomendados".

Você implanta o experimento para um pequeno grupo de usuários e espera ansioso os resultados. Como esperado, há um aumento estatisticamente significativo nas conversões! Mas há também uma diminuição estatisticamente significativa nos usuários clicando nos produtos recomendados. De certa forma, você *e* o outro gerente de produto estão "certos". Os dois se posicionam demonstrando por que suas respectivas métricas são as mais importantes. Após meses de idas e vindas sem nenhum progresso real, o caminho de menor resistência parece cada vez mais atraente. Por fim, o experimento é considerado "inconclusivo" e nenhuma mudança é feita.

Agora imagine que você tenha escolhido uma abordagem um pouco diferente. Quando confrontado com os protestos do outro gerente de produto, você recua e novamente percorre a experiência de fechamento da compra do ponto de vista de um *usuário*. Muito rapidamente fica claro que o motivo para tantos usuários interagirem com as "recomendações do produto" é que eles ficam presos no meio da experiência de fechamento, possivelmente resultando em um número razoável de cliques errados, talvez até em alguns carrinhos abandonados. Quanto mais você pensa nisso, menos se convence de que a colocação dessas recomendações realmente entrega algum valor aos usuários.

Então você começa a descobrir exatamente quantos usuários que clicam nessas recomendações acabam concluindo uma compra. Entretanto, como pode lembrar de nosso exemplo original, os dados de instrumentação granulares não estão disponíveis. Portanto, você procura algumas pessoas no suporte para ver se elas têm alguma informação que possam compartilhar. E, com certeza, vários usuários reclamaram recentemente sobre clicar sem querer nas recomendações do produto ao tentar concluir a compra. Para entender melhor as expectativas gerais dos usuários, você passa um tempo examinando outros apps de e-commerce e percebe que a maioria coloca as recomendações do produto na tela do "carrinho de compras", não a dois cliques do fluxo de trabalho para o fechamento da compra. Agora você está chegando em algum lugar.

Você volta para o outro gerente de produto com uma ideia de como avançar: com base na pesquisa feita, você acha que terá mais valor para os usuários se as recomendações de produtos forem para o carrinho de compras e a experiência do fechamento da compra for simplificada. Você tem muita certeza de que essa abordagem beneficiará os usuários, a empresa e as equipes: afinal, mais usuários fechando a compra significa mais usuários comprando os produtos da empresa, inclusive os recomendados. Você propõe um experimento para ver ser o carrinho de compras e a experiência de fechamento da compra atualizados podem entregar um aumento nas conversões, entendendo que essas conversões são a métrica mais significativa para *ambas* as equipes. Com relutância, o outro gerente concorda.

Preparar esse experimento leva um pouco mais de tempo do que o planejado e envolve uma colaboração não muito fácil entre sua equipe e a equipe de recomendações de produtos. Mas você realmente acredita que a experiência atualizada implantada para um pequeno grupo de usuários é uma que entregará mais valor. Com certeza, você vê um aumento estatisticamente significativo nas conversões e uma diminuição pequena, mas não insignificante, no engajamento

"DADOS, ASSUMAM O CONTROLE!" | 175

com os produtos recomendados. Contudo, desta vez, o outro gerente de produto não declara imediatamente que o experimento é um fracasso. Você alinhou a métrica mais significativa no início, e o experimento parece ter influenciado essa métrica de um modo importante e inequívoco. E como trabalhou *com* a equipe de recomendações do produto nesse experimento, ela tem parte do sucesso. Você apresenta os resultados do experimento para a liderança da empresa *em conjunto*, recomendando implantar a nova experiência de fechamento da compra para um grupo maior de usuários.

Como mostra o exemplo, o modo de comunicar um experimento muitas vezes é mais importante do que o experimento em si. Resumindo: ninguém gosta realmente de ter nada "comprovado", nunca. Ao criar algo que entrega um valor real para os usuários, é muito mais fácil acabar com os impasses políticos e ganhar força. E quando criar algo que não entrega valor, apesar de seus melhores esforços, poderá trabalhar com sua equipe para entender melhor as suposições e os equívocos que podem ter contribuído para um resultado genuinamente desapontador.

O Teste A/B Mais Inútil do Mundo

G. L.
Gerente de produto, startup de tecnologia do consumidor

No início de minha carreira em gestão de produto, discordei de uma designer na equipe sobre a cor e a colocação de um botão em nosso app. Estávamos no meio de algumas reformulações menores e eu estava *convencido* de que a forma atual do botão era mais atraente do que a forma atualizada que uma das designers tinha proposto. Sabendo que um bom "GP orientado a dados" sempre resolve tais desacordos com dados e experimentos, propus fazer um teste A/B simples e a designer concordou.

Tínhamos um sistema muito bom para rodar os testes e levou menos de um dia para preparar tudo. Algumas semanas depois, examinamos os resultados do teste e, para minha grande surpresa e choque, eu estava redondamente enganado. Não só a variante da designer se saiu melhor, como foi feita de um modo "estatisticamente significativo", que eu entendi significar que devíamos implantar agora, imediatamente, as mudanças que ela tinha sugerido.

Fui até a mesa dela me sentindo humilhado, mas orgulhoso por ter resolvido a questão usando dados de usuários reais. Ela riu e disse:

— Sim, examinei os resultados, e acho que provavelmente devemos deixar como está e trabalhar em outra coisa.

Como assim??

— Veja bem — explicou ela —, os resultados podem ser significativos estatisticamente, mas não há muito engajamento com o botão no geral. Como é uma parte menor do app e já demoramos muito explorando isso, acho que nosso tempo deve ser mais bem gasto em outro lugar.

A designer me deu uma lição importante: só porque um teste produz um resultado "estatisticamente significativo", isso não quer dizer que ele seja significativo para o negócio ou seus usuários. **Eu estava tão ansioso para ser "científico" em minha abordagem que perdi totalmente de vista a ideia geral. Eu estava mais focado em algo mensurável e testado do que em algo que poderia realmente orientar os resultados maiores que precisávamos como negócio.** Agora, tento começar entendendo o tamanho da oportunidade: quantos usuários realmente interagem com a coisa e o quanto essas interações são significativas? Se é algo realmente menor, então um experimento "orientado a dados" pode ser um exercício realmente inútil.

Da "Responsabilização" à Ação

Muitas organizações buscam motivar a "responsabilização" entre os gerentes de produto pela condução de mudanças específicas em métricas específicas. Na teoria, isso assegura que os gerentes priorizem os resultados e permaneçam focados naquilo que moverá o produto e a empresa na direção certa.

Mas, na prática, muitas vezes vi isso sair pela culatra, e com graves consequências. Quando os gerentes de produto são diretamente responsáveis por atingir um número quantitativo específico, em geral eles se desconectam quando sentem que o número está fora de alcance. Se você é responsável por certo aumento da porcentagem no crescimento de novos usuários, por exemplo, e um concorrente lança um produto que você sabe que diminuirá sua cota de mercado, poderá se sentir tentado a jogar a toalha e se preparar para uma análise trimestral desagradável. De fato, você pode igualmente se desconectar se perceber logo que a métrica com a qual está sendo avaliado é uma viagem só de ida para a Sucessolândia.

Aí reside um dos desafios mais desconfortáveis e difíceis da "responsabilização" orientada a dados para os gerentes de produto: *como pedir que as pessoas sejam responsáveis por algo que está fora de seu controle?* Como vimos, os resultados mais significativos para nossa empresa costumam ser os determinados pelo comportamento do usuário e pela dinâmica do mercado, ambos sendo sistemas complexos e irritantes. É quase impossível atribuir, de forma permanente, qualquer mudança nesses sistemas a um único fator, como lançar um novo recurso. Dito isso, como vimos no Capítulo 10, é importante que os gerentes de produto e suas equipes tenham metas especificas em mente, mesmo que o impacto que seu trabalho tenha nessas metas seja muitas vezes ambíguo e difícil de quantificar.

Como equilibrar as metas quantitativas específicas e a compreensão de que sua capacidade de impactar diretamente as metas sempre será um pouco não linear e ambígua? É uma pergunta difícil e não há uma resposta óbvia nem abrangente para ela. Em termos gerais, acho útil reformular explicitamente a responsabilização orientada a métricas para os gerentes de produto não como *atingindo* uma meta quantitativa em particular, mas *priorizando os esforços da equipe para se alinhar com essa meta quantitativa*. Em geral, divido isso em seis responsabilidades específicas:

- Saber quais métricas está analisando e como elas se conectam com as metas gerais da equipe e da empresa.
- Ter metas claras e específicas para essas métricas.
- Saber o que está acontecendo com essas métricas agora.
- Identificar as questões inerentes que levam essas métricas a fazer o que estão fazendo.
- Determinar quais questões inerentes podem ser, de fato, abordadas por você e sua equipe.
- Ter um plano de ação priorizado para lidar com essas questões.

No conjunto, esses seis pontos podem ajudar os gerentes de produto a permanecerem engajados com as metas da equipe, não importando se as metas parecem contar uma história boa ou ruim. Se os números pelos quais você for responsável estão se movendo na direção certa, mas você não sabe por que ou o que fazer com isso, então não está fazendo seu trabalho como gerente de produto. E se os números estiverem se movendo na direção errada, mas você parou um pouco para entender por que e desenvolveu um plano de ação, então *está* fazendo seu trabalho como gerente de produto.

Resumo: Sem Atalhos!

A noção da gestão de produto orientada a dados pode prometer um futuro quase sem preocupações e sem riscos. Se usados de forma cuidadosa e completa, os dados podem ser uma ferramenta essencial para entender seus usuários e produto, mas não farão o trabalho em seu lugar. Você ainda é responsável por entender as decisões que precisa tomar, descobrir os melhores dados que podem ajudar a fornecer informações para essas decisões e trabalhar com seres humanos miseravelmente qualitativos em sua organização para realmente *tomar* essas decisões.

Sua Checklist

- Reconheça que uma abordagem orientada a dados ainda significa que você terá que definir prioridades e tomar decisões.

- Evite usar a palavra *dados* para generalizar informações específicas. Diga quais são essas informações e como foram coletadas.

- Tenha um ponto de vista claro sobre as métricas que importam para sua equipe e como elas se conectam às suas metas e estratégia.

- Seja específico sobre o que *espera* que aconteça antes do lançamento de um produto ou de qualquer outra ação com resultados mensuráveis.

- Complemente as métricas do sucesso com as "métricas da sobrevivência" para facilitar uma conversa inicial sobre quais resultados garantirão ou não um investimento continuado em um novo produto ou recurso.

- Faça experimentos com o objetivo de criar valor para os usuários, não para provar sua posição para os colegas.

- Reconheça que o impacto específico de seu trabalho que tem resultados comerciais de alto nível, como crescimento e receita, sempre será difícil de quantificar.

- Use metas e objetivos quantitativos específicos para priorizar o trabalho da equipe, não para avaliar seu próprio sucesso ou fracasso pessoal como gerente de produto.

| 12

Prioridades: Onde Tudo se Junta

Como vimos nos capítulos anteriores, há muitos modos de fazer progresso com uma atitude defensiva antes de tomar uma decisão importante. Você pode fazer apresentações grandes e impressionantes em PowerPoint! Pode ter discussões sérias e intensas sobre a diferença entre "missão" e "visão"! Pode se afundar em painéis e insistir que "precisa de mais dados!"

Cedo ou tarde, precisará responder algumas perguntas importantes com a equipe: o que criamos? O quanto criamos? Como saberemos se tivemos sucesso? O que *não* devemos criar? De fato, a que devemos parar de dar suporte?

Muitas vezes, essas perguntas vêm à cabeça durante um processo amplamente referido como "priorização". É quando você se reúne com a equipe para descobrir o que realmente fará no próximo período finito. Talvez esteja buscando histórias de usuários em um backlog existente ou trabalhando com a equipe para identificar e definir o escopo de novas ideias. Mas, seja lá o que faça, terá que tomar algumas decisões importantes. E nunca sentirá que tem informações suficientes para tomar essas decisões com o grau de confiança e certeza que deseja.

É nesse processo de priorização que metas, estratégia, métricas, resultados do experimento e qualquer outra coisa examinada se juntam. Infelizmente para você, a imagem formada pode ser bem inconsistente, confusa e contraditória. Novamente, é nesse ponto que os gerentes de produto costumam recorrer a estruturas para assegurar que estejam fazendo a priorização do jeito "certo". Mas toda estrutura de priorização tem ambiguidade suficiente para se romper por completo caso você não saiba em que direção sua equipe está seguindo e como vocês planejam chegar lá. Se você usa uma matriz de impacto versus esforço, como exatamente define o *impacto* se suas metas não são claras? Se usa o método MoSCoW de priorização (sigla em inglês em que o *M* significa "must have" — "tenho que fazer"), como sabe o que constitui o "tenho que fazer" se não sabe para quem está criando?

Não importa a estrutura usada e quanta preparação foi feita, haverá muitos momentos inevitáveis no processo de priorização em que você perceberá que uma pergunta crítica não foi respondida ou que uma meta não está tão clara quanto achou que estivesse. Neste capítulo, veremos como avançar e tomar as melhores decisões possíveis, independentemente da estrutura de priorização formal ou do processo que sua equipe usa.

Pegando um Pedaço do Bolo em Camadas

Quando você começar a tomar decisões de priorização, provavelmente terá em mente muitas camadas e níveis diferentes da empresa, da equipe, do produto, das metas, das estratégias e das métricas do usuário. Em teoria, todas essas camadas devem se encaixar com clareza e propósito. Na prática, é muito provável que lembre um bolo em camadas, grande e confuso (Figura 12-1). Nem toda camada é necessariamente deliciosa e nem toda camada complementa a camada ao lado. Algumas podem ser bem doces e fofas, ao passo que outras podem ser secas e esfareladas. É seu trabalho, em cada decisão tomada, descobrir quais camadas valem a pena acessar nesse pedaço em particular.

Quanto maior a empresa, mais alto e mais complicado é o bolo em camadas. Quanto menor, mais confuso e denso. Nenhum pedaço do bolo será perfeito, mas ainda será preciso montar o melhor que puder, a cada vez.

Por exemplo, imagine que você trabalha em uma empresa grande com uma receita corporativa bem definida e socializada, com metas de crescimento do usuário, além de iniciativas estratégicas bem definidas e socializadas. Você concordou quando essas coisas foram apresentadas em várias reuniões gerais, mas, quando chegou a hora de a equipe priorizar o próximo trimestre de trabalho, você teve problemas para conciliá-las. As iniciativas, embora interessantes e formuladas de modo convincente, não pareciam acompanhar diretamente as metas de receita da empresa. Você vem planejando fazer mudanças no principal produto da empresa, mas todas as iniciativas parecem focadas nos produtos e nos recursos novos. O que fazer?

Figura 12-1. O bolo em camadas de metas, estratégias, insights e outras coisas. Cada decisão sobre o que você criou, como criou e quanto foi criado é seu próprio pedaço exclusivo do bolo em camadas.

Resumindo: você faz o melhor que pode. Você vê todas as camadas disponíveis, desde as metas de alto nível da empresa até os insights do usuário e as métricas do produto específicas, e tenta pegar o pedaço que será mais delicioso para a empresa e os usuários. Por exemplo, é possível ver os dados de instrumentação do produto e decidir quais mudanças no produto principal muito provavelmente cumprirão as metas de receita gerais da empresa *e* os OKRs trimestrais da equipe individual. Nesse caso, você pode argumentar o seguinte com a liderança da empresa: "Escolhemos priorizar fazer melhorias no produto principal da empresa porque acreditamos que isso exercerá um impacto mais direto nas metas de receita dela. Isso se alinha com os OKRs da nossa equipe ao criar a melhor experiência possível para os clientes existentes e orientar a receita e a retenção."

Uma alternativa seria fazer uma análise da concorrência e perceber que você realmente tem uma oportunidade interessante de focar um novo segmento do usuário que foi pouco abordado antes pela empresa em geral. Focar a equipe em descobrir novas soluções para *novos* usuários se alinharia muito bem com as iniciativas estratégicas da empresa *e* suas metas de crescimento gerais. Nesse caso, você pode argumentar o seguinte com a liderança da empresa: "Escolhemos priorizar entender e desenvolver soluções para os novos segmentos do usuário que nosso principal produto não atende. Isso se alinha com as iniciativas estratégicas da empresa e acreditamos que exercerá um efeito positivo nas metas de crescimento da empresa."

Nenhuma dessas abordagens está basicamente certa ou errada. O desafio, como sempre, é tomar a melhor decisão possível com as informações que você tem, mesmo quando elas parecem incompletas ou contraditórias, como normalmente é o caso.

Toda Decisão É uma Concessão

Sempre que faço login na Netflix, a plataforma me pergunta se estou usando o produto em nome de "Matt" ou das "crianças". Não tenho filhos nem nenhuma criança usou minha conta por uma década ou mais em que sou assinante da Netflix. Então por que tenho que completar essa etapa extra antes de assistir ao último episódio de *Is It a Cake?* [*"Isso é um Bolo?"*] enquanto pego no sono?

Grande revelação: não sou nem nunca fui gerente de produto na Netflix. Mas estou muito seguro de que qualquer pai/mãe que conheço ficaria *muito* mais chateado ao descobrir que seu filho de 8 anos está consumindo compulsivamente o *Round 6* do que eu me chateio tendo que pressionar o botão Enter no controle remoto mais de uma vez.

Esse padrão, agora generalizado, revela uma verdade fundamental sobre o desenvolvimento de produto: toda decisão é uma concessão. Quando você adiciona uma nova funcionalidade para ajudar um tipo de usuário, provavelmente frustrará outro usuário. Quando simplifica uma experiência para remover etapas que parecem irrelevantes, algumas pessoas reclamarão em bom tom sobre a perda dessas etapas. E quando você investe muito tempo e energia de sua equipe para criar um novo recurso que parece interessante, o tal recurso pode não chegar nem perto de justificar seu próprio custo.

Veja dicas para examinar essas concessões com cuidado e eficiência:

Comece pequeno.
> Na maioria das vezes, você não saberá se uma decisão é realmente boa ou ruim até *depois* de ela ser tomada. Por isso, muitas vezes é melhor priorizar as pequenas etapas que permitem reunir feedback e ajustar o curso. É onde a experimentação vista no Capítulo 11 pode ser particularmente valiosa e onde os limites de tempo e as restrições fixas que vêm com muitas estruturas de desenvolvimento Ágil podem ser usados a seu favor.

Pense nos diferentes segmentos ou personas de usuários e priorize as necessidades deles.
> Como o exemplo da Netflix ilustra, os diferentes segmentos ou personas de usuários provavelmente terão necessidades e metas diferentes, e o que ajuda um pode frustrar

PRIORIDADES: ONDE TUDO SE JUNTA | 183

o outro. Por exemplo, os recursos que atendem a um grupo de usuários avançados pequeno, mas de alto valor, podem complicar a experiência para um grupo de usuários normais maior, mas de menor valor. Descobrir qual segmento priorizar e como lidar melhor com suas necessidades provavelmente precisará de vários pedaços confusos de um bolo grande e com camadas desordenadas.

Pense em termos de diferentes segmentos ou personas de usuários que muitas vezes podem ajudá-lo a mitigar o lado negativo de qualquer decisão tomada. Por exemplo, você pode conseguir implantar novas alterações em certo subconjunto de usuários com base em seu comportamento ou preferências existentes. Em termos gerais, sempre é melhor considerar as necessidades específicas dos usuários específicos, em vez de tentar encontrar a melhor concessão para "todos".

Documente suas suposições.

Mesmo quando você trabalha para fazer concessões fundamentadas, *ainda* terá que fazer suposições para avançar. É possível pressupor que os resultados de um pequeno experimento acabem sendo ampliados para incluir uma base maior de usuários, que os valores atípicos em certo conjunto de dados que sua equipe consultou não são importantes e que as necessidades fundamentais dos seus usuários ficarão inalteradas durante o tempo que sua equipe leva para explorar e entregar uma solução. Em vez de minimizar ou ocultar essas suposições, tente documentá-las e discuti-las com sua equipe. Isso o deixará mais bem equipado para ajustar o curso quando surgirem novas informações que possam validar ou invalidar as suposições que vocês se esforçaram para catalogar e entender em conjunto.

Lembre-se de que tudo que você cria tem um custo, mesmo que seja invisível.

Às vezes pode parecer que o trabalho de um gerente de produto é encontrar a coisa mais justificável para criar em determinado momento, trabalhar com a equipe para criar a tal coisa e, então, passar para a próxima. Mas sempre vale a pena ter em mente que o tempo da equipe tem um custo para a empresa e se você não justifica esse custo, acaba tendo que justificar a existência da equipe. Se nenhuma das coisas que sua equipe está pensando em criar parece impactante, pense em como você pode ampliar ou refocar as metas e a estratégia dela para se alinhar melhor com as ambições gerais da empresa.

Os gerentes de produto eficientes não se esquivam de comunicar os lados negativos das concessões que são feitas. Fazendo isso, eles ajudam as equipes, as organizações e os líderes a ficarem mais à vontade ao avançar com as decisões que — como todas as decisões, de preferência — visam o progresso, não a perfeição.

Começando Pequeno para Fazer Grandes Mudanças em uma Empresa Antiga

Geof H.
Líder de produto, empresa de papel e embalagens

Recentemente, iniciei um produto principal em uma empresa de papel e embalagens. É um espaço muitíssimo interessante, com grande potencial para melhorar produtos profundamente integrados na vida de incontáveis pessoas e empresas. Mas, em mais de uma década trabalhando com produto, aprendi que não se pode apenas entrar e dizer: "Sua empresa está desatualizada! Você deve fazer o que uma empresa digitalmente nativa faria!" Para fazer uma mudança real e duradoura, é preciso ir da ideia aos resultados o mais rápido possível, e mostrar à empresa que isso é realmente viável, não apenas uma fantasia improvável vinda do Vale do Silício.

Então, a primeira coisa que fiz quando iniciei foi conhecer os gerentes gerais (GGs) em nossas fábricas, as pessoas que tinham maior conhecimento das metas e dos desafios diários. Perguntei quais eram seus maiores desafios e recebi uma resposta muito clara e consistente: paletes perdidos. E essa resposta fez muito sentido! Imagine se você monta um display de merchandising complexo com centenas de peças e um palete com uma dúzia dessas peças se perde. De repente, é preciso refazer o trabalho inteiro, o que pode desacelerar muito a produção. Perguntei a um de nossos GGs:

— E se pudéssemos dizer onde suas coisas estão o tempo todo?

A resposta sonora foi:

— Sim! Se você conseguir fazer isso, terá carta branca para o que precisar em nossa fábrica para fazer isso acontecer.

Do ponto de vista técnico, não era um problema muito complexo de resolver. Podíamos usar sensores básicos e disponíveis no comércio para fazer o protótipo de uma solução que guiasse os resultados reais e imediatos para esse GG. E foi essa minha estratégia: fazer o GG se tornar o herói. Talvez você tenha suas próprias ambições para "transformar" ou "causar disrupção" no negócio, mas as pessoas que compõem o negócio precisam entender como isso as ajudará a atingir as ambições deles. **Se você conseguir resolver um problema real para alguém, essa pessoa contará a história para o chefe, para o chefe do chefe e, antes que perceba, você terá a empresa toda defendendo seu trabalho.**

Tendo em Mente a Experiência Inteira

Muito foi escrito sobre como as equipes do produto e as organizações podem se tornar facilmente "fábricas de recursos", produzindo muitos recursos que parecem interessantes, mas que realmente não entregam nenhum valor para o negócio

PRIORIDADES: ONDE TUDO SE JUNTA | 185

ou os usuários (aqui novamente, recomendo o excelente livro de Melissa Perri, *Escaping the Build Trap*). Quase todo gerente de produto que conheço reclamou comigo ao menos uma vez que sua empresa é uma fábrica de recursos obcecada pela produção, que só *finge* se importar com os usuários. Mas quase todo gerente de produto que conheço, inclusive eu mesmo, também contribuiu com esse exato problema priorizando os recursos que serão mais fáceis de gerenciar em detrimento dos recursos (e dos não recursos) que serão mais impactantes.

Em termos práticos, muitas vezes isso significa priorizar os recursos com *menos* probabilidade de precisar de coordenação com outros gerentes de produto e equipes. Quase todo GP recebe um campo de ação implícito ou explícito quanto a certa parte do app, da métrica de sucesso e/ou da jornada do usuário. E quase todos provavelmente priorizam o trabalho que pode ser feito dentro de limites claros e confortáveis de suas próprias responsabilidades e equipe.

O raciocínio por trás disso não é difícil de entender: a gestão de produto é bem difícil quando os únicos interessados com quem você precisa realmente se alinhar são os designers e os desenvolvedores com os quais trabalha todo dia. Quando precisar se coordenar com outras equipes de produto, também precisará examinar objetivos, ambições, expectativas e desalinhamentos internos *delas*. Obrigado, mas não quero.

A verdade incômoda aqui é que os exatos recursos e melhorias que perpassam as áreas de responsabilidade das várias equipes são, quase sempre, os mais impactantes para o negócio e para os usuários. Um artigo de 2013 na *Harvard Business Review*, de Alex Rawson, Ewan Duncan e Conor Jones, chamado "The Truth About Customer Experience" [disponível em https://oreil.ly/mOo97, conteúdo em inglês], chama a atenção para algo que muitas vezes se perde nas conversas sobre gestão de produto: da perspectiva do cliente, a parte mais importante do produto costuma ser não seus "recursos" individuais, mas como eles se juntam para criar uma experiência contínua e coesa.

Resumindo: justamente as coisas que seriam de maior impacto para os gerentes de produto priorizarem, muitas vezes são aquelas que serão mais frustrantes e difíceis de executar. Isso resulta em muitos gerentes de produto e equipes evitando, por obrigação, qualquer alteração nas partes mais interconectadas de seu produto, o que, por sua vez, leva a muitos produtos modernos que parecem uma salada de recursos desconectados, não experiências contínuas e fáceis de navegar.

Para ter exemplos reais desse antipadrão, não é preciso ver além dos produtos emblemáticos criados por algumas das próprias empresas de produto digitais cujas "melhores práticas" muitas vezes são divulgadas em palestras e documentos técnicos. Digo isso não para duvidar gratuitamente dessas empresas, mas destacar que, de fato, *ninguém* estabeleceu isso de forma definitiva. Não existe um modelo operacional nem estrutura de gestão de portfólio que possa determinar a quantidade de coordenação em campo, colaboração ou tomada de decisão facilitada com cuidado que mantenha todas as partes de um produto complexo reverberando juntas em uma harmonia centrada no usuário.

Então, o que isso significa para os gerentes de produto profissionais? Em poucas palavras, significa que não importa exatamente onde estão os silos e os limites de certa organização: você terá que trabalhar com dedicação para ir além deles. Veja algumas dicas táticas para identificar, priorizar e executar oportunidades além do campo de ação imediato da equipe:

Use seu produto regularmente para completar tarefas e jornadas inteiras.
Um modo de garantir que você viva na realidade de seu usuário é usar regularmente seu próprio produto de uma forma que se pareça muito com o jeito como os usuários reais o usam. Em vez de fazer testes fortemente adaptados e um passo a passo de seu(s) próprio(s) recurso(s), tente criar uma nova conta e concluir o conjunto inteiro de tarefas ou jornadas mais importantes para um usuário ou persona específico. Você provavelmente descobrirá que as oportunidades mais significativas de melhorar a experiência geral não estão no escopo do trabalho da sua equipe —nem no trabalho de qualquer equipe.

Comece com as metas da equipe, não com as dependências táticas.
Ao coordenar as equipes, pode ser uma tentação começar identificando as dependências táticas que precisarão ser resolvidas para o trabalho avançar. Essas dependências, porém, raramente motivam ou atestam as necessidades do usuário nas quais vocês trabalham juntos para satisfazer. Antes de entrar nas minúcias das dependências, converse sobre como vocês podem trabalhar juntos para maximizar o impacto. Como o trabalho que envolve vários recursos ou áreas do produto tende a ter certo valor para os usuários (e, por sua vez, para o negócio), você pode achar que essa conversa baseada em objetivos muda o tom da colaboração de "Epa, temos que coordenar muitas coisinhas diferentes" para "Uau, podemos realmente fazer uma grande diferença aqui".

Veja as soluções de subtração.
Um artigo recente na revista *Nature* [disponível em https://oreil.ly/X8QE8, conteúdo em inglês], muito compartilhado na comunidade de produtos, descreve como nosso cérebro tende a buscar soluções de adição para os problemas antes mesmo

de considerarmos as soluções de subtração. Para mim e muitos outros gerentes de produto, isso ajudou a explicar por que a resposta para muitos problemas sempre parece ser "Vamos adicionar outro recurso", mesmo quando o problema é "Nossos usuários parecem achar que temos recursos demais". Um dos benefícios de analisar vários recursos ou áreas de produto é que você consegue muitas vezes identificar oportunidades para *subtrair* ou simplificar a funcionalidade de um modo que seria muito mais difícil se estivesse muito limitado à sua própria parte do produto.

A título de exemplo, um líder de produto com quem trabalhei certa vez ofereceu uma recompensa em dinheiro de US$5 mil por qualquer definição do usuário que um gerente de produto pudesse argumentar com sucesso que deveria ser removida do app. Claro, remover uma definição do app em geral tinha desdobramentos no trabalho de muitos gerentes de produto e equipes. Mas um bônus em dinheiro deu um incentivo para os gerentes fazerem o trabalho difícil de coordenar as equipes, mesmo significando que o bônus precisaria ser dividido entre alguns.

Mais uma vez, comece pequeno.

Quanto mais equipes e indivíduos se envolvem em algo, mais altas parecem ser as apostas. Isso, por sua vez, pode aumentar a ansiedade e a aversão a risco. Quando trabalhar junto com outros para reavaliar as partes maiores da experiência do usuário, procure oportunidades para iniciar com pequenas mudanças. Meça-as, analise os resultados e siga em frente.

De novo, lembre-se de que nenhuma organização que lida com produtos no mundo tem todas as respostas. Não desista se sentir que o modelo operacional ou o gráfico organizacional de sua empresa em particular parece baseado em propósito, desencorajando a colaboração das equipes. Mantenha um pé firme na realidade de seu usuário e não tenha medo de colocar o outro pé fora de sua equipe ou silo para entregar os melhores resultados desejáveis possíveis.

De Objetos Brilhantes a Joias da Compreensão

Ao trabalhar com dedicação ao priorizar o que importa para seus usuários e empresa, você provavelmente será sempre bombardeado com ideias para recursos novos e incríveis. Nenhuma estratégia bem articulada servirá como uma total proteção contra isso, e talvez fique tentado a ver seu trabalho como tendo que afastar o máximo possível esses "objetos brilhantes". No entanto, em geral, as pessoas não gostam de ter suas ideias afastadas, e seu objetivo não é dizer "não" para os principais envolvidos, mas ajudá-los a tomar as melhores decisões possíveis.

188 | GESTÃO DE PRODUTO NA PRÁTICA

Então, para começar, quando alguém procurar você, empolgado com uma nova ideia, não reaja de modo a tornar a empolgação um ressentimento. Trabalhe em parceria com a pessoa que sugere a ideia para entender o que a deixa tão empolgada em primeiro lugar. Talvez a nova ideia reflita uma mudança na estratégia geral da empresa ou nas prioridades que você não ficou sabendo. Talvez um novo recurso do concorrente tenha recebido muita pressão positiva e garantias para mais investigação. Talvez alguém possa ter pensado que algo era *realmente legal* e quis compartilhar com você. Em vez de combater o ímpeto por trás das ideias novas e incríveis, veja se consegue redirecionar esse impulso para as ideias que entregarão mais valor para seus usuários e negócio. Se você procura entender como o novo recurso incrível poderia resolver um problema real para seus usuários, está em uma melhor posição para gerar empolgação através de *todos* os diferentes modos para resolver o tal problema.

Por exemplo, imagine que um desenvolvedor na equipe esteja muito entusiasmado em permitir que os usuários façam login com suas credenciais em uma plataforma de rede social que, em sua exigente opinião, é destinada a ter uma curtíssima duração. O desenvolvedor chega na reunião de priorização já coordenado com o suporte para encontrar exemplos de usuários que pedem o login com as credenciais dessa nova plataforma. Você para por um momento e tenta reprimir sua frustração. Como essa pessoa poderia pensar que algo tão marginal vale a pena priorizar? Em um esforço de passar rápido dessa sugestão fazendo uma pergunta baseada em objetivos, você diz:

— Interessante... quantos usuários reais você acha que atualmente *não conseguem* fazer login porque o recurso não está disponível?

O desenvolvedor faz um gesto de resignação e você manteve a equipe nos trilhos.

Infelizmente, também perdeu uma grande oportunidade. Algo nessa ideia deixou o desenvolvedor empolgado o bastante para buscar o feedback do usuário antes da reunião de priorização! Talvez ele realmente ame melhorar a experiência de login em geral para os usuários, o que pode abrir uma importante discussão sobre ideias *menos* incríveis e novas, mas potencialmente mais impactantes, como, por exemplo, melhorar o fluxo de trabalho da recuperação de senhas. Talvez o desenvolvedor tenha lido sobre como a plataforma de rede social em questão adotou uma abordagem realmente inédita e interessante para seu fluxo de trabalho de autenticação, o que pode gerar uma importante discussão quanto ao que contribui para um bom fluxo de autenticação em primeiro lugar. Algo nessa ideia deixou o desenvolvedor muito motivado, mas você não conseguirá explorar a motivação se procura meios de descartar a sugestão de cara.

Adotando essa abordagem, é possível se abrir para novas ideias que inicialmente você não teria considerado que valiam a pena explorar. Isso constitui ainda outra oportunidade crítica para envolver a equipe não apenas na execução, mas também na aprendizagem, no raciocínio e na experimentação. Infelizmente, muitas vezes essas atividades são deixadas de lado se você não as torna uma parte explícita de como sua equipe prioriza seu tempo e esforço. No linguajar Ágil, uma quantidade finita de tempo dedicado a aprender, pesquisar e/ou experimentar (em oposição a criar ou codificar) costuma se chamar "spike". Segundo "A Melhor Coisa Sobre as Melhores Práticas", do Capítulo 7, usar essa linguagem específica pode ser útil ao comunicar que você não está tirando o tempo do trabalho de execução ao acaso, mas priorizando de propósito o tempo para a exploração cuidadosa de como abordar melhor esse trabalho.

Nesse ponto, nosso princípio orientador "Todos os esforços a serviço dos resultados" nos lembra que uma execução bem-sucedida não é apenas *fazer muitas coisas*, mas priorizar as atividades com mais probabilidade de nos ajudar a atingir nossas metas. Algumas das decisões do produto mais importantes que vi sendo tomadas pelos membros de minha equipe aconteceram quando o primeiro item na lista de tarefas da semana seguinte não era "Escrever muito código para concluir o recurso", mas "Pesquisar cinco possíveis abordagens de implementação que nos ajudariam a entender melhor o recurso".

Usando Protótipos para Validar ou Não as Ideias do Recurso

J. D.
Gerente de produto, startup de entretenimento com 50 pessoas

Quando estava trabalhando em uma startup de entretenimento com cinquenta pessoas, tivemos uma ideia para um recurso muito, mas muito legal, baseado em geolocalização. A ideia circulava há um tempo quando comecei, mas assumi a liderança para escrever uma especificação leve, conseguindo adesão na organização e assegurando que ela tivesse um lugar em nosso [roadmap] roteiro.

Após alguns meses de planejamento, estávamos prontos para começar a criar. Durante uma reunião de priorização com a equipe de produto, discutimos algumas possíveis abordagens que poderíamos adotar para iniciar o produto. No começo, a conversa girou em torno de uma discussão bem técnica sobre como implementaríamos um recurso baseado em geolocalização. Uma de nossas desenvolvedoras queria usar uma opção de fonte aberta que exigiria mais trabalho, porém nenhum custo adicional. Outra tinha um revendedor preferido, cujo serviço era caro, mas exigiria menos trabalho de nossa parte.

Sempre pronta para um bom desafio técnico, a desenvolvedora que preferia a opção de fonte aberta deu uma solução: ela queria duas semanas para ver se poderia criar um protótipo com reconhecimento de geolocalização para testar a solução de fonte aberta e, então, tomar uma decisão. Fiquei um pouco nervoso quanto a iniciar o projeto com um protótipo que não nos levaria ao recurso real, mas todos pareciam empolgados, então concordamos em avançar.

Duas semanas depois, combinamos um horário com nossa desenvolvedora para demonstrar o protótipo que ela tinha criado. Da perspectiva dela, era um grande sucesso técnico. Ela conseguiu criar um app básico de prova de conceito que simplesmente disparava um alerta quando algum critério de geolocalização fosse atendido na especificação do produto que escrevemos. E ela conseguiu fazer isso usando sua solução de fonte aberta gratuita preferida.

Mas quando ela nos guiou na solução criada, alguns de nós tivemos o mesmo pensamento persistente: o recurso seria útil de fato para nossos usuários? Ouvir a desenvolvedora no passo a passo usado para o protótipo fez com que nos questionássemos se os usuários achariam útil o recurso completo que estávamos imaginando. Então, em vez de seguir e criar o recurso, decidimos dar o protótipo do app a alguns colegas e ver se eles indicavam um recurso que seria realmente útil.

Após uma semana, ficou muito claro que o recurso realmente não era tão valioso quanto havíamos pensado. O critério de geolocalização específico que imaginamos poder usar para personalizar uma experiência de entretenimento não foi atendido com tanta frequência quanto esperávamos, e mais, não parecia se alinhar com as necessidades reais e preferências de meus colegas nos momentos em que os alertas eram disparados.

Sim, o ideal seria você testar um protótipo com os usuários de fora da organização. Mas o maior risco de testar algo internamente é que você validará uma ideia que não tem valor para seus usuários e tenho orgulho do fato de que realmente conseguimos invalidar uma ideia que tínhamos considerado ser ótima. O que consideramos ser apenas uma prova técnica do conceito acabou sendo um modo essencial de testar se o recurso que planejávamos criar seria valioso para os usuários. **Provavelmente um protótipo de duas semanas nos economizou seis meses de desenvolvimento que não teriam nos ajudado a atingir as metas da organização.**

Mas É uma Emergência!

Em teoria, uma das funções básicas de um processo de priorização é determinar o que será criado ou não em certo intervalo de tempo. Mas, na prática, toda organização deve lidar com as solicitações de "emergência" (vimos uma solicitação dessas no final do Capítulo 5). No espírito dos gerentes de produto se tornarem obsoletos, muitas vezes sugiro lidar com essas solicitações com um modelo de formulário de admissão. Estas perguntas podem ser boas para começar:

- Qual é o problema?
- Quem relatou o problema?
- Quantos usuários são afetados?
- Como o problema afeta as metas da empresa, como a receita?
- O que aconteceria se o problema não fosse resolvido nas duas próximas semanas?
- O que aconteceria se não fosse resolvido nos próximos seis meses?
- Quem é a pessoa de contato para mais discussão/solução do problema?

Dependendo dos detalhes da organização, você pode personalizar seu modelo para acomodar equipes de marketing que amam recursos, equipes da gestão de contas que, no último minuto, pedem um trabalho personalizado e até desenvolvedores que parecem sempre priorizar um novo erro descoberto durante o trabalho que eles tinham decidido fazer em sua reunião de priorização. Você também pode ajustar as perguntas específicas quanto ao número de usuários afetados e possíveis desdobramentos da receita com base no amplo acesso das informações dentro da organização. (Ou, melhor ainda, use o modelo como um ponto de partida para tornar as informações mais acessíveis!)

Em muitos casos, descobri que a mera presença de um modelo como esse faz o volume de soluções de emergência cair significativamente. Afinal, é muito mais fácil entrar em uma sala (de bate-papo) e dizer "ISTO PRECISA SER CORRIGIDO AGORA" do que se sentar e descobrir o impacto real do trabalho que você pede para outra pessoa concluir em seu nome.

Priorização na Prática: Mesmas Opções, Metas e Estratégias Diferentes

Imagine que você esteja trabalhando como gerente de produto em uma startup de vídeo com suporte de anúncios. A empresa pega vídeos na web para criar "playlists de vídeo personalizadas" que as pessoas curtem em festas, indo para o trabalho ou para passar o tempo. Você sabe que os vídeos curtos estão fazendo um *enorme* sucesso no momento e sabe que há muito potencial para uma agregação personalizada conforme o mercado de vídeos se torna mais fragmentado.

Quando se senta para abordar sua próxima reunião de priorização, vê cinco itens no roteiro previstos para o próximo trimestre:

- Conectar à nova rede de exibição de publicidade.
- Adicionar um recurso de compartilhamento em redes sociais.
- Criar uma funcionalidade para playlists de vídeos patrocinadas.
- Melhorar o algoritmo de personalização.
- Lançar o app Android (atualmente apenas iOS).

Algumas dessas ideias são mencionadas na empresa desde o começo. Algumas deveriam ter sido criadas no último trimestre, mas foram adiadas. E outras acabaram no roteiro porque os principais interessados continuaram pedindo isso e acharam mais fácil dizer: "Você entendeu, irá para o roteiro!", do que debater os pontos mais delicados de algo que vocês realmente não precisariam considerar por enquanto.

Como sempre acontece, essas coisas são muito diferentes. Não está bem claro por que você criaria uma e não outra, ou mesmo o tipo de recurso necessário. Então você se volta para as metas da organização. Espere aí, metas? É uma *startup*. Você vasculha alguns e-mails antigos do fundador e encontra algo identificado com "NOSSA MISSÃO":

> Nossa missão é transformar totalmente o modo como as pessoas consomem vídeo. Agregando vídeos da web e usando o aprendizado de máquina para criar uma "playlist personalizada", podemos causar uma disrupção no setor e criar uma experiência melhor para nossos usuários.

"Certo", você pensa consigo mesmo, "parece que temos algo que lembra uma meta (transformar o modo como as pessoas consomem vídeos) e algo que lembra uma estratégia (usar o aprendizado de máquina para criar playlists pessoais)". Como você priorizaria essas cinco ideias possíveis nessas metas? Não é fácil, né?

Agora suponha que em vez de apenas improvisar, você decide se reunir com o fundador e analisar a eficácia (ou não) dessa missão ao ajudar a orientar as decisões específicas de priorização a serem tomadas com sua equipe. Vocês examinam os cinco itens no roteiro da equipe, e ele concorda que a declaração de missão da empresa não dá muita orientação tática. Então vocês concordam em elaborar algumas metas trimestrais que ajudarão a equipe a priorizar seus esforços de avanço. E concordam em refinar essas metas testando-as no roteiro real que sua equipe priorizará.

Após algumas idas e vindas, você acaba com a seguinte meta do tipo OKR para o próximo trimestre:

> *Nossa meta de alto nível para o próximo trimestre é colocar o produto diante de alguém engajado atualmente no comportamento de assistir vídeos em várias plataformas. Saberemos se estamos no caminho certo para atingir essa meta quando:*
>
> - *Os downloads semanais do app aumentarem em 200%.*
> - *Dos usuários que baixaram o app, 70% completarem a criação da conta.*
> - *O número médio de plataformas de vídeo conectadas por usuário aumentar de 1,3 para 2.*

Você sabe que essa meta e suas métricas de sucesso correspondentes não são perfeitas nem 100% completas, porém, ao serem examinadas com o fundador, vocês conseguem tirar alguns itens da lista (em especial aqueles que podem aumentar a receita sem contribuir com o crescimento do usuário). Há algumas ideias que você precisa pesquisar um pouco mais (quantos usuários vocês perdem atualmente por não terem um app Android?), mas, pelo menos, tem uma ideia clara de como proceder. Algumas pessoas das vendas podem estar chateadas com o fato de que você não trabalhará nas prioridades delas primeiro, mas você não está muito preocupado com isso porque suas escolhas são claramente orientadas pelas metas em nível da empresa.

Agora, imagine que sua conversa com o fundador seja muito diferente. Depois da reunião, você acaba com a seguinte meta do tipo OKR para o próximo trimestre:

> *Nossa meta de alto nível para o próximo trimestre é aumentar a receita da empresa ao minimizar a necessidade de um trabalho de desenvolvimento personalizado. Saberemos que atingimos essa meta quando:*
>
> - *A receita geral aumentar em 30%.*
> - *A porcentagem da receita que vem dos sistemas de anúncios automáticos aumentar de 30% para 60%.*
> - *Conseguirmos manter ou superar nossa taxa atual de crescimento do usuário.*

De novo, não são perfeitas nem 100% completas, e não informam muito sobre para quem você cria e qual problema é resolvido. Mas dão uma clara orientação sobre o que você pode querer criar agora, além de uma orientação sobre como talvez queira implementar alguns itens no roteiro. (Você poderia criar um sistema de "playlist de vídeo patrocinada" de um modo que não contribuísse para aumentar o trabalho de desenvolvimento personalizado?)

Por sorte, considerar esses cenários ajuda a ilustrar a importância de manter a estratégia e a execução alinhadas, e como metas, estratégia, objetivos e métricas tendem a se misturar quando você tem que tomar decisões de priorização reais. Não permita que isso o impeça de tomar as melhores decisões possíveis e certamente não permita que o impeça de trabalhar de perto com sua equipe para tomar essas decisões em conjunto.

Resumo: Pense Grande, Comece Pequeno

Decidir o que criar, como criar e quando pode ser uma das partes mais assustadoras do trabalho de um gerente de produto. Inconsistências na estratégia da empresa, partes de dados ausentes e falta de alinhamento em sua própria equipe podem conspirar e fazer com que sinta que *qualquer* decisão tomada é a errada. Mas, por bem ou por mal, a gestão de produto raramente nos dá o luxo de saber com grande confiança e certeza se estamos tomando a decisão certa. Use essa realidade desconfortável a seu favor para dividir os planos grandes e decisões em etapas pequenas o suficiente para que você possa receber feedback, reavaliar e ajustar o curso quando necessário.

Sua Checklist

- Não espere que as metas e estratégias, de sua empresa e equipe, se encaixem em um fluxo organizado. Trate-os mais como um confuso bolo em camadas e tente encontrar o melhor pedaço a cada decisão tomada.

- Reconheça que toda estrutura de priorização formal ainda contará com conceitos subjetivos como "impacto" e "criação obrigatória". Independentemente da estrutura escolhida, se houver uma, você ainda precisará passar pela sensação de estômago embrulhado ao tomar uma decisão importante com informações incompletas.

- Aborde cada decisão tomada como uma concessão e explique essa concessão do modo mais completo e destemido possível.

- Documente as suposições que entram na tomada de decisão e leve-as para a equipe, em vez de minimizá-las e ignorá-las.

PRIORIDADES: ONDE TUDO SE JUNTA | 195

- Pense nas jornadas e nas tarefas de usuário inteiras, não nos "recursos" isolados".

- Lembre-se de que *subtrair* recursos e funcionalidades às vezes pode resultar em valor agregado para seus usuários e negócio. Nem todo problema é bem resolvido adicionando mais recursos!

- Quando seus colegas o procuram empolgados com algo que eles querem criar, tente entender essa empolgação, em vez de dizer "não" sem refletir.

- Incorpore "spikes" e outras oportunidades para explorar e aprender com sua equipe em suas atividades de priorização.

- Crie um processo leve para lidar com as solicitações de "emergência", em vez de correr para lidar com elas pessoalmente.

- Busque toda oportunidade possível para diminuir a distância entre estratégia e tática, testando suas metas, estratégia e objetivos em relação às decisões reais de priorização do produto.

- Divida os planos grandes em etapas pequenas o suficiente para que você possa coletar feedback e ajustar o curso.

Experimente Isto em Casa: Dificuldades e Tribulações do Trabalho Remoto

Na metade de 2019, "várias décadas" atrás, tive uma conversa com alguns gerentes de produto que tinham feito a transição para o trabalho remoto.

— É incrível — disse um deles — não perco metade da vida indo de um lugar para outro, e acho que realmente estou melhorando meu trabalho!

Com um ar de certeza contrariada e presunção, respondi:

— Sim, quero dizer, parece ótimo, mas não consigo imaginar não passar um tempo presencial com as pessoas. Realmente *amo* o percurso que faço até o trabalho e não acho que eu seria tão bom em minha função se fizesse isso remotamente.

Ops.

Nos últimos anos, foram publicadas inúmeras orientações para o trabalho remoto e distribuído, cada uma com suas próprias "ficções úteis" que podem ajudá-lo a pensar como trabalhar melhor com sua equipe distribuída ou híbrida. Mas assim como não há algo tão simples quanto um guia passo a passo para fazer a gestão de produto, certamente não há para a gestão de produto *remota*. No mínimo, as tendências em constante mudança que se aproximam ou se afastam do trabalho remoto apenas adicionam mais variáveis a uma equação já enorme.

Neste capítulo, examinaremos alguns desafios comuns de fazer a gestão de produto remotamente e o enorme esforço e consideração necessários para fazer isso bem. Note que a palavra *remoto* costuma se referir a um trabalho individual fora de um espaço central no escritório, já a palavra *distribuído* normalmente se refere a uma equipe operando sem tal espaço. As ideias vistas neste capítulo devem ser relevantes para as equipes totalmente distribuídas e as que equilibram trabalho remoto e presencial.

Ganhando Confiança com a Distância

Houve um tempo em que me apeguei à pressuposição de que era quase impossível desenvolver uma equipe forte sem um espaço de trabalho físico compartilhado. Afinal, como conseguiríamos ir além das relações transacionais com os colegas se não tivéssemos bate-papos informais no almoço ou no café? Como deveríamos colaborar de modo frutífero se não podíamos trabalhar em algo no quadro branco? E como deveríamos ganhar a confiança das pessoas se não podíamos nem estar na mesma sala com elas?

As respostas para a última pergunta em particular podem ser bem surpreendentes. Em um artigo excelente intitulado "Remote Work Insights You've Never Heard Before" [disponível em https://oreil.ly/LCohz, conteúdo em inglês], a chefe de engenharia Sarah Milstein faz uma afirmação ousada: "As equipes distribuídas muitas vezes têm mais confiança, e por consequência trabalham melhor, do que as equipes presenciais." Milstein apresenta vários motivos explicando por que pode ser assim, mas um com o qual eu mais me identifico se baseia na noção de "confiança rápida" [https://oreil.ly/M7shY, conteúdo em inglês], como articulado por Debra Meyerson em 1996. O trabalho de Meyerson explorou como a confiança pode ser desenvolvida de modo rápido e decisivo nas equipes temporárias, e Milstein destaca como tais dinâmicas podem ter um papel parecido nas equipes distribuídas. Em poucas palavras, se você e seus colegas não trabalham nas estruturas físicas e sociais de uma equipe formal e antiga, *é preciso escolher confiar uns nos outros bem rápido*. Vocês não podem desconfiar nem ficar de olho em quem aparece primeiro no escritório ou sai por último (embora possam recriar esses comportamentos de baixa confiança usando um substituto digital se quiserem mesmo).

Vale a pena lembrar que, embora a confiança rápida possa acelerar a velocidade com a qual os membros da equipe distribuída devem tomar a decisão de confiar uns nos outros, ainda é uma *decisão* tomada por pessoas complexas com suas próprias formações, experiências e expectativas. Não há uma receita nem guia tático para ganhar confiança nas diferentes equipes cheias de pessoas diversas. Para de fato ganhar confiança em qualquer equipe, e em uma equipe distribuída em particular, é importante ver além das "melhores práticas" prescritivas e facilitar uma conversa sobre como os indivíduos na equipe querem trabalhar juntos e por quê.

Por exemplo, há muito debate nos últimos tempos em torno das pessoas em equipes distribuídas deverem ter que ligar suas câmeras de vídeo nas reuniões.

Algumas argumentam que é essencial para ganhar confiança, já outras dizem que isso pode colocar uma pressão desnecessária nas pessoas que lidam com as realidades confusas de trabalhar de casa. E a própria existência desse debate atesta a verdade mais desconfortável sobre as equipes distribuídas: as pessoas são diferentes, as equipes são diferentes e a recontextualização do trabalho de um local de trabalho compartilhado para uma combinação confusa dos espaços de trabalho e casa só aumenta essa complexidade.

Rachel Neasham, uma líder de produto experiente, cujos colegas falam bem de sua habilidade de ganhar confiança em equipes remotas, compartilhou uma perspectiva muito valiosa sobre o assunto: em vez de pensar em termos de "Devemos ou não implementar uma regra de câmeras ligadas?", ela gosta de pensar em termos de "Como criamos uma cultura na qual as pessoas *querem* se envolver profundamente nas chamadas remotas?" Neasham destacou para mim que, mesmo que a maioria das pessoas siga uma regra de câmeras ligadas, isso pode se tornar uma fonte de julgamento entre os colegas que acaba destruindo a confiança. "É fascinante", me disse ela, "que questões táticas, como se as pessoas ligam ou não suas câmeras, quase sempre são sintomas de problemas mais profundos".

Na verdade, assim que você se aprofunda nessas questões, percebe bem rápido que não há uma receita para uma equipe distribuída altamente funcional. Como vimos no Capítulo 8, fazer pequenas mudanças e uma retrospectiva dessas mudanças como equipe geralmente é o caminho mais sustentável a seguir.

Resolvendo Conflitos nas Barreiras do Idioma em uma Equipe Distribuída

Lisa Mo Wagner, coach de produto

Vários anos atrás, discordei de um colega da engenharia sobre como proceder com um trabalho de refatoração. Tive essa conversa muitas vezes antes e normalmente conseguia uma boa parceria com os desenvolvedores para entender a importância desse trabalho e priorizar nossos esforços de acordo. Mas, dessa vez, esse colega e eu estávamos realmente tendo dificuldade de nos comunicar. Nós dois trabalhávamos em um idioma que não era nossa língua materna, vindo de contextos culturais muito diferentes, tentando ganhar a confiança em uma equipe distribuída geograficamente. Eu não conseguia me livrar da sensação de que ele pensava que eu era uma gerente de produto terrível e isso estava dificultando cada vez mais que nós dois trabalhássemos juntos.

Procurei o conselho de um colega de confiança, que sugeriu que eu desse um feedback por escrito para meu colega da engenharia. A esperança era que se eu escrevesse algumas situações em que tínhamos dificuldades para trabalhar juntos e descrevesse claramente como ele tinha se sentido da minha perspectiva, ele teria tempo para processar a informação offline e, então, conseguiríamos conversar com mais facilidade. Então escrevi alguns exemplos, enviei ao colega e marcamos meia hora na próxima semana para falar sobre isso juntos.

Para resumir, acabamos conversando por duas horas e foi incrível. Examinamos o feedback que eu enviei parte por parte, e ficou claro que ter um registro por escrito compartilhado tornou a conversa *muito* mais fácil. Quando examinamos uma das situações que eu tinha documentado ele disse:

— Lembro dessa situação, mas não lembro de ser tão ruim assim. Por que foi difícil para você?

Expliquei que fiquei com a sensação de que ele achava que eu era uma gerente de produto ruim, o que acabou me deixando na defensiva. Ele ouviu por um momento e disse:

— Não acho você incompetente. Acho que é uma gerente muito boa. Só não concordo com tudo que você diz.

Nesse momento, percebemos que nós dois estávamos fazendo suposições e concordamos em abandoná-las e trabalhar juntos de boa vontade.

No final dessa chamada, estávamos contando piadas sobre jogos D&D e rindo juntos! E, talvez o mais importante, saímos com uma profunda compreensão de que nossa relação de trabalho poderia ter sido incrível desde o começo se tivéssemos nos comunicado de forma mais direta e aberta. Quando se trabalha em uma equipe distribuída, em especial as equipes distribuídas globalmente, é bem fácil recorrer a suas próprias suposições. **A comunicação direta nas divisões geográficas, de idioma e culturais requer vulnerabilidade e esforço, mas esse esforço sempre vale a pena.**

Acordos Simples de Comunicação Criam uma Confiança Significativa

"Confiança" é um conceito grande e amorfo, e muitas equipes tentam descobrir os passos específicos e táticos que podem dar para desenvolvê-la. Nos últimos anos, fiquei surpreso ao descobrir que os impedimentos mais imediatos para ganhar a confiança da equipe são muitas vezes expectativas desalinhadas na comunicação do dia a dia. Quando pedi para as equipes descreverem situações específicas que acabaram com a confiança, muitas foram tão simples quanto "Achei que alguém responderia meu e-mail e a pessoa não fez isso" ou "Recebo mais mensagens de meus colegas de equipe do que consigo lidar e tenho medo de que pensem que os estou ignorando".

Passei por isso com minha própria pequena equipe distribuída há alguns anos, quando uma das parceiras comerciais dividia seu tempo entre Nova York e Lima, a outra entre Nova York e Madrid e eu tinha sido realocado para Portland, Oregon. Caminhando pelo centro com minha esposa sábado à tarde, ouvi vários sons de alerta vindos do meu bolso. Ding! Ding! Ding ding ding! Verifiquei o celular e era uma de minhas parceiras deixando uma enxurrada de comentários sobre um documento do Google no qual estávamos trabalhando juntos. Parei na hora e sacudi minha cabeça. "Sinto muito", disse para minha esposa, "provavelmente eu deveria ir para casa. Isso parece importante".

No caminho para casa, comecei a sentir ressentimento. Quem era minha parceira para me atulhar com essas mensagens? Que tipo de parceria sem confiança, transacional e sem sentido era essa? Eu era mesmo um *parceiro*? Quando minha esposa e eu chegamos em casa, eu estava muito *enfurecido*. Peguei o telefone, liguei para a parceira comercial e exigi uma explicação para ela estar jogando esse trabalho em mim no meio do fim de semana. Ela respondeu com grande perplexidade:

— Eu nem esperava que você visse os comentários; foi o tempo que tive disponível para trabalhar. Por que você colocou alertas no celular para os comentários no Google Docs? Isso é horrível!

Humilhado por esse momento, abri nossa próxima reunião pedindo desculpas por minhas suposições e perguntando se havia outras áreas em que tínhamos dificuldades para nos comunicar com nossas horas de trabalho e fusos horários diferentes. Acabei identificando as seguintes questões:

- A falta de alinhamento sobre uma resposta rápida esperada (por exemplo, se eu recebo um e-mail de um dos parceiros, posso interpretar como urgente, mesmo que não seja!).

- Expectativas pouco claras sobre quanto tempo levará certa tarefa (por exemplo, se pergunto a um de meus parceiros comerciais "Pode dar uma olhada rápida nisso?", quanto tempo realmente estou pedindo?).

- Caixa de entrada sobrecarregada, que dificulta analisar e priorizar as novas mensagens. (Por exemplo, se envio um e-mail para um dos meus parceiros comerciais e ele tem cem mensagens não lidas já na caixa de entrada, como ele sabe o que é importante?)

Com base nessas questões, alinhamos algumas perguntas que tentamos responder em um pequeno conjunto de acordos que batizamos de "Manual de Comunicação". Veja as perguntas:

- Com que rapidez você espera que os outros respondam uma mensagem assíncrona em cada canal (e-mail, mensagem de texto, Slack etc.)?
- Quais critérios devemos tornar explícitos em qualquer pergunta feita? (Por exemplo, quanto tempo pedimos, para quando precisamos, se é um impedimento ou não.)
- Quais são nossas horas individuais e de trabalho em equipe, e como lidamos com as mensagens enviadas e recebidas fora das horas de trabalho?

Respondemos a essas perguntas em um documento de uma página, que transformamos em um modelo que você pode acessar em https://oreil.ly/twnb4, conteúdo em inglês]. Toda equipe é diferente, e o Manual de Comunicação de cada uma pode e deve ser diferente. Um lugar em que acho útil começar, em especial para as equipes distribuídas, é simplesmente perguntar: "Quando alguém na equipe recebe uma mensagem de outra pessoa na equipe, com que rapidez uma resposta é esperada?" A menos que todos na equipe possam dar imediatamente a mesma resposta, e provavelmente não podem, isso deixa bem claro porque é tão importante ter acordos de comunicação explícitos.

Comunicações Síncrona e Assíncrona

Há um exercício que costumo fazer com as equipes que consiste em mapear seus canais de comunicação existentes e cerimônias em uma grade 2x2. Um eixo da grade é rotulado de "presencial" (significando que todos trabalham em um espaço físico compartilhado) a "distribuído" (todos trabalham em seu próprio espaço físico separado). O outro eixo é rotulado de "síncrono" (as mensagens são enviadas e recebidas ao mesmo tempo, como em uma conversa presencial ou de voz) a "assíncrono" (as mensagens são enviadas e recebidas em momentos independentes, como por e-mail e outras plataformas de mensagem). Desde janeiro de 2022, o visual resultante muitas vezes lembra a Figura 13-1.

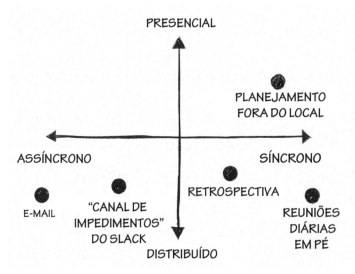

Figura 13-1. Canais e rituais de uma equipe típica mapeados por volta de janeiro de 2022

Fazendo esse exercício com dezenas de equipes, surgiram dois padrões interessantes. Primeiro, muitas vezes há muito desacordo sobre quais canais são realmente síncronos e assíncronos. Esse debate costuma ser particularmente acalorado quanto a plataformas como Slack e Teams; em geral, algumas pessoas na equipe acreditam que eles demandam implicitamente uma atenção imediata, já outros acreditam que esses canais podem ser verificados uma ou duas vezes ao dia. De novo, essas faltas de conexão atestam a importância de se ter acordos de comunicação claros.

O segundo padrão, e, de muitos modos, mais traiçoeiro, é que muitas equipes usam o tempo síncrono basicamente para atividades que poderiam ser descritas como "atualizações do status". Para muitas equipes é certo que as atualizações do status síncronas podem ser um modo valioso de colocar as pessoas em sintonia e coordenar um trabalho complexo. Mas, para muitas outras equipes, as reuniões de status síncronas podem ser uma perda de tempo frustrante.

Se você já bebeu ou riu de uma caneca com os dizeres "SOBREVIVI A OUTRA REUNIÃO QUE DEVERIA TER SIDO UM E-MAIL", pode muito bem ter passado por isso. Para muitas equipes, a adoção generalizada do trabalho distribuído simplesmente acelerou o caminho para um parecer inevitável: "Por que passamos nosso precioso tempo juntos falando sobre as coisas que já fizemos?" Isso acontece muito nas equipes que trabalham em fusos horários distantes, em que o tempo síncrono pode ser muitíssimo difícil de conseguir.

Mais uma vez, a abordagem de cada equipe para usar os tempos síncrono e assíncrono será diferente. Nas próximas seções, veremos algumas abordagens comuns para as comunicações síncrona e assíncrona para as equipes distribuídas e como algumas equipes distribuídas integraram tais abordagens em um "sanduíche síncrono".

Comunicação Síncrona para Equipes Distribuídas: Coreografando Tempo e Espaço

Muitas equipes com as quais trabalho estão ansiosas para transformar seu tempo síncrono de atualizações do status em uma tomada de decisão colaborativa, isso é, até se encontrarem na situação em que estão tentando fazer uma dúzia de pessoas meio adormecidas tomarem uma decisão, com cinco delas verificando o e-mail. A palavra que aparece com mais frequência em minhas conversas com as equipes de produto distribuídas que usam a comunicação síncrona é "intencional". Como em "Você tem que ser *realmente* intencional sobre o modo como estrutura e facilita o tempo da equipe em conjunto". Com certeza, se vocês trabalham em um espaço no escritório compartilhado, podem colocar um quadro branco no meio da sala e simplesmente escrever uma solução aceitável (mas a qualidade da solução pode ser questionável). Mas, e se todos estão no Zoom em casa enviando e-mails, usando o e-commerce e vendo vídeos de gatos a apenas um clique imperceptível? Sim, boa sorte.

Manter uma equipe do produto distribuída engajada e ativa para uma colaboração síncrona requer uma boa quantidade de planejamento, preparação e disciplina. Veja algumas dicas que acho úteis para coreografar meticulosamente o espaço e o tempo para tirar o máximo da colaboração síncrona da equipe:

Seja breve e mantenha o foco.
No início da carreira, descobri que os membros da equipe remotos podiam simplesmente "fazer uma chamada" para nossas reuniões de planejamento de sprint com duração de quatro horas. Para os membros remotos, minhas sinceras desculpas atrasadas. Ficar engajado em uma reunião remota de longa duração, em especial quando a reunião é aberta e mal planejada, não é algo que deve ser pedido a ninguém. Hoje, tento limitar todas as reuniões síncronas remotas a uma hora e dividir as reuniões maiores em várias sessões de uma hora com suas entradas, saídas e

metas próprias. (Veremos mais quando falarmos sobre a abordagem "sanduíche síncrono" posteriormente neste capítulo.)

Trabalhe nos documentos compartilhados.

Um modo de ter estrutura e clareza nas reuniões síncronas é trabalhar juntos em documentos compartilhados, em vez de encarregar uma pessoa para documentar sua conversa. Se vocês trabalham para criar um documento compartilhado, como um roadmap [roteiro] ou uma página, isso lhe permitirá manter tangível e acessível para todos os envolvidos o resultado desejado da reunião. Isso também ajuda a aumentar a sensação de propriedade compartilhada, em vez de posicionar uma pessoa — em geral, sejamos francos, o gerente de produto — como o guardião do documento.

Use ferramentas familiares.

Nenhuma colaboração síncrona parece um terreno realmente igual. Sempre existirão pessoas que ficam mais à vontade para falar, outras mais familiarizadas com o assunto etc. No entanto, sempre que você apresenta uma nova ferramenta para os participantes usarem, não está apresentando um, mas *dois* níveis extras de discrepância: as pessoas que estão familiarizadas com a ferramenta escolhida e aquelas mais familiarizadas em usar novas ferramentas em geral. Acho mais fácil trabalhar com ferramentas como Google Docs (ou mesmo Apresentações Google para as atividades no estilo quadro branco) que as pessoas provavelmente já usam. Sejam quais forem as concessões em termos de funcionalidade, elas são muitas vezes mais do que compensadas em termos de facilidade de uso e familiaridade. (Claro, as ferramentas "familiares" variarão entre as equipes; alguns podem ficar muitíssimo à vontade com ferramentas de colaboração e plataformas mais novas!)

Pressuponha multiplicar por três o tempo de preparação e prática.

Isso é o que eu acho mais importante, porém mais difícil de seguir: para cada hora de tempo síncrono de alto valor planejado passar com a equipe, pressuponha que levará *três horas* de preparação e prática para usar bem esse tempo, ou seja, se você planeja uma sessão de roteiro de uma hora com a equipe, coloque três horas na agenda nos dias que antecedem para realmente considerar como será o resultado final da sessão de roteiro e como você deseja estruturar cada etapa da sessão. Você pode até querer praticar a sessão algumas vezes consigo mesmo ou com seus colegas, assegurando que tudo sairá bem.

Se existe um tema que perpassa as sugestões acima é que o tempo síncrono bem gasto para as equipes distribuídas requer muita preparação e planejamento intencionais. Mas se você deseja fazer essa preparação e planejamento, pode muito bem achar sua equipe mais engajada e aberta para a colaboração do que estaria

206 | GESTÃO DE PRODUTO NA PRÁTICA

em um ambiente com todos no mesmo lugar apenas. Especialmente quanto aos esforços compartilhados importantes, como priorização e roteiro, a capacidade de trabalhar em um espaço digital central pode maximizar o engajamento e a participação. E quando suas equipes se acostumarem a trabalhar assim, vocês poderão achar mais fácil incluir diretamente os principais envolvidos, que antes eram mantidos longe pela distância geográfica ou organizacional.

Usando uma Matriz Simples de Impacto versus Esforço para Encorajar a Colaboração em uma Equipe Remota

Janet Brunckhorst
Diretora de gestão de produto, Aurora Solar [disponível em https://oreil.ly/NZl13, conteúdo em inglês]

Trabalhávamos com um cliente que tinha uma equipe de desenvolvimento remota em outro fuso horário. Embora as pessoas devessem trabalhar de um modo Ágil, o processo delas ainda era muito desconectado: o gerente de produto escrevia algumas histórias de usuários no Jira, priorizava as histórias e as colocava na parede para uma equipe remota de designers e desenvolvedores. Isso significava que os gerentes de produto faziam muitas suposições sobre a facilidade ou a dificuldade de entregar certo recurso, e deixava a equipe de desenvolvimento se sentindo muito distante das decisões críticas do produto.

Quando a equipe embarcou em um projeto particularmente grande e importante, ficou claro que algo tinha que mudar. Então reunimos todos os gerentes de produto, designers e desenvolvedores, e tivemos uma conversa muito diferente sobre o que iríamos criar e por quê. Primeiro, antes de lidar com as questões técnicas ou táticas, tivemos uma conversa aberta sobre as principais necessidades do usuário que estávamos tentando endereçar. Então fizemos uma pergunta aberta: "Como poderíamos lidar com as necessidades dos usuários?" Coletamos as ideias e as colocamos em uma matriz de impacto versus esforço 2x2 muito simples (Figura 13-2): Qual será a dificuldade versus quanto impacto ele terá nos usuários? Isso deu aos desenvolvedores a oportunidade de descrever o impacto para o usuário.

No final da reunião, tivemos uma inovação maior. O gerente de produto percebeu que a solução mais desejada, mas presumida como difícil demais, realmente não seria mais difícil de executar do que outras abordagens consideradas. Todos conseguimos nos comprometer com um caminho a seguir que entregava o maior valor para os usuários do produto e fizemos o melhor uso possível do tempo dos desenvolvedores. E os desenvolvedores acharam incrível também. **Eles conseguiram participar de uma conversa que definiu o produto, em vez de apenas serem orientados a executá-lo com um conjunto predefinido de tarefas.**

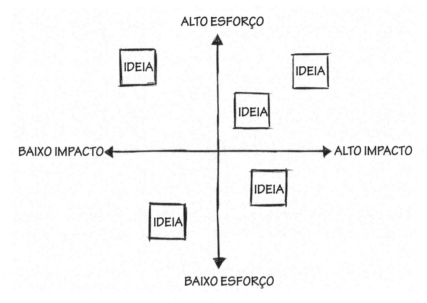

Figura 13-2. Matriz de impacto versus esforço

Comunicação Assíncrona para Equipes Distribuídas: Definindo Expectativas Específicas

Dada a dificuldade de coordenar o tempo síncrono entre as equipes distribuídas, muitas equipes são rápidas em expressar uma preferência para a comunicação assíncrona. E, sem dúvida, tal comunicação consegue uma flexibilidade muito necessária para as pessoas que tentam equilibrar grandes quantidades de trabalho complexo: a reunião às 13h quebrará meu dia pela metade, mas um e-mail ou um documento compartilhado é algo que posso responder no meu tempo.

Para conservar o tempo coletivo e a energia, as equipes de produto distribuídas muitas vezes têm o hábito de se comunicar via uma enxurrada de "trocas rápidas". São e-mails do tipo "Pode dar uma olhada nisso" ou "Pergunta rápida para você", bate-papos no Slack e outras mensagens assíncronas que costumam assombrar nossas caixas de entrada durante e além das horas de trabalho.

Cada interação rápida é, de fato, muito rápida para enviar. Mas, vistas juntas, essas mensagens e acompanhamentos gerados podem representar um compromisso de tempo ilimitado e sem fim para pessoas que devem recebê-las, contextualizá-las e priorizá-las. Um thread de e-mail que leva menos de um minuto para iniciar pode acabar custando, como um todo, dias do tempo produtivo antes de ser resolvida ou abandonada.

Por ironia, as mensagens assíncronas mais rápidas e fáceis de enviar costumam ser as mais demoradas e as que geram ansiedade para responder. Para parecer amistoso e não pedir muito diretamente a meus colegas, muitas vezes acabei omitindo informações essenciais (como, hum, o motivo do envio da mensagem em primeiro lugar, de que tipo de resposta eu preciso e para quando) nas minhas próprias mensagens assíncronas. Embora essa abordagem possa me fazer parecer um cara legal e simpático, também fez meus colegas terem que *adivinhar* o que eu precisava deles, para quando precisava e a importância que realmente tinha.

Quanto mais meu trabalho acontecia por meio de mensagens assíncronas, mais eu me esforçava junto para ser claro e direto no que eu pedia e por que pedia. Claro, isso é mais fácil de dizer do que de fazer. Na esperança de ser honesto comigo mesmo, deixei a seguinte checklist impressa na minha mesa:

Antes de pressionar o botão ENVIAR, pergunte a si mesmo:

- O leitor consegue determinar quais ações esse e-mail requer dentro de 10 segundos do recebimento?
- Declarei diretamente o resultado desejado e o intervalo de tempo?
  — Por favor, examine até sexta-feira às 15h.
  — Podemos nos reunir antes de terça-feira?
- Se vou enviar a mesma mensagem para vários destinatários, comuniquei claramente o que peço a cada pessoa?
  — Enviar a mensagem como CC para Abdul e Rachel para deixá-los a par.
- Se peço feedback, sou claro sobre o tipo de feedback que desejo e por quê?
  — Segue em anexo um resumo rápido da apresentação da próxima terça-feira. Não passe mais de 10 minutos examinando a estrutura geral do resumo e me informe se algo maior parece estar faltando. Começarei a criar o slide em si na terça-feira pela manhã, portanto qualquer feedback antes disso seria muito bom.
- Se uso uma expressão de acompanhamento genérica como *acompanhando* ou *verificando*, sou claro ao (re)iniciar a resposta ou a ação desejada?
  — Continuando este e-mail para saber se você tem 15 minutos na próxima semana para preparar nossa apresentação. Estou livre na terça-feira de manhã. Às 11h está bom para você?"

Investir tempo e esforço nas mensagens assíncronas enviadas, se você as envia por e-mail, Slack, Teams ou outro canal, requererá *menos* tempo e esforço de seus colegas.

Fazendo um "Sanduíche Síncrono"

Para seu trabalho distribuído de alto risco, você pode muito bem ter o melhor da comunicação síncrona *e* assíncrona. Afinal, a comunicação síncrona lhe dá a oportunidade de gerar e sintetizar novas ideias com seus colegas; já a comunicação assíncrona dá a você e a seus colegas a oportunidade de aprimorar e refinar seu raciocínio fora da pressão de um cenário em grupo.

Quando trabalho com uma equipe distribuída para montar um material importante ou tomar uma decisão importante, costumo marcar uma reunião que tem o formato de um "sanduíche síncrono" (Figura 13-3).

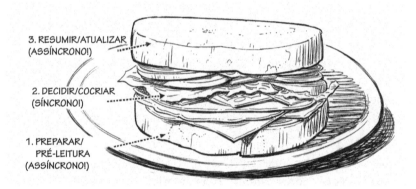

Figura 13-3. Sanduíche síncrono. Qual fatia do pão deve entrar "primeiro" nesta imagem foi muito debatido, mas mantenho minha posição de que a fatia inferior do pão deve ser colocada antes de poder chegar no recheio delicioso.

Cada sanduíche síncrono tem três etapas bem simples:
- Envie uma pré-leitura assíncrona ao menos um dia antes da reunião. Isso encoraja a participação das pessoas que podem precisar de um pouco de tempo para organizar seus pensamentos e orienta o grupo inteiro quanto às perguntas e às tarefas em mãos.
- Facilite uma reunião síncrona com tempo limitado, em que vocês trabalham juntos para tomar uma decisão, cocriam um documento ou resolvem um problema como descrito na pré-leitura.

- Envie uma continuação assíncrona com os próximos passos e itens de ação dentro de um dia após a reunião síncrona. Isso mantém a dinâmica e assegura que todos que participaram da reunião vejam e entendam seus resultados, mesmo se foram distraídos no momento.

Essas três etapas simples são um bom ponto de partida para assegurar que seus colegas tenham tempo para preparar seus pensamentos individuais, espaço para sintetizar esses pensamentos em um plano ou uma decisão compartilhada e oportunidade para entender o avanço desse plano ou decisão. Veja um modelo [disponível em https://oreil.ly/sJyti, conteúdo em inglês] para usar e começar a mapear seu próprio sanduíche síncrono.

Ano passado, acabei dividindo quase toda reunião longa que eu costumava fazer pessoalmente em vários sanduíches síncronos menores facilitados por videochat com documentação compartilhada. Por exemplo, agora inicio os exercícios de roteiro para as startups em estágio inicial com uma sessão de duração de uma hora para identificar os marcos de missão crítica da empresa que ela deve atingir nos próximos três, seis, nove e doze meses. No final da sessão, envio os marcos que alinhamos e peço que os participantes comecem a pensar sobre os diferentes modos (produtos existentes, novos produtos, ofertas de serviço, parcerias) que podemos ter. A partir desse ponto, marcamos mais sanduíches síncronos para explorar ideias específicas dentro de cada categoria, estimar seu impacto e priorizar em relação aos marcos definidos em nossa primeira sessão.

Em geral, do começo ao fim, o processo de roteiro inteiro acaba acontecendo em sanduíches síncronos de quatro horas, espaçados em uma ou duas semanas. Seguindo a regra de três para um vista anteriormente, isso totaliza cerca de dezesseis horas de preparação e facilitação. Sim, dezesseis horas é um grande compromisso de tempo, mas, por experiência própria, vale a pena quando sua equipe tem que tomar decisões importantes. O nível de engajamento e colaboração que vi nessas sessões facilitadas menores excedeu em muito o que vivenciei durante reuniões presenciais mais longas e menos estruturadas.

Como qualquer outra prática de comunicação, o sanduíche síncrono será mais valioso quando você colabora com sua equipe para criar um sanduíche próprio. Por exemplo, se você acha que os participantes não se envolvem nas pré-leituras assíncronas, considere adicionar 10 minutos para "ver a pré-leitura e anotar as perguntas" no começo das reuniões síncronas. Como sempre, fique ligado nas necessidades específicas da equipe e trabalhe com ela para entender e lidar com essas necessidades.

Criando e Protegendo o Espaço da Comunicação Informal

Antes dos dias de home office, eu acreditava muito na pausa das 15h para um café. Na calmaria da tarde, eu reunia o máximo de pessoas e levava um grupo diversificado de designers, desenvolvedores, profissionais de marketing, gerentes de produto e executivos até a rua para uma "boa cafeteria". Essas pausas para o café muitas vezes reuniam pessoas que não teriam muitos motivos para se comunicar diretamente e resultavam em conversas provavelmente mais valiosas para a organização do que meia hora de nossas reuniões formais.

Quando comecei a trabalhar de casa, a ideia de uma pausa *a qualquer momento para qualquer coisa* imediatamente pareceu um conto de fadas improvável de um passado distante. Muita comunicação informal que tinha servido como um canal vital de informação e apoio moral confiável simplesmente... desapareceu. E quase toda tentativa de criar isso via "happy hour no Zoom" e salas de bate-papo "só para diversão" parecia muito estranha.

Desde então, vi muitas equipes darem passos pequenos, mas significativos, em direção a trazer de volta a comunicação informal para suas equipes. Em vez de tentarem *recriar* os rituais de trabalho no mesmo lugar, elas criaram novos, que refletem melhor os ritmos, as limitações e as realidades do trabalho distribuído. Esses rituais, claro, variam muito entre as equipes. Mas observei alguns padrões consistentes que podem ajudar sua equipe com um ponto de partida:

Ajude as pessoas a se encontrarem e confie em que elas estejam se conectando.
  Uma das melhores coisas nas pausas das 15h para um café era que você podia realmente *ver* as pessoas conversando entre si, criando novos vínculos e compartilhando informações que, do contrário, ficariam em silos. Nas equipes distribuídas, realmente não existe um equivalente de um espaço comunitário que se divide organicamente em conversas pessoais (algumas equipes tentaram recriar essa dinâmica via salas de convívio do Zoom, mas ainda tenho que ver se funciona como pretendido).

  As equipes que vi terem mais sucesso na comunicação informal mudaram, implícita ou explicitamente, de "Vamos criar um espaço onde todos possam compartilhar muitas informações entre si de modo aberto" para "Vamos criar espaços onde as pessoas possam se comunicar amplamente, na esperança de que seguirão compartilhando informações relevantes entre si em seu próprio ritmo". Trabalhei com muitos gerentes de produto que achavam que os happy hours do Zoom e os canais do Slack só para diversão eram um fracasso, só porque não podiam realmente *ver* as conversas de acompanhamento valiosas que aconteciam fora desses espaços. Como sempre, o melhor modo de descobrir se tais conversas acontecem é fazer uma retrospectiva com a equipe.

Crie oportunidades para as pessoas compartilharem as coisas que já fazem fora do trabalho.

Muitas pessoas que conheço tentaram engajar as equipes em jogos em grupo e exercícios que envolvem, digamos, suas próprias *atividades como trabalho*. Enquanto algumas equipes e indivíduos veem isso com serenidade, outros não ficam contentes em ter uma "diversão forçada" adicionada às suas agendas já cheias. Costumo me encaixar no último grupo, em especial quando a "diversão forçada" parece genérica e incômoda, e realmente não diz muito sobre as personalidades e os interesses dos colegas.

Em vez de pedir que suas equipes participem de atividades totalmente novas, muitos gerentes de produto que conheço tiveram sucesso criando oportunidades para suas equipes compartilharem as coisas que já fazem fora do trabalho. Uma equipe com a qual trabalho, por exemplo, organiza uma thread "Memórias da segunda-feira" em seu canal compartilhado do Slack, em que todos podem começar a semana compartilhando algo divertido que fizeram no fim de semana. Essa pequena atividade não muito exigente deu à equipe uma chance de se conhecer melhor como pessoas e até resultou em algumas pessoas se encontrando pessoalmente para uma caminhada ou ir a um concerto. Falando nisso...

Se você se sente à vontade e seguro, encontre tempo para se conectar pessoalmente.

Quando aceitamos que uma comunicação informal é bem diferente em um ambiente de trabalho distribuído, também podemos reconhecer o valor único da comunicação informal em pessoa. Até eu ser novamente capaz de fazer isso com segurança e conforto, não acho que percebi o quanto senti falta de conseguir compartilhar uma refeição ou caminhar com um colega. Claro, *segurança* e *conforto* são as palavras de ordem aqui. Se você espera organizar um local fora do trabalho maior e em pessoa, reconheça que todos têm seu próprio limite pessoal de segurança e conforto; respeite esses limites.

Lembre-se de dar a si mesmo uma pausa também.

Por fim, lembre-se de que as pausas das 15h para um café eram, acima de tudo, *pausas*. Se você deseja ter tempo e energia para se comunicar com eficiência com seus colegas, é preciso ter tempo para descansar e recarregar. Se as pessoas em sua equipe insistem que estão ocupadas demais para compartilhar uma memória divertida do fim de semana ou ingressar em uma chamada rápida no Zoom para cumprimentar um novo membro da equipe, você pode perguntar com gentiliza se elas precisam de um tempo para *si mesmas*, e se há algo que você possa fazer para ajudar.

A mudança para um trabalho distribuído não é fácil nem linear, e muitas vezes requer reequilibrar muito nossas expectativas em relação a como é uma comunicação informal. Mas assim que aceitamos com confiança como o trabalho distribuído é diferente, nem melhor, nem pior, apenas *diferente*, também podemos aceitar a incrível oportunidade de desenvolver relações de trabalho fortes com pessoas do mundo inteiro.

Criando Espaço para Conversas Informais entre Dois Escritórios

Tony Haile
Diretor de produto sênior no Twitter; ex-CEO na Scroll (https://scroll.com)

Quando fui CEO da Chartbeat, a equipe inteira trabalhava na mesma sala. Tinha suas desvantagens em termos de contratação e ruído no ambiente, mas havia uma grande vantagem: conversas casuais. Quando você ouve sobre equipes se saindo bem, a confiança tem uma grande parcela nisso. E, muitas vezes, a confiança se desenvolve com conversas fora das reuniões formais e agendadas. Gosto das interações pessoais, mas com uma equipe distribuída isso nem sempre é possível.

Na Scroll, temos um escritório em Portland, Oregon, e outro em Nova York. Isso nos deixava com um desafio interessante: como podemos criar espaço para conversas casuais quando a equipe está distribuída em dois locais físicos?

Para ajudar a resolver esse problema e aumentar a sensação de espaço compartilhado, criamos um link de vídeo sempre ativo entre os dois escritórios. Agora, quando as pessoas aparecem para trabalhar, podem ver os colegas no outro escritório em uma grande tela no meio da sala. E se as pessoas têm uma pergunta rápida ou pensamento que querem compartilhar, podem pressionar um botão para ativar um link de áudio. Em vez de ter que agendar uma reunião formal, você pode pressionar um botão e dizer "Olá!", como faria se estivesse trabalhando no mesmo ambiente. Nossa inspiração veio da Gawker Media, que usou uma abordagem parecida para conectar as equipes em Nova York e na Hungria.

Não sei como essa abordagem seria se tivéssemos milhares de pessoas em diferentes locais, todas trabalhando remotamente. Mas, para nós, abriu espaço para conversas que simplesmente não aconteceriam. Fez uma diferença real em termos de criar companheirismo e uma comunicação fácil na equipe. E quando você cria produtos, isso é algo muito necessário.

Momentos Híbridos:
Equilibrando os Trabalhos Presencial e Remoto

Enquanto estava escrevendo isto, a única coisa que parecia certa sobre o futuro do trabalho remoto é que ele é totalmente incerto. Tem havido muita pressa em prognosticar o futuro da "volta ao trabalho", mas tudo se mostrou errado até agora. O futuro certamente envolverá cenários "híbridos", em que algumas pessoas trabalham de casa e outras no escritório, alguns dias são "no escritório" e outros são "trabalho de casa" etc.

A principal ideia deste capítulo, ou seja, a ideia de que o modo como sua equipe se comunica precisa ser algo que você aborda proativamente e promove em conjunto, reflete ainda mais sua verdade conforme as distinções entre trabalhar no escritório e de casa se tornam mais sutis e intrincadas. Lembre-se de que mais complexidade requer mais comunicação, e continuar se comunicando.

Resumo: Treino de Força para sua Prática de Comunicação

A gestão de produto é difícil e a gestão remota pode ser ainda mais. No entanto, a falta de um espaço compartilhado no escritório muitas vezes nos força a ser ainda mais reflexivos e a deliberar sobre como nos comunicamos com nossas equipes. Considere o trabalho remoto como o treino de força para sua prática de comunicação; pode parecer desconfortável e cansativo no momento, mas você ficará feliz por ter feito isso na próxima vez em que for pedido que realize algum trabalho pesado.

Sua Checklist

- Reconheça que o trabalho distribuído não é melhor nem pior que o trabalho presencial, é apenas diferente.
- Também reconheça que toda equipe distribuída é, em si, diferente. Conheça as pessoas na equipe e trabalhe com elas para encontrar os ritmos, as cadências e os canais que funcionam melhor para suas necessidades em particular.
- Verifique se sua equipe tem respostas claras, consistentes e bem documentadas para perguntas do tipo "Com que rapidez se espera que você responda quando recebe uma mensagem de um dos colegas?".

EXPERIMENTE ISTO EM CASA: DIFICULDADES E TRIBULAÇÕES DO TRABALHO REMOTO | 215

- Cocrie um manual de comunicação ou outro acordo operacional que possa ajudar sua equipe a evitar as incompreensões diárias que acabam com a confiança.

- Pense com cuidado sobre como usar melhor o tempo síncrono precioso da equipe, em especial se vocês trabalham em fusos horários diferentes. Se você acha que uma reunião de "atualização do status" pode ser simplesmente um e-mail, pergunte à equipe o que ela pensa sobre isso.

- Lembre-se que fazer com eficiência uma reunião síncrona com uma equipe distribuída requer muita preparação e prática. Esteja pronto para passar três horas planejando e preparando cada hora de reunião síncrona marcada com a equipe.

- Aproveite os documentos compartilhados e as plataformas visuais para encorajar a participação direta nas reuniões remotas.

- Resista ao impulso de enviar mensagens vagas e abertas para sua equipe. Seja específico sobre o que você precisa, por que precisa e para quando precisa de algo.

- Envie aos colegas uma pré-leitura e uma continuação antes e depois de qualquer reunião importante (um "sanduíche síncrono").

- Forneça oportunidades pequenas para sua equipe compartilhar atividades e interesses extracurriculares.

- Não acredite em ninguém que lhe diga que sabe o futuro do trabalho híbrido. Continue prestando atenção, adaptando-se às mudanças conforme elas chegam e se comunicando abertamente com sua equipe.

Um Gerente Entre os Gerentes de Produto (O Capítulo Sobre Liderança de Produto)

Por mais mal preparado que eu estivesse para as realidades da gestão de produto, estava pior ainda para as realidades da liderança de produto. Isso não significa que eu não *achava* que estava preparado. Após anos passando pelas indignidades diárias da gestão de produto, estava certo de que tinha aprendido tudo que havia para aprender sobre como administrar uma organização do produto ou, ao menos, tudo que havia para aprender sobre como *não* administrar tal organização. "Nem acredito que as pessoas encarregadas cometem erros tão óbvios", eu dizia para mim mesmo. "Se eu fosse promovido para a posição certa, conseguiria consertar essa bagunça em pouco tempo."

Várias promoções depois, a "bagunça" continuava em grande parte sem correção. E a maioria dos passos que eu dava para melhorar — passos que tinham funcionado muito bem quando eu era gerente de produto, obrigado — parecia piorar a situação. Aos poucos, comecei a ter empatia pelos líderes de quem eu tinha falado mal nos drinques depois do trabalho.

Com o tempo, comecei a imaginar se as pessoas se encontravam para beber depois do trabalho para falarem mal de *mim*. Eu queria ser um "chefe legal", mas também morria de medo de que meus colaboradores diretos cometessem erros que refletissem mal na minha pessoa. Quando as pessoas me abordavam com problemas, eu voltava aos antigos hábitos da compaixão: "Sei, certo, a empresa é MUITO BAGUNÇADA!" Sem nenhuma surpresa, essa frase não era muito bem-vinda de alguém que era ostensivamente responsável por tornar a empresa *menos* bagunçada.

Resumindo: eu gostaria de ter entendido o quanto de aprendizagem, desaprendizagem e reaprendizagem é necessário para se tornar um gerente. Há muitos recursos ótimos para gerentes novos e aspirantes, inclusive o livro *Product Leadership*, de Richard Banfield, Martin Eriksson e Nate Walkingshaw, o livro *The Making of a Manager,* de Julie Zhuo [ambos sem publicação no Brasil] e o livro *A Arte da Gestão* [Alta Books], de Camille Fournier. Você deveria ler todos, e sempre deve buscar a orientação dos líderes em sua rede. Como veremos neste capítulo, não é só porque você é um bom gerente de produto que tem garantias de que será um bom *gerente* ou um bom líder.

Para este capítulo, uso os termos *gerente* e *líder* de modo informal para me referir às "pessoas responsáveis pelo trabalho de outras, com uma estrutura organizacional formal ou uma credibilidade informal cultivada". Como em todas as coisas na gestão de produto, essa distinção pode ser imprecisa e ambígua, tornando mais importante que você entenda e produza segundo suas responsabilidades específicas na organização, sendo elas ou não incluídas formalmente em um organograma.

Subindo a Escada

Chega um momento na carreira de quase todo gerente de produto em que ele diz quatro palavrinhas que, sem saber, lhe ensinarão lições difíceis, mas valiosas: *Eu mereço uma promoção.*

No início da carreira, certamente acreditei na ideia de que uma promoção era o grande prêmio que me daria o poder de fazer mudanças grandes e importantes. Eu reclamava com todos que não podia efetivar minhas ideias brilhantes para a empresa porque não tinha autoridade sobre o roteiro do produto inteiro. Reclamava com meus colegas, na empresa há muito mais tempo que eu, que estava lá um *ano inteiro* e não tinha sido promovido ainda (desculpe, ex-colegas). Sentia-me preparado para o combate, que tinha o direito e fui meio babaca.

Por fim, procurei o vice-presidente de engenharia da empresa, em quem sempre confiei por ter uma perspectiva equilibrada e ponderada. Disparei meu argumento ponto por ponto, explicando como eu era ótimo. Estava lá há um ano! Trabalhava o tempo todo, de manhã, de tarde e de noite! Fazia o trabalho de três pessoas! Tinha enviado muitos produtos! Concluí minha tentativa de persuasão com um dramático "é por isso que mereço ser GERENTE DE PRODUTO SÊNIOR".

O vice-presidente de engenharia sorriu.

— Obrigado por compartilhar isso — respondeu ele. — Parece que você vem fazendo um ótimo trabalho para a empresa. Eu pergunto: o que você pensa sobre as responsabilidades de um gerente de produto sênior?

Congelei. De algum modo, nunca tinha pensado nisso.

— Hum, sabe, é como um gerente de produto que hum, tem, ah, mais, ah... autoridade... sobre... mais... partes... do produto?

Novamente recebi um sorriso paciente.

— Tenho um desafio para você — disse ele. — Quero que escreva qual você acha que seria a descrição do trabalho de um GP sênior aqui. Então quero que faça uma lista de quais responsabilidades você preenche em sua função atual e um plano de crescimento para assumir outras responsabilidades.

Meu rosto contraiu. Ainda no alto da minha indignação, deixei escapar:

— E se eu já estiver fazendo tudo muito bem?

Mais uma vez, um sorriso paciente.

— Você nem sabe o que é ainda! Além do mais, sempre há espaço para crescimento. Sempre que alguém me diz que não tem espaço para crescer, o que ouço é que a pessoa realmente não entende sua função.

Essa última declaração me atingiu como um soco no estômago. Lá estava eu, um ano ou mais na carreira de gestão de produto, insistindo que era o *melhor gerente de produto do mundo* e não tinha *nada para aprender*. Todas aquelas conversas sobre "Eu mereço uma promoção!" denunciavam a falta de experiência e maturidade que eu insistia ter?

A resposta rápida é *sim*. As conversas desafiadoras com nosso vice-presidente de engenharia foram um presente que tive a honra de passar para muitos gerentes de produto nos anos seguintes: a percepção de que "Eu mereço uma promoção porque trabalhei muito e sou ótimo" não é o sentimento de um gerente de produto maduro e eficaz.

Neste livro, examinamos a importância de iniciar com os resultados que buscamos para orientar o negócio e seus usuários, antes de ir fundo no trabalho incrível, difícil e complicado que fazemos como indivíduos. Esse mesmo princípio se aplica quando buscamos avançar dentro das organizações e entre elas. David Dewey, um líder de produto com quem tive o privilégio de trabalhar na

Mailchimp, compartilhou comigo a primeira pergunta que ele faz a qualquer gerente de produto que o procura quanto a receber uma promoção: "O que a empresa poderia realizar com você em uma posição de promoção que *não* pode realizar agora?" Amo essa pergunta, porque ela o força a pensar sobre o possível impacto de sua função desejada e por que *você* é a pessoa certa para tal posição. Voltando a uma ideia expressada no artigo "Good Product Manager/Bad Product Manager", de Ben Horowitz [disponível em https://oreil.ly/z3688, conteúdo em inglês], definir e entender o impacto de sua função faz parte do trabalho de um bom gerente de produto.

Surpresa! Tudo que Você Faz Está Errado

Então você fez a descrição do trabalho e montou um plano de crescimento. Falou de modo eloquente sobre o impacto do trabalho que faz atualmente e o impacto maior que poderia exercer se fosse promovido para uma função de liderança de produto. Você conseguiu a promoção! Agora gerencia vários produtos ou várias pessoas, talvez uma pessoa e um produto *realmente importantes* (de novo, há muitas variantes!).

Suas avaliações de desempenho anteriores o descreviam como "um astro que *faz* as coisas acontecerem". Você escreve belas especificações do produto, facilita reuniões fenomenais, prioriza seu tempo e esforço como um chefe. E agora consegue fazer ainda mais coisas!

Mas assim que começa a se acomodar em sua nova função, um gerente de produto júnior na equipe traz a proposta *dele* para um novo produto. E é... com certeza, menos bonita do que seus belos documentos. Ela não responde a todas as perguntas que você deseja. E, pior, conclui com uma recomendação com a qual você não tem certeza se concorda totalmente.

Sua equipe deve apresentá-la para a liderança executiva no dia seguinte. Sua agenda já está cheia. Você tem uma reputação a zelar, *acabou* de ser promovido e não quer bagunçar as coisas. Mas também não quer começar em sua primeira função de liderança de produto alienando a própria equipe. Então, com o máximo de gentileza e bondade você diz: "ÓTIMO. MUITO obrigado. Se não se importa, a levarei para casa e farei algumas mudanças. OBRIGADO DE NOVO!"

Às 20h, naquela noite, você abre o documento e faz alterações. Algumas frases para editar aqui, alguns pontos de dados para esclarecer acolá. Você rescreve a recomendação no final da proposta até que ela se torne algo que possa apoiar e a envia por volta das 22h, com uma nota de encorajamento dizendo para o gerente de produto júnior que você sabe que ele fará um ÓTIMO trabalho. Você fecha o computador e dá um grande sorriso. Veja só, tarde da noite, dedicando horas para ajudar no sucesso da equipe. Essa coisa de "liderança de produto" pode dar certo, afinal.

No dia seguinte, você faz login para a grande apresentação e vê o gerente de produto júnior mal se virando com o documento proposto que você editou. A liderança executiva parece estar nada convencida. Sem querer que a apresentação seja um completo fracasso para você *ou* para o gerente júnior, você decide entrar na conversa: "Oi, desculpa a todos, só queria compartilhar um pouco mais do raciocínio por trás da recomendação aqui." A liderança executiva se anima. Faz algumas perguntas que você está pronto e preparado para responder. Sua recomendação é aceita e todos parecem muito contentes.

Todos, exceto o gerente de produto júnior, que encerrou a sessão de forma brusca sem compartilhar as habituais gentilezas de conclusão da reunião. Você lhe envia uma rápida mensagem no Slack. "Ei, tudo bem? Achei que você foi ÓTIMO! Desculpe se comandei um pouco a reunião, só queria assegurar que os executivos vissem que você tinha meu apoio." Enquanto digita, percebe que *não* está realmente arrependido. Era uma apresentação de alto risco, você queria ter certeza de que ela fosse bem-sucedida e ela foi.

Nas semanas seguintes, o sucesso começa a desaparecer. O gerente de produto júnior, lutando para conter as lágrimas em sua próxima reunião individual, explica que tinha trabalhado com a equipe inteira de engenharia e design para propor a recomendação inicial e perdeu muita confiança quando eles apresentaram *sua* recomendação. Para piorar, os outros gerentes de produto na organização agora evitam o gerente júnior por completo e tentam marcar reuniões com *você*. Afinal, todos sabem que você é a pessoa que puxa as cordinhas e toma as grandes decisões. Vish.

No mundo do produto, muitas vezes os colaboradores individuais são promovidos e têm os exatos comportamentos que limitam sua eficácia como líderes. E, quando você assume a função de liderança do produto, a continuação desses comportamentos terá duas consequências inter-relacionadas e igualmente negativas: você se sentirá esgotado e sua equipe sem engajamento e poder. Aceite o fato de que você precisará desaprender alguns antigos comportamentos e aprender novos, e esses novos comportamentos podem não ser fáceis para você, não importa o tamanho e a pompa de seu cargo.

O Padrão Definido para Si é o Padrão Definido para a Equipe

Nos últimos anos, vários líderes de produto me procuraram muito preocupados com o fato de que suas equipes estavam na iminência de um esgotamento.

— É só um momento difícil — diz ele —, e estou muito preocupado com todos. Continuo dizendo para todo mundo tirar uma folga, encontrar um bom equilíbrio entre trabalho e vida pessoal, se desconectar no final do dia, mas tenho a sensação de que eles ainda trabalham muito e fazem muitas coisas.

Em resposta, pergunto:

— *Você* tira uma folga, encontra um bom equilíbrio entre vida pessoal e trabalho e se desconecta no final do dia?

Como sempre, a pergunta recebe uma série de qualificadores e desculpas.

— Bem, eu tento, mas minha equipe realmente precisa de mim no momento e há muito por fazer. *Estou dedicando horas extras para que as pessoas na equipe possam se desconectar!*

Esses líderes de produto costumam ficar surpresos quando descobrem que suas equipes me dizem a mesma coisa.

Simplesmente não há um jeito de resolver isso: quando você é líder de produto, o padrão definido para si *é* o padrão que você define para a equipe. Se você fica no escritório até as 20h, sua equipe achará que você espera que ela fique até as 20h, não importa quantas vezes você insista em dizer o contrário. Se envia e-mails às 15h no sábado, a equipe achará que precisa responder aos e-mails às 15h no sábado (a menos que, como visto no Capítulo 13, você diga claramente o contrário em um manual de comunicação da equipe). E, se não tirou uma folga em três anos, esteja certo de que sua equipe não aproveitará a política de "férias ilimitadas" também.

Quando os líderes de produto me dizem que estão muito sobrecarregados e com muito trabalho para tirarem uma folga ou desligarem seus computadores após o jantar, costumo pedir que façam um exercício simples que também recomendo aos gerentes de produto júnior sobrecarregados: classifique *tudo que você faz atualmente* considerando quanto isso ajuda sua equipe a atingir suas metas. Então faça uma linha sob a quantidade de coisas que você pode fazer razoavelmente dentro das horas de trabalho reais (Figura 14-1). Qualquer coisa abaixo da linha é delegada, remodelada ou simplesmente descartada.

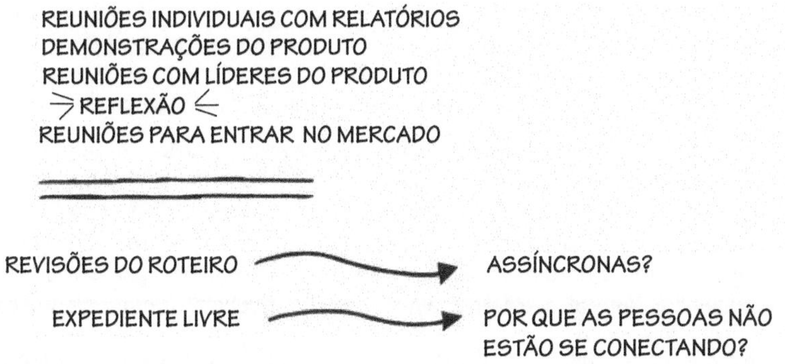

REUNIÕES INDIVIDUAIS COM RELATÓRIOS
DEMONSTRAÇÕES DO PRODUTO
REUNIÕES COM LÍDERES DO PRODUTO
⇒ REFLEXÃO ⇐
REUNIÕES PARA ENTRAR NO MERCADO

REVISÕES DO ROTEIRO ⟶ ASSÍNCRONAS?

EXPEDIENTE LIVRE ⟶ POR QUE AS PESSOAS NÃO
ESTÃO SE CONECTANDO?

Figura 14-1. Lista das atividades com notas e classificadas de maior a menor impacto (provavelmente sua lista será muito maior!)

Quando os líderes de produto começam a tirar algumas atividades menos impactantes de suas listas de tarefas diárias, descobrem que as pessoas na equipe se sentem mais à vontade para fazer o mesmo. Isso acontece porque um bom exemplo foi dado e o trabalho tem a tendência de gerar mais trabalho; tudo que você faz "para" sua equipe ainda precisa ser recebido, revisado e respondido. Por fim, ser um líder de produto eficiente significa aprender a medir seu valor por algo diferente de até que horas você fica no escritório e o quanto trabalha.

Como o "Sim" Automático para os Executivos Pode Destruir a Equipe, e Promover Você!

Q. S.
Gerente de produto, empresa de tecnologia

Anos atrás, um líder de produto no nível de diretor com quem trabalhei teve uma rara reunião com o CEO da empresa. Para grande alegria desse líder, o CEO realmente gostou daquilo em que meu colega estava trabalhando.

— É ótimo — disse o CEO. — Você acha que poderia enviar na terça-feira?

—Claro — respondeu meu colega, sem hesitar.

Encorajado com o interesse do CEO, o líder voltou para a equipe e disse: "Cancelem os planos do fim de semana. Liguem para a família e digam que vocês não verão ninguém por um tempo. O CEO quer isso na terça, e vamos fazer acontecer." Eles embarcaram em um esforço extenuante para entregar o produto e, com certeza, *conseguiram*.

Nas semanas seguintes, vários membros da equipe se demitiram. Eles não estavam muito interessados em trabalhar todo fim de semana sem nenhum aviso, e não posso culpá-los. E o líder de produto? Ele foi promovido! Ficou com a reputação de "o tipo de líder que faz as coisas acontecerem", e logo se tornou vice-presidente.

Isso é o que me assombra até hoje: o diretor seria promovido se, em vez de dizer "sim" para o CEO, dissesse "Sabe, não tenho certeza. Preciso ver com minha equipe. Você pode explicar por que terça-feira é o dia que você tem em mente?". É muito fácil concluir que ele não teria sido promovido, e essa incerteza é justamente o motivo de ele *ter dito* "sim" na hora. Mas esse "sim" teve um custo enorme para sua equipe e a organização em geral, que perdeu alguns de seus engenheiros mais talentosos.

Tento me lembrar disso agora quando estou em situações parecidas. **Quando os principais líderes perguntam, faço o melhor para lhes dar o benefício da dúvida e trato as perguntas como questionamentos reais, não como demandas disfarçadas. Também tento estar ciente do fato de que minhas próprias perguntas podem ser interpretadas como demandas disfarçadas.** A simples tarefa de receber tudo de forma literal pode precisar de muita bravura, e pode não nos dar um reconhecimento positivo imediato que recebemos ao dizer um "Sim" automático, mas acaba resultando em equipes mais felizes e organizações mais saudáveis.

Os Limites da Autonomia

Se existem duas palavras que definiram o discurso da liderança de produto na última década ou mais são *autonomia* e *empoderamento*: autonomia como em "Dê espaço às equipes para tomarem decisões inteligentes sem microgerenciamento" e empoderamento como em "Dê às equipes as informações e os recursos necessários para uma execução eficiente com base nessas decisões".

Metas nobres e legítimas — e muitíssimo difíceis de realizar com eficácia. Livros como *Empowered* [Empoderados], de Marty Cagan e *The Team That Managed Itself* [sem publicação no Brasil], de Christina Wodtke fornecem quadros abrangentes e interessantes de como são equipes empoderadas no mundo real, e o trabalho difícil que deve ser investido na criação delas.

Infelizmente, muitos líderes de produto, e me incluo nessa, interpretaram mal o chamado da "autonomia" (e o medo do microgerenciamento) como permissão para "deixar as equipes sozinhas e permitir que façam o melhor trabalho". É uma fantasia irresistível para os líderes de produto que estão se conscientizando de que seus antigos hábitos não lhes servirão em suas novas funções e que estão tentando equilibrar responsabilidades cada vez maiores.

Tendo estado nos dois lados desse equívoco, posso dizer que "faça o que você quiser" acaba não entregando autonomia nem empoderamento. Muitos de nós aprenderam isso do modo difícil ao planejar uma refeição em grupo com pessoas que insistem que estão "dispostas a tudo", apenas para revelar muitas preferências e limitações não declaradas antes quando todos se sentam para comer. A maioria das pessoas se mostra cheia de opiniões sobre a comida quando chega a hora de pedir e a maioria dos líderes de produto tem muitas opiniões sobre o produto quando chega a hora de criar algo. Vi muitos líderes de produto oscilarem entre "microgerenciamento" e "autonomia", só para, de repente, suas equipes deixarem de *criar* o que esses líderes querem e começarem a *adivinhar* o que eles querem. E, assim como eu fiz quando levei, sem querer, um grupo de veganos para um restaurante chamado PORK, provavelmente essas equipes adivinharam errado.

Em um texto canônico [disponível em https://oreil.ly/kOWUB, conteúdo em inglês] sobre equipes empoderadas (que também inclui uma perspectiva cuidadosa sobre a diferença entre gestão e liderança), Marty Cagan esclarece bem que uma equipe "empoderada" não significa estar desconectada:

> As equipes realmente empoderadas também precisam do con-
> texto comercial que vem da liderança, sobretudo da visão do pro-
> duto, e do apoio de sua gestão, em especial de um treinamento
> contínuo e, então, de uma oportunidade para descobrir o melhor
> modo de resolver os problemas atribuídos a elas.

Em outras palavras, simplesmente "deixar as equipes sozinhas" não é o mesmo que empoderar essas equipes. Uma liderança de produto eficaz não tem a ver com se desconectar das equipes em campo, mas encontrar novos modos de apoiá-las.

Metas e Limites Claros e Ciclos Curtos de Feedback

Dar suporte às equipes de produto sem as microgerenciar é um desafio de todo gerente de produto. Embora cada líder de produto tenha uma abordagem própria, descobri três coisas úteis e consistentes para conseguir esse equilíbrio: metas e limites claros e, o mais importante, ciclos curtos de feedback.

A ideia de dar metas claras à equipe é muito simples e foi muito debatida neste e em muitos outros livros. Caso sua equipe não saiba como definir o sucesso, então não conseguirá entregar o sucesso. Como visto no Capítulo 10, abaixar o lado "resultados desejados" na gangorra de resultados desejados e saída muitas vezes acabará empoderando sua equipe para voar mais alto no trabalho em execução.

Fornecer limites claros é um pouco mais complicado, pois costuma deixar os líderes de produto sentindo que estão caminhando no limite do microgerenciamento. Mas os líderes muitas vezes têm acesso a informações importantes que suas equipes não têm, e não fazem nenhum favor retendo essas informações. Por exemplo, talvez você saiba que o CEO é radicalmente contra certa solução que uma das equipes avalia atualmente ou que certo sistema técnico provavelmente será descontinuado nos próximos meses devido a uma aquisição pendente ultrassecreta. São limites e preocupações reais com as quais as organizações do produto devem lidar, e requer coragem, disciplina e prática comunicá-los de um modo que evite apontar o dedo ou dar desculpas.

Por fim, e o mais importante, os líderes de produto eficazes trabalham em ciclos curtos de feedback. Esses líderes tendem a ser pessoas ocupadas com agendas cheias, o que leva a longos períodos entre as conversas com a equipe. Isso deixa as equipes com *muito* espaço para interpretar mal as metas e os limites fornecidos, avançando muito por um caminho que já foi fechado ou se distanciando muito de si mesmas antes de o líder de produto conseguir ver o trabalho e dizer "Ah, ops, acho que confundimos um pouco aqui".

Muitos de meus piores dias como gerente de produto foram quando fiz uma grande apresentação para a liderança de produto e me disseram: "Não é o que queríamos." Porém, quando me tornei líder de produto, levei anos para perceber que a lição com essas experiências não era "Não seja idiota", mas "Não deixe a equipe ir longe demais sem um feedback". Agora, aconselho os líderes de produto a desencorajarem explicitamente que suas equipes passem tempo demais em algo antes de reservar um momento para uma revisão em conjunto: "O sucesso é assim. Vejas as coisas que você precisa lembrar. Não passe mais de uma hora rascunhando algo, então volte aqui dentro de alguns dias e revisaremos juntos."

Trabalhar em rascunhos incompletos (como uma página com tempo limitado vista no Capítulo 9) e ciclos curtos de feedback permite alinhar melhor a visão e a execução em todos os níveis da organização. Também ajuda a ter uma vantagem nas situações em que as diretrizes e os limites fornecidos se perdem ou são mal interpretados conforme se desdobram nas ideias específicas do produto.

O Inevitável E-mail de "O Produto É uma Droga"

Michael L.
Líder de produto, startup em estágio de crescimento

Quando você se torna líder de produto, provavelmente tem uma ideia muito boa de quais serão suas responsabilidades de alto nível e como gerenciá-las. Você cria uma equipe, uma disciplina, inspira a equipe e mantém tudo em movimento. Interage com a liderança de outras áreas funcionais e assegura que elas saibam o que está acontecendo e por quê. E mesmo quando faz tudo isso bem, ainda chegará um momento em quase toda função de liderança de produto no qual você será um dos muitos destinatários de um e-mail do CEO informando, com todas as letras: "Por que seu produto é uma droga?"

Lembro de um exemplo em particular em minha carreira. Nesse caso, o e-mail do CEO, que foi enviado para vários líderes multifuncionais, inclusive para mim e nosso CTO, afirmava que nossa experiência de suporte ao cliente era inaceitável e perguntava quem era o responsável. Então, tivemos que implantar uma ferramenta de roadmap [roteiro], e qualquer pessoa que quisesse, poderia ver se tínhamos adiado a reformulação da experiência de suporte para algum outro trabalho que acreditávamos estar mais alinhado com nossos KPIs. Mas só porque está no roteiro não significa que alguém, em especial o CEO, realmente entenderá como e por que ele foi priorizado, sobretudo quando a experiência real no produto é muito difícil.

Então, esse e-mail chegou e tive que pensar em como responder. Antes de eu conseguir dizer qualquer coisa, outro líder entrou na conversa: "Mantenho a decisão de minha equipe e não há muito que possamos fazer." Entendi muito o impulso de proteger a equipe nessa situação, mas essa resposta estragou tudo, resultando em uma troca acalorada de e-mails que se desenrolou durante um fim de semana inteiro. Culminou com o CEO declarando: "Foi uma decisão ruim. Não vejo nenhuma consideração estratégica por trás disso e, como cliente, nunca usaria um app com essa experiência ruim."

É o seguinte... nosso CEO não estava necessariamente errado! Podíamos muito bem ter tomado uma decisão ruim sobre o que priorizamos. Enfim, um gerente de produto do grupo da minha equipe acabou tomando a iniciativa e fazendo o que deveríamos ter feito em primeiro lugar: explicar para a equipe executiva como tomávamos as decisões de priorização e ajustávamos essas decisões para se alinharem melhor com a visão do CEO.

Vale a pena lembrar que, mesmo quando você consegue a função de liderança do produto e faz ostensivamente tudo certo, ainda receberá um e-mail de "Por que seu produto é uma droga?". E esse ainda será um momento muito difícil para você. Talvez se sinta uma fraude ou um impostor. Talvez imagine que o produto é uma droga porque *você* é uma droga. Mas, no fim das contas, sempre terá coisas para aprender com essas experiências. Todo líder de produto tem pontos fortes e fracos, tem dias bons e ruins e comete erros. O desafio real é permanecer aberto para aprender com os erros.

Externalizando-se

Embora pareça contraditório, nosso princípio orientador para a habilidade COPE da organização "Torne-se obsoleto", ganha ainda mais relevância quando você é líder de produto. Os melhores líderes de produto estão sempre trabalhando para externalizar seu próprio conhecimento, sabedoria e experiência para que possam orientar suas equipes sem ter que se envolver demais nas minúcias diárias do trabalho do produto.

Os ciclos curtos de feedback examinados antes neste capítulo muitas vezes ajudam os líderes a identificar as áreas em que tal orientação é mais urgente e impactante. Por exemplo, trabalhei com uma líder de produto que sempre dava feedback para as equipes, e os "resultados desejados" definidos mais pareciam uma lista de recursos que elas pretendiam criar. Após ter a mesma conversa com vários gerentes de produto, ela escreveu e compartilhou uma checklist das coisas que procurava ao avaliar se um resultado desejado era ou não realmente desejável, incluindo:

- É mensurável?
- Está um pouco fora de nosso controle (ou seja, requer feedback do mercado)?
- Conecta-se às metas da empresa para o ano?

Do mesmo modo, o líder de produto David Dewey (que conhecemos antes neste capítulo) escreveu um documento com sua filosofia de liderança de produto após lidar com muitas solicitações para mediar conflitos entre indivíduos e equipes. Com sua permissão, incluí minha parte favorita do documento aqui:

> *Acredito que a comunicação é o segredo que revela a solução para quase todos os nossos problemas. Com frequência, as pessoas dizem que algo aconteceu ou que alguém acha determinada coisa, e eu pergunto: "Falou com ela?" E a resposta é "não". A que eu respondo: "Sabe isso que você acabou de me dizer? Vá dizer exatamente isso para ela."*

Criar e compartilhar documentos simples como esse pode ajudar a aumentar o impacto enquanto gerencia seu tempo. Como um bônus extra, externalizar seu próprio processo mental pode ajudá-lo a entender melhor esse processo, dando uma ótima oportunidade para refletir sobre sua abordagem única para a liderança de produto.

Liderança de Produto na Prática

Vejamos três situações comuns que provavelmente você encontrará em sua jornada de liderança de produto. Observe que não são situações estritamente para líderes de produto formais, mas situações em que qualquer gerente de produto profissional pode cultivar suas habilidades de liderança. Como nos cenários dos capítulos anteriores, reserve um momento para refletir sobre como *você* pode lidar com a situação antes de continuar lendo.

CENÁRIO UM

Engenheiro: Estamos quase terminando o trabalho planejado! O que você acha que devemos fazer em seguida? (Figura 14-2)

Figura 14-2. Um engenheiro pergunta em que trabalhar em seguida

O que Realmente Está Acontecendo

Esse pode ser um dos momentos gratificantes para um gerente de produto em ascensão. Claramente, você ganhou alguma confiança e credibilidade na equipe, e é feita uma das perguntas grandes e importantes que os gerentes de produto *reais* recebem. Mas, como vimos no Capítulo 2, o fato de que as pessoas na equipe precisam fazer essa pergunta pode ser um sinal de que você se tornou um gargalo e não cultivou as habilidades da organização. Embora aumente o seu ego, é um problema para a equipe.

O que Você Pode Fazer

Verifique se todos na equipe estão cientes sobre as metas que vocês buscam e sua estratégia para atingi-las. É um dos momentos críticos para você externalizar e sistematizar para que a equipe inteira possa subir o nível do processo de tomada de decisão. Diga para a equipe que você gostaria de criar um sistema transparente e bem priorizado para ela *sempre* saiba o que criar em seguida. Então trabalhe com ela para criar esse sistema juntos.

Padrões e Armadilhas a Evitar

Crie esta coisa em particular!
> De novo, resista ao desejo de ser o Gerente de Produto Herói e responder à pergunta no momento. A equipe inteira deve conseguir responder sem ter que perguntar a você!

Crie o que você quiser!
> Vi alguns gerentes de produto fazerem reuniões de priorização simplesmente perguntando às equipes "Em que vocês querem trabalhar sem seguida?". Pode parecer o caminho mais fácil para manter os colegas engajados, mas, no fim das contas, sua equipe deve priorizar os resultados, não as opiniões.

Desculpe, estou muito ocupado. Podemos conversar sobre isso na próxima reunião de priorização?
> Se um engenheiro em sua equipe está inseguro quanto a em que trabalhar entre as reuniões de priorização, então você tem problemas maiores para lidar do que uma agenda cheia. Em vez de afugentar um engenheiro na equipe, reserve um tempo para entender melhor o que está acontecendo exatamente. A equipe de engenharia

ficou sem trabalho? Ela está tentando ter uma ideia do que vem a seguir? Em caso afirmativo, por quê? Tenha paciência, faça perguntas e ouça.

CENÁRIO DOIS

Outro engenheiro de produto: Sabe, acho que este trabalho está realmente mais no campo de ação de minha equipe do que da sua. Continuaremos daqui e o informaremos se precisarmos de algo. (Figura 14-3)

Figura 14-3. Outro engenheiro de produto diz: "Entendi!"

O QUE REALMENTE ESTÁ ACONTECENDO

Quando você assume mais responsabilidades em organizações mais complexas, é quase certo que venha a passar por situações em que a "propriedade" fica imprecisa e ambígua. Essas situações podem escalar rápido, tornando-se batalhas de custódia arriscadas, em que os gerentes de produto e líderes disputam o controle sobre o que consideram as partes importantes do produto ou da organização. Resumindo: essas batalhas podem resultar em muitos danos colaterais e raramente acabam bem para alguém, inclusive para o pretenso vencedor.

O Que Você Pode Fazer

Comece a entender melhor como o trabalho em questão se encaixa nas metas de sua equipe, da equipe do outro gerente de produto e da organização em geral. O trabalho em questão pode muito bem se alinhar melhor com as metas do outro gerente de produto, mas você nunca saberá se não parar para descobrir. Lembre-se de que seu trabalho é entregar resultados para o negócio e seus usuários, não "possuir" o máximo possível do produto. Fique focado no caminho que faz mais sentido e tente ir além da mentalidade binária ("é seu" ou "é meu") o mais rápido que puder. Considere propor uma conversa de continuação para falar sobre como suas equipes podem trabalhar juntas para produzir melhor, segundo as metas do negócio e, se necessário, proponha uma scrum diária para manter as equipes alinhadas.

Padrões e Armadilhas a Evitar

Com certeza, parece bom. (Em segredo, reclama com o gerente.)
Nada representa "Você não deve confiar em mim" melhor do que ser simpático no momento e, então, imediatamente reclamar com o gerente. Se você acha que a equipe do outro gerente de produto não deve avançar com o trabalho em questão, é sua responsabilidade resolver isso diretamente com o outro gerente. Se vocês realmente não conseguem chegar a uma solução, considere perguntar ao outro gerente de produto se vocês podem buscar uma mediação de um gerente de nível mais alto que possa ter mais informações sobre como o trabalho em questão se alinha com as metas gerais da empresa.

Com certeza, parece bom. (Em segredo, começa a fazer o trabalho com sua equipe.)
Várias vezes, vi um gerente de produto começar a fazer o exato trabalho que ele supostamente acabou de deixar, pensando que, se pudesse fazer mais rápido e melhor, poderia reivindicar que é seu por direito. Isso cria um trabalho duplicado, acaba com a confiança e, normalmente, piora as coisas para todos.

Com certeza, parece bom. (Em segredo, começa a falar mal do outro gerente de produto para qualquer pessoa que queira ouvir.)
Talvez seja o antipadrão mais comum que vejo nesse cenário: uma reação defensiva é iniciada, o martírio do produto começa e, antes de perceber, você está sentado em um bar (ou em um canal no Slack) falando sobre como o outro gerente de produto é um *grande idiota, doido para te passar a perna*. Como vimos no Capítulo 4, as intenções do outro gerente são muito irrelevantes; de fato, ele pode ser um grande idiota ou

UM GERENTE ENTRE OS GERENTES DE PRODUTO (O CAPÍTULO SOBRE LIDERANÇA DE PRODUTO) | 233

pode ser uma pessoa adorável que está tentando pegar algum trabalho para aliviar sua barra. Fique focado nos resultados que você está tentando entregar e resista ao desejo de especular e desabafar sobre os colegas.

Não, acho que minha equipe deve lidar com isso, muito obrigado. (É inevitável que o outro gerente de produto responda de uma das três maneiras descritas aqui.)

Temporada de caça aos patos! Temporada de caça aos coelhos! Temporada de caça aos patos! Temporada de caça aos coelhos! Lembre-se: seu trabalho como gerente de produto é facilitar uma boa decisão, não entrar em um interminável vai e vem sem objetivos claros. Os líderes de produto, independentemente da sua função formal, sempre colocam os objetivos do negócio e do usuário na frente de suas próprias ambições.

CENÁRIO TRÊS

Subordinada direta: Sinto muito, mas acho que o pessoal do marketing tem expectativas muito irreais sobre o que entregaremos antes do grande evento no outono (Figura 14-4).

Figura 14-4. Subordinada direta de um líder de produto desabafando sobre os palhaços do marketing

O que Realmente Está Acontecendo

Esse tipo de declaração pode ser um comentário menor ou um grande pedido de ajuda, e não há como saber o que está por trás, a menos que você se aprofunde um pouco. Muitas vezes em minha carreira, usei a desculpa como um test drive com meu gerente para saber se ele me dava permissão para não lidar com certo problema espinhoso. Outras vezes, me vi levando certo problema espinhoso para meu gerente na sincera esperança de que ele me ajudaria a descobrir o melhor modo de resolvê-lo.

O que Você Pode Fazer

Seja específico. Pergunte ao subordinado direto quais são suas expectativas exatas, o que é irreal e quais podem ser os possíveis desdobramentos dessa falta de alinhamento. Ofereça ajuda para marcar uma hora com os interessados relevantes do marketing, para que *eles* (não você!) possam examinar essas questões diretamente. E informe que, se realmente não puderem chegar a uma solução com os colegas do marketing, você está disposto a intervir e facilitar a conversa; tenha em mente que facilitar uma conversa é muito diferente de *controlar* a conversa.

Padrões e Armadilhas a Evitar

LOL, sim, o marketing é uma droga.
> Quando você entra na posição de liderança de produto, formal ou informal, uma das primeiras e mais difíceis lições é que não pode reclamar de seus colegas como fazia antes (de fato, talvez perceba que nunca deveria reclamar dos colegas como antes!). Isso se aplica particularmente a quando fala com alguém que você gerencia diretamente.

Não se preocupe. Eu apoio a equipe e defenderei o que vocês tentarem entregar.
> Embora possa ser tentador proteger seus subordinados diretos das expectativas pouco razoáveis ou irreais que chegam de outras partes da organização, essa abordagem "protege" esses subordinados de melhorarem o trabalho deles. É fundamental que os gerentes de produto aprendam a resolver conflitos e não é nenhum favor se você isola seus subordinados diretos de tais conflitos.

Bem, ouça, nossa organização é voltada para o marketing. Nosso CEO veio do marketing. Simples assim.

Conforme você sobe as posições de uma organização do produto, haverá vezes, muitas vezes devido à pura exaustão, em que tentará culpar o "CEO", a "organização", a "diretoria" ou até a "máquina esmagadora do capitalismo tardio". Qualquer um desses pode muito bem ser restrições reais para sua equipe e sua organização, mas seu trabalho é ajudar os subordinados a navegarem com cuidado em meio a essas restrições, não demonstrar impotência e martírio.

LOL, sim, ser gerente de produto é uma droga.

Um pouco de comiseração sobre o trabalho difícil da gestão de produto pode ser bom. Mas essa comiseração nunca deve servir como um substituto para realmente *fazer* o trabalho difícil da gestão.

Resumo: Sendo o Seu Melhor

Independentemente de você buscar ou não o papel formal de liderança de produto, as lições da liderança podem ajudá-lo a ter mais confiança e chegar a resultados melhores em qualquer função desempenhada no produto. Basta lembrar que a liderança de produto quase sempre exigirá a renúncia dos mecanismos de defesa e dos comportamentos de "fazer as coisas acontecerem" que podem lhe dar reconhecimento e promoção em primeiro lugar. Prepare-se, como sempre, para superar sua própria atitude defensiva, analise com clareza seus pontos fortes e fracos (até os melhores líderes de produto tem os dois!) e evolua continuamente sua prática.

Sua Checklist

- Reconheça que todo aspirante a líder de produto, sim, até você, tem pontos fortes e fracos. Você sempre terá espaço para aprender e crescer.
- Quando buscar uma promoção, pense em como ela ajudaria o negócio a atingir suas metas, não por que você a "merece"!
- Lembre-se de que os comportamentos que o levaram à promoção em uma posição de liderança não são necessariamente os comportamentos que servirão bem em uma posição de liderança, e prepare-se para desaprendê-los.
- Lembre-se de que o padrão que você estabelece para si mesmo é o padrão que definirá para sua equipe. Se você quer que as pessoas se desconectem do trabalho à noite, desconecte-se do trabalho à noite. Se quer que as pessoas tirem uma folga, faça isso você mesmo.

- Se você está sobrecarregado e trabalha demais, faça uma lista ordenada de todas as coisas que você faz de acordo com o quanto elas contribuem para as metas da equipe. Então delegue ou descarte qualquer coisa que não possa fazer dentro das horas de trabalho reais.
- Verifique se a equipe tem acesso às informações necessárias para tomar boas decisões, mesmo que essas informações possam parecer limitadoras ou microgerenciadas.
- Nunca deixe seus subordinados ou equipes irem longe demais sem receber um feedback seu sobre projetos e entregas importantes. Como vimos no Capítulo 9, trabalhe em colaboração nos rascunhos incompletos e com tempo limitado.
- Se você tem a mesma conversa com as pessoas repetidas vezes, procure oportunidades para externalizar seu lado da conversa em um documento compartilhado.
- Verifique seu ego quando receber muitas perguntas importantes e estratégicas. Lembre-se de que parte de seu trabalho é organizar suas equipes para que elas respondam a essas perguntas do melhor modo possível.
- Evite confrontos sobre quem "possui" certa parte do produto; fique focado nos resultados que você produz para o negócio e seus usuários.
- Leve a sério as reclamações dos seus subordinados diretos e ajude-os a ter o espaço e a orientação para resolver problemas espinhosos da melhor forma possível.
- Releia o Capítulo 5 deste livro da perspectiva de um líder de produto. Como os principais interessados nas histórias e nos cenários desse capítulo poderiam abordar as coisas com mais eficiência?

Em Tempos Bons e Ruins

No começo de 2022, havia cerca de 1,96 milhão de apps na App Store da Apple e 2,87 milhões na Play Store do Google, segundo a agência de aplicativos para dispositivos móveis BuildFire [disponível em https://oreil.ly/YPTde, conteúdo em inglês].

De acordo com essa mesma fonte, o proprietário normal de smartphone usa dez apps para dispositivos móveis diariamente e trinta apps no total todo mês.

Isso deixa muitos gerentes de produto desapontados.

Menciono essas estatísticas não para ser fatalista, mas para definir a expectativa de que criar um produto para um sucesso meteórico associado a empresas como Apple, Netflix, Facebook ou Google é excepcionalmente raro. Muitos gerentes de produto excelentes trabalham em produtos que fracassam o tempo todo. Não existem "melhores práticas", estruturas de priorização perfeitas nem palavras mágicas Ágeis que garantirão o sucesso do produto.

Os gerentes de produto que trabalham em produtos estabelecidos e bem-sucedidos têm seus próprios desafios que podem ser igualmente incômodos. As empresas estabelecidas tendem a ficar avessas ao risco, burocráticas e políticas, por vezes dificultando a implementação de mudanças menores que têm um claro valor para o usuário. Até quando os números seguem na direção certa — *em especial* quando seguem na direção certa — ficar à frente das necessidades dos usuários que mudam rapidamente pode se mostrar incrivelmente difícil.

A gestão de produto não é um trabalho fácil, mas a prática pode tornar mais fácil para todos. Ela pode ajudar os programadores a se tornarem comunicadores melhores, os profissionais do marketing a ficarem mais empolgados com o trabalho técnico e os executivos a entenderem os desdobramentos técnicos das decisões estratégias de alto nível. Uma ótima gestão de produto transforma a tensão traiçoeira e a falta de alinhamento em oportunidades para aprender, compartilhar e colaborar, em tempos bons e ruins.

A Calmaria Reconfortante da Organização no Piloto Automático

Em quase toda organização do produto, sobretudo nas organizações maduras, em geral há períodos em que as equipes ficam no "piloto automático". Por vezes, isso acontece porque as condições externas são tão favoráveis que os números seguem na direção certa e ninguém sente muita pressão. Outras vezes, porque as pessoas pararam de prestar atenção nos números e a equipe de produto opera com responsabilidade e supervisão mínimas. E, sim, há ocasiões em que todas as partes certas estão no lugar e você opera como uma máquina do produto bem lubrificada.

Mas esse modo piloto automático tem um grande risco. Quando uma equipe fica muito tempo sem um novo desafio ou uma perspectiva nova, pode começar a sentir que "as coisas são assim" e que esse é o único caminho para o sucesso. As equipes ficam mais isoladas e menos curiosas, perguntas importantes não são feitas e oportunidades críticas são perdidas.

Quando sua equipe sente que está no piloto automático, é mais importante do que nunca buscar ideias desafiadoras e explicações alternativas. Converse com os usuários que abandonaram seu produto, mesmo que não sejam muitos, e tente descobrir o que deu errado. Explore os produtos concorrentes e documente como eles lidam com as necessidades fundamentais do usuário (ou, como vimos no Capítulo 6, atualize as personas de usuários para ver se as necessidades mudaram). Traga de volta para a equipe perguntas desafiadoras: e se a direção que vocês seguem está totalmente errada? E se o crescimento linear que vocês têm é uma fração do que é possível? Mostre uma mente aberta e curiosidade fazendo perguntas que desafiam sem rodeios o trabalho pelo qual *você* é responsável mais diretamente.

Por fim, canalize essas perguntas desafiadoras para um trabalho de colaboração prático via protótipos com tempo limitado (Figura 15-1). E se reinventássemos o produto do zero em uma semana? E se criássemos o produto existente com base em várias suposições e eventos históricos que não atendem mais o negócio ou os usuários? Criar protótipos concretos de um produto totalmente repensado pode nos ajudar a conectar essas grandes questões a passos menores que podemos dar e responder para nossos clientes.

Um de meus modos favoritos de lidar com esses protótipos é com uma sessão de "reinvenção do produto" em uma hora. A preparação é bem simples: você reúne alguns interessados multifuncionais, atribui a eles uma persona de usuário e uma tarefa importante para esse usuário realizar e lhes dá cinco minutos para montar um esboço de protótipo digital ou no papel, mostrando como eles podem *repensar completamente* seu produto para ajudar o usuário a completar a tarefa. Quase sempre os artefatos resultantes refletem experiências simplificadas e guiadas com uma chamada de ação simples. Essas experiências simples costumam ter um grande contraste com as telas complicadas e cheia de recursos do produto existente.

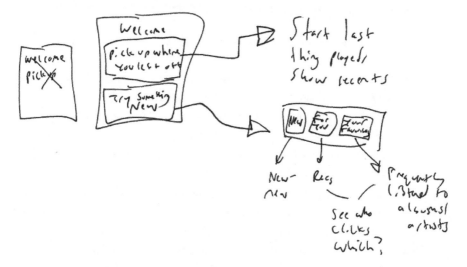

Figura 15-1. Os resultados confusos, mas autênticos, de uma sessão de protótipo hipotético feita no papel em cinco minutos para um serviço de streaming de música popular, completo com os primeiros rascunhos cortados e setas. Note como até um protótipo confuso e de baixa qualidade pode nos dizer muito sobre a experiência que nossos usuários podem preferir.

Os Bons Tempos Não São (Sempre) Tempos Fáceis

Então, se a falta de desafios imediatos e o modo piloto automático resultante não são sinais de tempos muito bons em uma organização do produto, o que significam? Veja alguns indicadores gerais de que seu trabalho contribui para a saúde e o sucesso da equipe e da organização:

Os conflitos são discutidos abertamente.
    Uma organização saudável não é marcada pela falta de conflitos; pelo contrário, é marcada pela capacidade de lidar e resolver os conflitos de modo aberto com o mínimo de atitude defensiva, ataques de ego e descontroles passivo-agressivos. Como

vimos no Capítulo 4, o desacordo pode ser uma ferramenta essencial para tomar boas decisões como um grupo.

Todos se sentem envolvidos no trabalho sendo feito.

Em uma organização de produto saudável, todos se envolvem no trabalho que a equipe faz e no modo como ela trabalha junto. Se você sugere a ideia para um novo produto ou uma nova melhoria do processo, mas recebe silêncio, isso não significa que tem o apoio total e incondicional da equipe de suporte. Em muitos casos, a falta de interesse é mais perigosa que o desacordo.

As pessoas veem as novas informações (e as novas pessoas!) como uma oportunidade, não uma ameaça.

Em uma organização saudável, as pessoas nunca evitam os sinais de que estão no caminho errado. Elas não esperam até a revisão trimestral para compartilhar que é pouco provável que atingirão uma meta quantitativa. Elas reconhecem que sua missão, segundo as habilidades COPE da gestão de produto, é conectar a realidade dos usuários com a realidade da organização, e qualquer informação, pessoa ou ideia que ajude nesse sentido será vista como um presente.

Resumindo, os tempos muito bons como gerente de produto não são necessariamente fáceis. Nem são necessariamente aqueles em que a empresa em si está se saindo bem, embora seja certo que isso ajuda. Os tempos em que a gestão de produto é mais bem-sucedida são aqueles em que novos desafios são buscados ativamente e abordados com mente aberta, curiosidade e sinceridade.

Não é por acaso que esses tempos tendem a coincidir com grandes lançamentos de produto, pressões de última hora para colocar um novo recurso no mercado e outras situações de alto risco e alta pressão. Os momentos que requerem mais colaboração, mais adaptação e mais desejo de experimentar coisas novas rapidamente tendem a ser aqueles em que a gestão de produto realmente brilha. O real desafio é colocar esse mesmo nível de energia e empolgação em seu trabalho todo dia.

Carregando o Peso do Mundo

No início da carreira, meu mentor me disse que o trabalho de um gerente de produto é "pensar em cada coisinha que poderia dar errado, antes de dar errado". Respondi:

— Bem, é exatamente o que faço o tempo todo, então esse trabalho deve ser perfeito para mim!

Para as pessoas inclinadas a carregar o peso do mundo nos ombros, a gestão de produto pode ser um pouco perfeita *demais*. Ser gerente de produto pode fazer com que sinta que todo problema encontrado deve ser resolvido por você, desde novos produtos lançados pelos concorrentes até desacordos pessoais entre os colegas. E nos momentos de confusão na organização, talvez sinta que a gestão de produto é incansavelmente exigente e absolutamente inútil, como empurrar uma pedra morro acima, enquanto pedregulhos dez vezes maiores e mais importantes rolam morro abaixo.

Muitos de meus piores momentos como gerente de produto aconteceram nessas horas, quando o peso do trabalho parecia impossível. Fiz birras na frente de colegas bem-intencionados, saí de reuniões com líderes seniores e omiti informações críticas de minha própria equipe com medo de que ela ficaria zangada comigo. E, na grande maioria das vezes, esse comportamento ruim foi motivado pela mesma falácia perigosa: "Sou a única coisa que impede essa equipe (ou empresa) de acabar completamente."

É nesse ponto em que a natureza conectiva da gestão de produto pode servir como um amplificador do desacordo organizacional. Como gerente de produto, você é responsável por conectar as pessoas na organização e, quanto mais partidas e desalinhadas são essas conexões sem sua intervenção direta e constante, mais você começa a sentir que é a única coisa entre sua equipe (ou empresa) e o limbo. Nesses momentos, talvez você comece a sentir que precisa estar em todo lugar ao mesmo tempo para apagar incêndios e resolver disputas. Pode ser que se pegue resmungando com os amigos e, por vezes, até com os colegas sobre como tudo é confuso. Mas a confusão é *sua* e não é possível nem imaginar como a equipe/empresa continuaria a operar sem você.

Revendo os arquétipos de gerentes de produto ruim, é aí que a linha tênue entre o Gerente de Produto Herói e o Mártir do Produto começa a se confundir. Se você começa a sentir que é a única pessoa que pode salvar a equipe e a empresa, está seguindo por um caminho perigoso. Veja alguns passos que pode dar para evitar a faca de dois gumes do heroísmo e do mártir do produto.

Faça uma lista das coisas além de seu controle.
Uma gigante da tecnologia acabou de lançar um produto que compete diretamente com o seu? Os principais líderes de sua organização estão envolvidos em uma batalha para a posição do CEO? Embora esses desenvolvimentos possam exercer um grande impacto em seu trabalho, não é possível controlar o roadmap [roteiro] de outra empresa nem as ambições de outra pessoa. Faça uma lista das coisas além de

242 | GESTÃO DE PRODUTO NA PRÁTICA

seu controle para servir como um lembrete de que não é seu trabalho resolver todo problema de todo mundo.

Busque oportunidades para delegar coisas importantes.

Um modo de acabar com o ciclo de heroísmo e martírio é delegar as coisas realmente importantes aos colegas. Em vez de tentar isolar a equipe da disfunção na organização, peça que ela avance e assuma a responsabilidade por algo crítico para seu sucesso compartilhado. Delegar coisas importantes aos colegas significa que provavelmente eles se depararão com o mesmo atrito e frustração que você vivencia. Embora não seja fácil, isso muitas vezes é bom. Vocês terão uma chance de lidar com os desafios como um grupo, em vez de sentir que você é a única pessoa capaz e responsável por resolvê-los.

Compareça nas rotinas e nos rituais que aproximam a equipe.

Nos momentos desafiadores, é fácil deixar as coisas escaparem pelos dedos, sobretudo aquelas que não refletem a urgência percebida do momento. Em geral, as reuniões informais da equipe (presenciais ou remotas), as conversas de alto nível para trocar ideias e as sessões de apresentação da equipe são as primeiras que somem da agenda quando as coisas complicam. Talvez você imagine, como eu sempre imagino, que sua equipe ficará feliz por se reunir menos com um gerente de produto estressado. Mas sua ausência envia uma mensagem poderosa e perigosa de que o tempo passado com a equipe não é muito importante. Por sua vez, seus colegas podem imaginar por que *eles* não têm nada mais importante para fazer.

Uma das melhores coisas que você pode fazer como gerente de produto é proteger o tempo que sua equipe passa junto fazendo algo normal, divertido e rotineiro. Compareça, seja presente e mostre para a equipe que, mesmo no meio de desafios maiores, ela tem a maior importância, e que você encontra tempo para recuar, se comunicar e se conectar.

Imagine-se Trabalhando para a Melhor Empresa no Mundo

Haverá muitas vezes em sua carreira quando os "tempos bons" e os "tempos ruins" parecerão se confundir em uma mistura de "tempos OK" medianos. São momentos quando você tem paz nos limites reais da organização. Você tem uma boa ideia do que é ou não é possível. Você não fez tudo que gostaria, mas fez o *bastante*. Sua equipe não está exatamente no piloto automático, ou seja, ainda há lutas e desafios para superar, mas você tem uma boa ideia de quais lutas provavelmente perderá e quais desafios serão intransponíveis.

Com o tempo, essas experiências podem se calcificar em uma armadura que repele os riscos. Se você viu um líder na organização reagir mal a notícias ruins, talvez decida omitir alguns números mais decepcionantes na apresentação mensal. Se os engenheiros em sua equipe descartaram automaticamente as informações do usuário, você pode decidir que é mais fácil deixar que foquem os detalhes da implementação. Se outros gerentes de produto na organização foram recompensados por enviarem muitos recursos inúteis, talvez você decida que não há motivos para focar muito os resultados que a equipe tenta entregar para o negócio e para os usuários.

Como vimos no Capítulo 7, reconhecer e trabalhar dentro dos limites fixos da organização costuma ser um modo inteligente de focar o valor que você entrega para os usuários. Mas, com o tempo, muitos gerentes de produto continuam aplicando esses limites em seu próprio trabalho, mesmo quando os limites em si talvez não existam mais. Por exemplo, vi muitos gerentes de produto continuarem a esconder as "notícias ruins" da liderança da empresa, mesmo quando o líder individual conhecido por reagir mal a tais notícias se foi há tempos. Do mesmo modo, vi muitos deles insistirem que a empresa *nunca* será "focada nos resultados", mesmo que os líderes dela peçam que os mesmos gerentes de produto articulem os resultados que suas equipes esperam atingir nos próximos meses.

Na prática, essas autonegociações preventivas muitas vezes são um dos maiores impedimentos para desenvolver a segurança psicológica da equipe, um conceito que a especialista em comportamento organizacional Amy Edmondson descreve em seu artigo "Psychological Safety and Learning Behavior in Work Teams" [disponível em https://oreil.ly/oT4i2, conteúdo em inglês] como "uma crença compartilhada mantida pelos membros de uma equipe de que a equipe está segura para assumir o risco interpessoal". Embora muitos gerentes de produto sejam rápidos em culpar a liderança da empresa pela falta de segurança psicológica, em geral são esses *mesmos gerentes de produto*, com suposições e projeções sobre a liderança da empresa, que deixam as equipes inseguras para assumirem os riscos interpessoais. Se as pessoas em sua equipe têm opiniões fortes sobre os líderes da empresa com quem nunca interagiram diretamente, essas opiniões devem vir de algum lugar, e esse lugar pode muito bem ser você.

Veja um experimento mental que fiz com gerentes de produto e líderes para ajudá-los a parar com esse padrão: imagine que você trabalhe para a *melhor empresa do mundo*, seja qual for. Qual ação você tomaria hoje? O que diria para a liderança se não estivesse convencido de que ela "não consegue lidar com notícias ruins"? Como interagiria com sua equipe se não tem muita certeza de que ela "não se importa com as informações do usuário"? O que proporia como o próximo grande passo para o produto no qual vocês trabalham se você não está certo de que "a empresa apenas se importa em enviar muitos recursos novos inúteis"?

Com certeza, você pode muito bem se deparar com inúmeras restrições e limites antecipados. Mas também pode ficar surpreso. Muitas vezes em minha carreira descobri que o líder da empresa de quem ouvi "não posso lidar com notícias ruins" realmente *consegue* lidar com elas, sobretudo quando essas notícias são entregues sem medo e diretamente. Os indivíduos (as equipes e as organizações constituídas por eles) são absolutamente capazes de mudar, mas devem ter a oportunidade para iniciar essa mudança. Deixar a porta aberta para as pessoas em volta aprenderem e crescerem é uma das coisas mais generosas e impactantes que você pode fazer como gerente de produto.

Resumo: O Trabalho É Difícil, Mas Vale a Pena

Da emoção do lançamento de um produto às frustrações da disfunção e da inércia na organização, a gestão de produto tende a ter altos e baixos bem extremos. A gestão de produto precisa estar no meio de qualquer coisa que aconteça com sua equipe e organização, ou seja, se há muita coisa difícil acontecendo, há muito trabalho difícil por fazer.

É exatamente por isso que os gerentes de produto podem ter um efeito positivo profundo na vida e nas experiências de seus colegas. Como você está no meio, as ações tomadas provavelmente serão desproporcionais em seu impacto. Como o embaixador informado entre sua equipe e o resto da organização, você pode dar o tom de como as pessoas se comunicam, se ouvem e demonstram respeito pelo tempo e pela perspectiva do outro. E nos momentos tumultuados, pode escolher ser o protetor destemido das melhores coisas sobre sua equipe e empresa.

Sua Checklist

- Tenha cuidado com sua organização e equipe entrando no piloto automático. Traga ativamente novas ideias e perspectivas desafiadoras para sua equipe o tempo todo.
- Use protótipos com tempo limitado para explorar direções alternativas do produto, mesmo quando não há uma pressão imediata ou óbvia para mudar o rumo.

- Lembre-se de que uma boa organização do produto não está isenta de conflitos, mas é uma em que os conflitos são abordados abertamente, sem ataques pessoais.

- Tente trazer a energia e entusiasmo de seus momentos melhores e mais empolgantes como gerente de produto para seu trabalho diário.

- Se você começar a sentir que é a única pessoa que impede sua equipe ou organização de acabar, recue. Faça uma lista das coisas que não pode controlar, delegue o trabalho impactante aos colegas e verifique se está protegendo as rotinas e os rituais mais valiosos da equipe.

- Entenda que "estar no meio" de sua função envolve uma grande responsabilidade, mas também uma grande oportunidade. Faça tudo a seu alcance para proteger e incorporar as melhores coisas sobre sua equipe e organização.

- Não deixe que as experiências do passado se calcifiquem em suposições não testadas sobre sua equipe e organização. Experimente coisas que você não sabe se funcionarão e dê às pessoas ao redor uma chance de aprender e crescer com você.

O que For Preciso

Há uma década, esperei que simplesmente ter o título de "gerente de produto" seria uma garantia de poder e autoridade. A palavra *gerente* sugeria que eu seria responsável por algo. A palavra *produto* sugeria que a coisa pela qual eu era responsável seria um produto completo e, por sua vez, por todas as pessoas cujo trabalho é investido na criação desse produto. Quem não desejaria esse trabalho?

Mas isso não poderia estar mais longe da verdade. Como gerente de produto, seu cargo não lhe dá nada, nenhuma autoridade formal, nenhum controle intrínseco sobre a direção ou a visão do produto e nenhuma capacidade de fazer algo significativo sem a ajuda e o apoio de outras pessoas. Na medida em que você é capaz de liderar com parceria e confiança, deverá ganhar essa confiança todo instante, todo dia. E deverá traçar seu próprio caminho para ganhar essa confiança em uma função repleta de ambiguidade sem solução e complexidade irredutível.

Sem exceção, isso significa que você cometerá erros — gritantes, flagrantes e embaraçosos — conforme desenvolve sua prática de gestão de produto. Você será evasivo quando precisa ser direto. Será impulsivo quando precisa ser paciente. Seguirá as "melhores práticas" ao pé da letra e elas *ainda* se voltarão contra você de modos nunca imaginados. Os erros cometidos terão repercussões reais em você, em sua equipe e na organização. Você ficará comovido com a generosidade e o perdão mostrados por seus colegas. E, com o tempo, poderá até se tornar mais indulgente consigo mesmo.

E aí reside a verdadeira beleza da gestão de produto. Não importa o quanto seja inteligente, a gestão de produto exige que você aprenda a estar errado. Não importa o quanto seja carismático, a gestão de produto exige que aprenda a fundamentar suas palavras com ações. E não importa o quanto seja ambicioso, a gestão de produto exige que aprenda a respeitar e honrar seus colegas. A gestão de produto não lhe dá uma descrição do trabalho sólida nem um verniz de autoridade formal sob o qual se esconder. Se você deseja ter sucesso, precisará se tornar um comunicador melhor, um colega melhor e uma pessoa melhor.

Há alguns anos, fiz uma sessão de treinamento em uma grande empresa de serviços financeiros corporativos orientada a processos. Quando o tema se voltou para as responsabilidades diárias de um gerente de produto, um recém-contratado expressou sua frustração quanto à ambiguidade inesperada de sua função:

— Sinto que este é um trabalho totalmente diferente todo dia quando venho trabalhar.

Os outros gerentes de produto na sala apenas sorriram. Por fim, ele começou a sorrir também. Como muitos gerentes de produto antes, ele tinha perguntado "O que devo *fazer* todo dia?". E, sem perceber, já tinha encontrado a resposta: *o que for preciso*.

| A

Lista de Leituras para Expandir sua Prática da Gestão de Produto

Os últimos anos viram uma explosão de conteúdo de alta qualidade para os gerentes de produto profissionais. A seguir está uma lista dos livros que se mostraram mais impactantes para mim ao desenvolver minha prática da gestão de produto, assim como algumas notas sobre como cada livro pode ser útil em seu caso. Observe que este é apenas um guia para livros; há incontáveis artigos, newsletters, contas no Twitter e vídeos de palestras que podem ser igualmente úteis. Como sempre, fique de olho e não hesite em perguntar aos gerentes de produto profissionais em sua rede o que *eles* têm lido ultimamente.

Escaping the Build Trap, de Melissa Perri [disponível em https://oreil.ly/ZH3Bm, conteúdo em inglês]

- *Se Você Busca:* Uma visão geral fenomenal de *por que* a gestão de produto é importante e como os gerentes de produto podem entregar um enorme valor para as organizações.
- *Como Me Ajudou:* O modo como Perri estrutura a gestão de produto como a facilitação de uma troca de valor entre um negócio e seus usuários é ainda meu ponto de vista favorito na disciplina em grande escala. É um ótimo lugar inicial para qualquer profissional ou executivo que quer saber o que é gestão de produto e por que é importante.

Inspirado, de Marty Cagan (Alta Books) [disponível em https://oreil.ly/mphIA, conteúdo em inglês]

- *Se Você Busca:* O texto fundamental da gestão de produto moderna.
- *Como Me Ajudou:* Seus colegas, seu gerente e o gerente de seu gerente, todos leram o livro *Inspirado* — e você também deveria ler. Há muitos

conceitos úteis e estruturas nesse livro, e a segunda edição é uma escrita particularmente concisa e clara.

Strong Product People: A Complete Guide to Developing Great Product Managers, de Petra Wille [disponível em https://oreil.ly/ziGgE, conteúdo em inglês]

- *Se Você Busca:* Um guia completo e generoso para entender e desenvolver seus pontos fortes e das outras pessoas como gerente de produto e líder.
- *Como Me Ajudou:* Há *tantas* ideias úteis nesse livro que fica difícil saber por onde começar. Mas a análise cuidadosa de Wille da função de coach na liderança de produto foi particularmente valiosa para minha pessoa. Se eu pudesse ter um livro sobre gestão de produto à minha disposição durante minha carreira, ficaria muito feliz por ter esse.

Mindset: A nova psicologia do sucesso, de Carol S. Dweck (Objetiva) [disponível em https://oreil.ly/sJnw8, conteúdo em inglês]

- *Se Você Busca:* Um modo de superar suas tendências de perfeccionismo e se abrir para estar errado e aprender coisas novas.
- *Como Me Ajudou:* No Capítulo 3 do livro, examinamos que cultivar uma mentalidade de crescimento é o segredo para ter sucesso como gerente de produto. O livro me ajudou a entender como e por que muitas vezes eu operava com uma mentalidade fixa, e até abriu espaço para eu entender como os momentos que fizeram com que eu me sentisse inteligente ou realizado poderiam causar danos materiais em minha equipe e na organização.

Conversas Cruciais, de Joseph Grenny, Kerry Patterson, Ron McMillan, Al Switzler e Emily Gregory (VS Brasil) [disponível em https://oreil.ly/q6Cad, conteúdo em inglês]

- *Se Você Busca:* Estratégias para ter conversas difíceis sem ficar na defensiva, se fechar ou surtar.
- *Como Me Ajudou:* Uma porcentagem absurdamente alta do trabalho de gestão de produto se resume a reprimir e lidar com reações defensivas e improdutivas aos comentários e às perguntas de outras pessoas. O livro é um recurso incrível para evitar as armadilhas comuns de comunicação para os gerentes de produto e é igualmente útil para analisar

as conversas difíceis em um contexto pessoal. A ideia de "histórias da vítima" como um modo de lidar com o conflito me ajudou a entender e lidar com minhas próprias tendências de ser um Mártir do Produto.

O conselheiro confiável [Alta Books], de David H. Maister, Charles H. Green e Robert M. Galford [disponível em https://oreil.ly/hU8nE, conteúdo em inglês]

- *Se Você Busca:* Estratégias práticas para ganhar a confiança dos clientes e dos principais envolvidos.
- *Como Me Ajudou:* O livro *The Trusted Advisor* descreve de forma útil muitos comportamentos improdutivos que fui rápido em implantar em meu próprio trabalho. Ler o livro fez com que eu parasse de dizer coisas como "Coloquei as melhores pessoas que tenho nisso" ao examinar um trabalho de consultoria.

Continuous Discovery Habits, de Teresa Torres [disponível em https://oreil.ly/rJ4Nr, conteúdo em inglês]

- *Se Você Busca:* Um guia completo e prático para diminuir a distância entre equipes de produto inteiras e os clientes por elas atendidos.
- *Como Me Ajudou:* Teresa Torres fez inúmeras contribuições no mundo do produto, mas sua definição clara e direta da *descoberta contínua* (que começa com "No mínimo, entre em contato toda semana com os clientes...") é um modo perfeito e sensato de avaliar se as equipes e as organizações são realmente sérias em relação a fazer o trabalho necessário para aprender com os clientes.

Customers Included, de Mark Hurst [disponível em https://oreil.ly/aD7Ic, conteúdo em inglês]

- *Se Você Busca:* Um guia interessante e cuidadoso para por que e como incluir os clientes no processo de desenvolvimento do produto.
- *Como Me Ajudou:* Mark Hurst é um de meus escritores e pensadores favoritos sobre a relação entre pessoas e tecnologia. O livro tem uma escrita fenomenal, direta e repleta de exemplos reais e interessantes.

Just Enough Research, de Erika Hall [disponível em https://oreil.ly/JNWYi, conteúdo em inglês]

- *Se Você Busca:* Um guia direto e útil sobre como fazer uma pesquisa e aprender sobre os principais interessados, concorrentes e usuários.

- *Como Me Ajudou:* O livro mostra um equilíbrio incrivelmente valioso das abordagens específicas da pesquisa e uma orientação de alto nível sobre *por que* e *como* fazer a pesquisa. É uma referência útil e uma leitura atraente, é conciso, útil e envolvente do início ao fim. Em geral, eu o tenho à mão sempre que entro em um projeto que envolve alguma pesquisa, para ler sobre técnicas específicas e realinhar minha abordagem geral quando necessário.

The Scrum Field Guide: Agile Advice for Your First Year and Beyond, de Mitch Lacey [disponível em https://oreil.ly/4Vkyo, conteúdo em inglês]

- *Se Você Busca:* Um guia prático sobre como implementar estruturas Ágeis.

- *Como Me Ajudou:* No início de minha carreira como gerente de produto, li *muitos* livros sobre o desenvolvimento de software Ágil, e esse foi o meu favorito. Especificamente, esse livro de fato me ajudou a entender e analisar as reações esperadas de minha equipe quando começávamos a implementar as práticas Ágeis.

Radical Focus, de Christina Wodtke [disponível em https://oreil.ly/zrfvG, conteúdo em inglês]

- *Se Você Busca:* Mais informações sobre a estrutura OKR ou apenas uma nova visão sobre como definir as metas da organização em geral.

- *Como Me Ajudou:* Tendo implementado a estrutura OKR com graus variados de sucesso em diferentes organizações, fiquei feliz por encontrar um livro que descreve os OKRs em termos narrativos interessantes. Quase todo erro que uma equipe pode cometer ao implementar os OKRs é levantado aqui, e a ênfase de Wodtke no foco quando uma meta serve como um importante lembrete de que as metas definidas também dão uma orientação fundamental sobre o que *não* fazer ou criar.

Lean Analytics, de Alistair Croll e Benjamin Yoskovitz [disponível em https://oreil.ly/kta46, conteúdo em inglês]

- *Se Você Busca:* Um guia sensato para como a análise pode ajudá-lo a entender o que realmente acontece com o produto e o negócio.

LISTA DE LEITURAS PARA EXPANDIR SUA PRÁTICA DA GESTÃO DE PRODUTO | 253

- *Como Me Ajudou:* Existem livros ótimos na série *Lean Startup*, mas esse é meu favorito. Mesmo como uma pessoa profundamente cautelosa com a dependência excessiva de métricas quantitativas, achei o livro muito útil ao pensar em como e por que a análise pode ser usada para melhorar o modo como as organizações trabalham.

The Advantage: Why Organizational Health Trumps Everything Else in Business, de Patrick Lencioni [disponível em https://oreil.ly/HXZxO, conteúdo em inglês]

- *Se Você Busca:* Um jeito de entender melhor a saúde (e a disfunção) da organização.
- *Como Me Ajudou:* O livro *The Advantage* é o primeiro livro de negócios que recomendo para a maioria das pessoas, pois descreve padrões comuns da disfunção organizacional com uma clareza e uma generosidade incomparáveis. Ler o livro *The Advantage* me ajudou a entender que muitos dos padrões da disfunção organizacional que encontrei em minha carreira como gerente de produto eram reais e generalizados, não apenas funções de minha própria inexperiência.

Empresas feitas para vencer, de Jim Collins (Alta Books) [disponível em https://oreil.ly/Z5b7P, conteúdo em inglês]

- *Se Você Busca:* Uma análise meticulosa e científica do que faz uma organização conseguir ótimos resultados.
- *Como Me Ajudou:* o livro *Empresas feitas para vencer* é um guia bem pesquisado, esclarecedor e divertido que explica *por que* algumas empresas têm sucesso onde outras fracassam. Há ótimas lições nele sobre liderança organizacional que acho essenciais para entender quando, por que e como dar um feedback franco para os principais líderes. A continuação *Como as gigantes caem* também é uma ótima leitura.

| B

Artigos, Vídeos, Newsletters e Postagens em Blogs Citados neste Livro

(Conteúdos em inglês)

"Product Management for the Enterprise", de Blair Reeves

- https://oreil.ly/i3Jk7

"Product Discovery Basics: Everything You Need to Know", de Teresa Torres

- https://oreil.ly/iOYm4

"What, Exactly, Is a Product Manager?", de Martin Eriksson

- https://oreil.ly/K6MZ3

"Interpreting the Product Venn Diagram with Matt LeMay and Martin Eriksson"

- https://oreil.ly/cBEds

"Leading Cross-Functional Teams", de Ken Norton

- https://oreil.ly/BN9Ak

"Getting to 'Technical Enough' as a Product Manager", de Lulu Cheng

- https://oreil.ly/9xWpa

"You Didn't Fail, Your Product Did", de Susana Lopes

- https://oreil.ly/e6BdT

256 | GESTÃO DE PRODUTO NA PRÁTICA

"Good Product Manager/Bad Product Manager", de Ben Horowitz

- https://oreil.ly/z3688

"The Tools Don't Matter", de Ken Norton

- https://oreil.ly/PUblu

"The Failure of Agile", de Andy Hunt

- https://oreil.ly/HuwWb

"The Heart of Agile", de Alistair Cockburn

- https://oreil.ly/sUyhQ

"Incomplete by Design and Designing for Incompleteness", de Raghu Garud, Sanjay Jain e Philipp Tuertscher

- https://oreil.ly/JKMoH

"Why Happier Autonomous Teams Use One-Pagers", de John Cutler

- https://oreil.ly/FFzbq

"One Page/One Hour"

- https://oreil.ly/nYQeP

"Making Advanced Analytics Work for You", de Dominic Barton e David Court

- https://oreil.ly/RpgVO

"What Are Survival Metrics? How Do They Work?", de Adam Thomas

- https://oreil.ly/p962F

"Opportunity Solution Trees: Visualize Your Thinking", de Teresa Torres

- https://oreil.ly/du5IJ

"Don't Prove Value. Create It.", de Tim Casasola

- https://oreil.ly/3dXpM

ARTIGOS, VÍDEOS, NEWSLETTERS E POSTAGENS EM BLOGS CITADOS NESTE LIVRO | 257

"The Truth about Customer Experience", de Alex Rawson, Ewan Duncan e Conor Jones

- https://oreil.ly/mOo97

"People Systematically Overlook Subtractive Changes", de Gabrielle S. Adams, Benjamin A. Converse, Andrew H. Hales e Leidy E. Klotz

- https://oreil.ly/X8QE8

"Empowered Product Teams", de Marty Cagan

- *https://oreil.ly/kOWUB*

Índice

A

Abigail Pereira 74–75

Adam Thomas, líder de produto 171

Ágil

    Manifesto 123

    metodologia 121–134

        desvio 124–125

        mitos 122

        retrospectivas eficientes 129–131

        sete conversas 133–134

Alistair Cockburn 125

antipadrão 186

antipersonas 97

apaixonar-se pela realidade 107–108

aprender com usuários 92

atitude defensiva 35–37

atualizações do status 203

autodepreciação 48

    exercício mental 51

autonomia 224–225

aversão ao processo 117–120

B

bom senso 126–127

busca por aprovação 52

C

campo de ação 185–188

    dicas táticas 186–187

casos

    abordagem lenta e constante 116

    abordagem "uma página/uma hora" 147

    apresentar informações desconfortáveis 45–46

    autodepreciação 50–51

    barreiras de idioma 199–200

    conversas casuais 213–214

    conversas desafiadoras 71–72

    desejos dos principais interessados versus necessidade dos usuários 80–81

    dizer "sim" automaticamente 223–224

e-mail de "o produto é uma droga" 227

e-mails após o horário comercial 57–58

entender as motivações 60–61

especificações de produtos 144

experimentos baseados em dados 168

feedback do usuário 92–93

fracasso com o produto versus pessoal 37–38

gestão "correta" 106

grande revelação 78–79

hierarquia das necessidades 160–161

matriz de impacto versus esforço 206–207

metodologia Ágil 127–128

métricas de sucesso 156–157

paletes perdidos 184–185

parcerias com outros setores 31

passos pequenos 110

"proteger" a equipe 76

protótipo 190–191

reuniões em pé 132

roteiros organizacionais 141

soluções orientada a dados 171–172

teste A/B inútil 175–176

usuários avançados 97–98

cenários híbridos 214

chefe

atitude em relação ao 74

ciclos curtos de feedback 226

colaboração síncrona 204–206

começar com a decisão 167

comunicação

assíncrona 207–209

informal 211–213

comunicação excessiva 44–68

cenários 61–66

culpa 48–49

Matt LeMay 46–48

resultados 49–50

comunicadores

avessos ao confronto 59

offline 58

visuais 58

concessões 182–184

confiança 199–201

rápida 198

curiosidade 29–32, 39–40

Matt LeMay 29–30

D

dados 165–166

delegar 242

dependências táticas 186

desafios sistêmicos 49

descoberta contínua 251

diagrama de Venn 15–17

dias demo 40

discordar e comprometer-se 53–58

documentação incompleta 144–145

dom de estar errado 34–35

Matt LeMay 34–35

E

empoderamento 224–225

especificações do produto 142–143

estereótipos 96

estratégia 158–164

pedir exemplos 163

sinais 162–163

estrutura OKR 157–158
exercício em grade 2x2 202–203
experimentação orientada a dados
172–175

F

feedback significativo 52
ferramentas para roteiro e gestão de
conhecimento 149–150
ficções úteis 109–110
foco do usuário 91
Funções Ambiguamente Descritivas do
Produto (ADPRs) 11
funções de produto 11–13

G

gangorra 155
gerenciamento 69
gerente de produto xix
  Assistente de Steve Jobs 7
  características 6
  estabelecer o padrão 222–223
  externalizar 228
  função xii, 1–4, 17
  Herói 7, 241
  insegurança 9
  Manipulador de Jargões 7
  Mártir do Produto 8, 241
  orientado a dados 165
  Perfeccionista 7
  tempo de trabalho semanal 9–10
  versus pesquisadores 98–100
gestão de produto xix–xx, 2, 247–248
  incertezas xvii–xviii
  o que não é 4–5

remota 197
teoria e prática xviii
visão da empresa xii

H

habilidades
  COPE 19–26
    comunicação 20–22
    execução 24–26
    organização 21–22
    pesquisa 22–23
  sociais 25
  técnicas 25–28
histórias de usuários 130
hype 105

I

indicadores gerais 239–240
influência 70

J

Jenny Gibson, líder de produto 143

L

liderança de produto
  situações 229–235
limites claros 226
livros úteis 249–253

M

Manual de Comunicação 202
Martin Eriksson 16–17

Matt LeMay

primeiro dia como gerente de produto xvii

melhores práticas 103–104, 119

armadilhas 103–104

implementação 114–115

mentalidade

de crescimento 32–34

fixa 32–34

Matt LeMay 33

metas

CLEAR 157–158

SMART 157–158

metas claras 225

metodologia Ágil

spike 189

métrica 169–171

da sobrevivência 171

da vaidade 169

modelos 147–149

motivação 84

entender 188–190

motivo 73

N

Natalia Williams

reunião com gerentes de produto xi–xii

O

One Page/One Hour Pledge 146

P

perfeccionismo 146

perguntas abertas 39

personas de usuários 96–97

armadilhas 96–97

pesquisa

com usuários 93–95

e produto

alinhamento 99–100

piloto automático 238

política da empresa 79

pôquer scrum 129

Pradeep GanapathyRaj, Sinch

espectativa de novos gerentes de produto 1

principais interessados 69

cenários 82–87

compartilhar ideias com 77–78

informar 70–71

surge do nada e critica 81–82

priorização 179–183, 192–195

bolo em camadas 180–181

promoção 218–220

R

Rachel Neasham, líder de produto 199

redes de confiança 31

reinvenção do produto 238

responsabilidade orientada a dados 176–177

respostas ruins 72–73

restrições fixas 107

ÍNDICE | 263

resultados versus produção 154-156
resumo
    comunicação excessiva 67
    curiosidade 40
    documentação 150
    falar com os usuários 100
    gestão de produto 12
    gestão de produto orientada a dados 178
    habilidades COPE 28
    liderança do produto 235-236
    melhores práticas 119
    metas e estratégia 164
    metodologia Ágil 135
    priorização 194-195
    tempos bons e tempos ruins 244-245
    trabalhar com os principais interessados 87-88
    trabalho remoto 214
reuniões e e-mails
    atitude em relação a 59
roteiro de produto 138-141
    gráfico de Gantt 142
    leiame do 140

S

sanduíche síncrono 209-211
segurança psicológica 243-244
síncrono versus assíncrono 202-204
solicitações de "emergência" 191-193
    formulário de admissão 191
Sua Checklist

comunicação excessiva 67
curiosidade 41-42
documentação 150
falar com os usuários 101-102
gestão de produto 12-13
gestão de produto orientada a dados 178
habilidades COPE 28
liderança do produto 235
melhores práticas 119-120
metas e estratégia 164
metodologia Ágil 135-136
priorização 195
tempos bons e tempos ruins 244
trabalhar com os principais interessados 88
trabalho remoto 214

T

trabalho remoto 197
Tricia Wang, parceira de negócios 93

V

valor do tempo 60

W

Waterfall 127-128

Sobre o Autor

Matt LeMay é um líder de produto reconhecido internacionalmente e palestrante principal. É cofundador e parceiro na Sudden Compass, um grupo de excelentes estrategistas, líderes de produto, analistas de dados e criadores de rede que trabalhou com empresas como Spotify, Google e Intuit. Matt criou e ampliou as práticas da gestão de produto em empresas variadas, desde startups em estágio inicial até empresas Fortune 50, e desenvolveu e liderou workshops para transformação digital e estratégia de dados para GE, American Express, Pfizer, McCann e Johnson & Johnson. Antes disso, Matt foi gerente de produto sênior na startup de música Songza (adquirida pela Google) e chefe de produtos do consumidor na Bitly. Matt também é músico, engenheiro de gravação e autor do livro sobre o cantor e compositor Elliott Smith. Ele mora em Londres, Inglaterra, com sua esposa Joan.

Colofão

A ilustração da capa é de Jose Marzan Jr. A fonte da capa é Guardian Sans. A fonte do texto é Scala Pro; a fonte do cabeçalho e das barras laterais é Benton Sans.